루카복음서 해설 2

일러두기

* 본문에 나오는 알.가.유.소.는 '알아두면 가끔 유익한 소소한 정보'의 줄임말이다.

루카복음서 해설 2

최안나 지음

성서와함께

차례

제3부 예루살렘 여정

제4부 수난과 죽음

제5부 부활

제3부

예루살렘 여정

1. 예루살렘 여정 1: 9,51-16,31

전체 여정 중 첫 부분인 9,51-16,31의 구조는 다음과 같다.

1) 예수님과 동행하는 제자들 (9,51-10,24)	(1) 사마리아 한 마을의 거부(9,51-56) (2) 예수님을 따르는 제자의 각오(9,57-62) (3) 일흔두 제자 파견(10,1-16) (4) 일흔두 제자의 귀환과 예수님의 감사기도(10,17-24)
2) 가르침 (10,25-11,54)	(1) 영생을 위한 계명(10,25-37) (2) 마르타와 마리아(10,38-42) (3) 기도에 대한 가르침(11,1-13) (4) 예수님 편에 서기(11,14-28) (5) 예언자적 경고(11,29-36) (6) 반대자들에 대한 불행 선언(11,37-54)
3) 다가올 심판에 대비하여라 (12,1-13,9)	(1) 위선을 조심하여라(12,1-12) (2) 탐욕을 조심하여라(12,13-34) (3) 준비하고 깨어 있어라(12,35-48) (4) 결단을 위한 부름(12,49-59) (5) 회개하여라(13,1-9)

4) 하느님 나라 (13,10-14,35)	(1) 치유와 찬양(13,10-17) (2) 겨자씨의 비유와 누룩의 비유(13,18-21) (3) 역전(13,22-30) (4) 예수님의 운명과 예루살렘의 운명(13,31-35) (5) 바리사이의 식탁에서 가르치심(14,1-24) (6) 제자 됨(14,25-35)
5) 잃었다 찾는 내용의 비유들 (15,1-32)	(1) 되찾은 양의 비유(15,1-7) (2) 되찾은 은전의 비유(15,8-10) (3) 되찾은 아들의 비유(15,11-32)
6) 재물 사용 (16,1-31)	(1) 재물의 사용(16,1-13) (2) 율법과 하느님 나라의 복음(16,14-18) (3) 부자와 라자로의 비유(16,19-31)

이제 루카복음서는 예루살렘으로 향하시는 예수님을 묘사한다. 예수님께서는 하늘에 올라가실 때가 차자 예루살렘으로 가시려고 마음을 굳히신다. 이 길 위에서 예수님의 행적이 계속되는 중에, 제자들을 가르치시는 모습이 부각된다. 또한 예수님의 선포와 치유를 대하는 군중과 적대자들의 모습도 두드러지는데, 예수님은 그들에게도 경고하며 회심으로 부르신다. 회개하고 제자가 되는 이들에게는 제자직에 대한 적극적인 가르침이 주어지고, 적대적이고 저항하는 이들에게는 배척에 대한 비유를 말씀하신다. 궁극적인 메시지는 회개하고 돌아오라는 부르심인데, 의심하며 적대적인 태도를 보이는 이들에게

도 가르침을 주시며 끝까지 기회를 주시는 것이 특히 루카의 이 대목에서 돋보인다.

1) 예수님과 동행하는 제자들 9,51-10,24

(1) 사마리아 한 마을의 거부 9,51-56

51절

"하늘에 올라가실 때가 차자, 예수님께서는 예루살렘으로 가시려고 마음을 굳히셨다." 루카의 그리스도론이 잘 드러나는 편집 부분이다. 루카가 자주 사용하는 전형적인 구문이 첫머리에 나타나는데 '에게네토 데 엔'(Εγένετο δὲ ἐν, ~이 되다)에 '가득 차다'의 현재 부정사 수동형 쉼플레루스타이(συμπληροῦσθαι)를 먼저 붙여 그분의 승천의 '날들이'(타스 헤메라스 τὰς ἡμέρας) 찼다는 것을 표현한, 때를 가리키는 종속절이다. 이어지는 주요 동사는 그분은 마음을 '굳히셨다'이다. 예루살렘에서 어떠한 일을 당하게 되더라도 반드시 가시리라는 의지가 표현되어 있다. 하늘로 올라가실(아날렘프시스 ἀνάλημψις, 승천) 때가 찼기 때문에 이제 예수님은 예루살렘으로 반드시 가시어 거기서 하늘로 올라가시려고 하신다. 루카복음서의 제일 마지막 부분인 24,51에서 전해줄 것이다. "그들을 떠나 하늘로 올라가셨다"(아네페레토 에이스 톤 우라논 ἀνεφέρετο εἰς τὸν οὐρανόν).

51절은 예수님께서 세상에서 하실 일의 마지막 단계에 들어가신다고 말한다. 즉, 마지막 단계는 예루살렘에 들어가시고 시작되는 것이 아니라 이 여정에 들어서면서 시작된다. 이는 바로 이후부터 일어나는 일들, 곧 이 여정 중에 일어나는 모든 일이 특별한 의미를 지니고 있음을 분명히 알리는 것이다. 사실 일어나는 일들은 이미 앞부분에서 보고 들은 것과 유사하다. 그 모든 일을 보고 이미 제자들은 예수님이 오시기로 되어 있는 분이심을 알았고, 하느님의 그리스도이심을 고백하였다. 그런데 이 여정에서 주어지는 가르침들과 보여주신 일들은 무슨 의미를 지니는가? 루카는 이 여정을 통해 무엇을 들려주는가? 우리는 예수님과 동행한 제자들과 함께하는 가운데, 더 유의해서 듣고 보아야 할 것이다.

52-53절

북쪽 갈릴래아를 떠나 남쪽 예루살렘으로 향하는 길은 여러 갈래가 있다. 52절에 예수님께서 당신에 앞서 심부름꾼들을 보내셨고, 그들이 '사마리아인들의 한 마을'로 들어섰다는 표현이 있는 것을 보면, 예수님은 중앙 산악 지대인 사마리아를 거쳐 가는 길을 택하신 것으로 보인다. 그런데 사마리아인들이 예수님을 맞아들이지 않는다. 이유는 51절에서 밝힌 예수님의 의도 때문이라고 전한다. "그분께서 예루살렘으로 가시는 길이었기 때문이다." 이는 분명 지역적 종교 문제가 원인이라는 것이다. 사마리아를 거쳐 가는 갈릴래아 유다인의 목적지가 예루살렘이라면 그 목적은 대부분 순례이다. 그래서 갈릴래아 지방의 순례자들은 스키토폴리스(벳 스안) 근처에서 요르단강을 건너 페레아를 경유하여 예루살렘으로 가곤 했다. 그러나 예수님에게 사마리아는 단순히 예루살렘으로 가기 위해 지나치는 지역이 아니라, 그분께서 복음을 선포하기 위해 찾아가셔야 하는 마을들이 있는 곳이었다(루카 4,43 참조).

54-55절

예수님께서 원하셨음에도 불구하고 사람들이 예수님을 맞아들이기를 거부하자 예수님께서는 그 마을에 들어가시지 못한다. 그때 야고보와 요한, 두 제자가 예수님께 "주님, 저희가 하늘에서 불을 불러 내려 저들을 불살라버리기를 원하십니까?" 하며 예수님을 거부한 이들을 응징할 것인지 질문한다. 이는 하느님을 위한 열성을 표현한 것이지만, 어쩌면 제자들이나 선교사의 입장에서 이런 경우에 어떻게 해야 하는지 난감했을 것이다. 하느님 편에서 보든 인간의 처지에서 보든 말이다. 그런데 "예수님께서는 돌아서서 그들을 꾸짖으셨다." 응징은 불가하다는 의미다. 예수님은 사람들이 당신을 어떻게 대하는가에 따라 응징하신 적이 한 번도 없다. 하느님은 예수님의 공생활에서는 물론이고 사도들과 교회의 선교 활동에서도 폭력을 동원하여 당신의 계획을 이루려고 하지 않으신다. 그분의 계획은 오히려 약함

즉, 실패와 고통과 한계를 받아들이면서 수행된다. "그리하여 그들은 다른 마을로 갔다."

56절

그 마을에서 거부하니 '다른 마을'로 갔다고 한다. 그곳이 사마리아 지역의 마을인지, 거기서는 예수님을 맞아들였는지의 여부를 복음서는 전해주지 않는다. 다만 예수님께서 예루살렘으로 향하시는 여정을 계속하신다는 것을 전할 뿐이다. 군중의 반응이 다양하듯이 아마도 어떤 마을에서는 거부하고 어떤 마을에서는 맞아들였을 것이라 추정할 뿐이다. 예수님은 당신이 거부당하셨을 때 다른 마을로 가신다. 마을에 들어갔어도 복음 선포가 받아들여지지 않을 경우 예수님은 그곳을 나와서 발의 먼지를 털어버리고, 다른 곳으로 떠나라고 하셨다(9,5; 10,11 참조).

(2) 예수님을 따르는 제자의 각오 9,57-62

사마리아 한 마을에서 예수님이 거부를 당하신 뒤 여정을 계속하시는 이야기에 붙여, 루카는 예수님을 따르고자 청하는 사람들을 통하여 예수님을 따르는 제자의 길에는 박대와 거절로 인한 고난과 궁핍이 있다는 것과 자신의 사정은 돌아보지 않는 단호한 끊어버림이 필요함을 알려준다.

57-58절

예수님과 제자들의 여정을 목격하고, 예수님을 따르고자 하는 이들도 생겨난다. 그들이 길을 가는데 어떤 사람이 예수님께, "어디로 가시든지 저는 스승님을 따르겠습니다" 하고 말하였다.

예수님께서는 그에게 "여우들도 굴이 있고 하늘의 새들도 보금자리가 있지만, 사람의 아들은 머리를 기댈 곳조차 없다"고 하신다. 53절에서 보듯이 예수님을 따르는 길에는 거절과 문전 박대가 있다. 그분은 일정한 주거 없이 떠돌며 생활하기에 안위를 보장할 수 없다. 말하자면 그 면에서는 예수님의 처지가 불안정하니, 추종자에게도 배려해줄 수 없다는 말씀이다. 나아가 그것은 스스로 안정을 찾으라는 말이 아니라 추종자 스스로도 그것에 마음 쓸 여지가 없다는 말씀이다. 왜냐하면 사람이 사는 집은 사람의 벌이와 노력에 의해 마련되고 유지되는 것이기 때문이다. 추종을 청했던 이가 어떤 응답을 했는지에 대해서는 말이 없다. 이어지는 구절들과 함께 숙고해볼 때, 이 단락은 어떤 사람이 예수님을 따라나섰느냐 아니냐가 아니라, 그분을 따르는 길의 실제적 내용과 그 길을 따르려는 사람들의 태도에 관심을 보인다. 예수님께서 가시는 길에는 사회나 동료들에게서 거부당하는 일이 필연적으로 수반된다는 사실이 그 배경에 깃들어 있다.

59-62절

57절에서는 어떤 사람이 예수님께 청했지만, 59절에서는 예수님이 먼저 "나를 따라라" 하고 말씀하신다. 그러자 그는 집안의 긴요한 일을 마무리하게 해달라고 청한다. "주님, 먼저 집에 가서 아버지의 장사를 지내게 허락해주십시오" 한 것이다. 유다 전통에서도 장례 예절은 자식의 도리였고 중요한 종교적 의무였다. 그러면 이 구절들을 어떻게 이해할 수 있는가? "죽은 이들의 장사는 죽은 이들이 지내도록 내버려두고, 너는 가서 하느님의 나라를 알려라." 죽음과 관련된 소재를 제거하고 살펴보면, 핵심은 부르심에 대해 그 사람은 기다려달라고 말했으나, 예수님은 그 일을 내버려두고(돌아가지 말고) 하느님 나라를 선포하러 가라고 답변하셨다는 것이다. '제자의 삶에서 하느님 나라 선포가 아주 중대한 일이긴 하지만, 그래도 집으로 돌아가서 꼭 처리해야 하는 일이 있지 않겠는가' 하는 질문이 나올 수 있다. 그런데 예수님의 기준은 아주 단호하고 엄중하다. 그에게는 더 절박하고 급한 의무와 사명이 있다는 것이다. 59절의 말에서 다시 돌아오겠다는 언급이 없는 것도 유의해서 볼 만하다. '먼저 집에 가서 아버지의 장사를 지내도록' 허락해달라고 한다.

그리스어로 문장 구성을 보면:

나를 떠나게 허락해주십시오.	먼저(프로토스 πρῶτος) 아버지를 묻도록
ἐπίτρεψόν μοι ἀπελθόντι 에피트렙손 모이 아펠톤티	πρῶτον θάψαι τὸν πατέρα μου 프로톤 탑사이 톤 파테라 무

먼저 해야 할 일을 하도록 떠나게 해달라는 청에, 예수님은 먼저 해야 할 일이라고 지정한 그 일을 내버려두라신다. 먼저 해야 할 일이 아니라는 것이다. 이어지는 문장의 첫 단어 '내버려두라'는 아페스(ἄφες)로 '손을 떼다, 보내다, 가게 하다, 용서하다'의 뜻을 지닌 아피에미(ἀφίημι) 동사의 원과거 명령형이다. 단어들의 어감이 전달하는 부분도 볼 수 있다. '죽은 이들이 그들의 죽은 이들을 묻게 하라.' 죽은 이들이 어떻게 죽은 이를 묻을 수 있는가? 문장 자체의 뜻도 애매하고 해석도 분분하다. 사실 예수님을 따르기 위해 내던져야 할 개인적인 일에 부모 문제만 있는 것은 아니다. 61절이 가리키듯 가족 문제가 있다. "그러나 먼저 가족들에게 작별 인사를 하게 허락해주십시오." 작별 인사를 하는 것만으로 가족을 떠날 수 있는가? 예수님은 이를 쟁기에 손을 대고 뒤를 돌아보는 것과 같다고 하신다. 그 태도는 하느님 나라를 선포하는 제자에게 합당하지 않다. "쟁기에 손을 대고 뒤를 돌아보는 자는 하느님 나라에 합당하지 않다." 제자로 부름을 받은 이는 세상을 떠나서 세상과는 다른 세계로 옮겨간 것이며 그 세계에 집중하고 몰두해야 한다는 것이다. 그들에게는 이 세상의 일보다 더 절박하고 긴요한 사명이 있다는 것이 요점이다.

(3) 일흔두 제자 파견 10,1-16

일흔두 명의 제자가 파견되었다가(10,1) 기뻐하면서 예수님께 돌아온다(10,17). 제자 파견 기사는 10,24에서 마무리된다. 그중 첫 단락이 10,1-12로 파견 장면이다. 루카복음서를 읽으면서 우리는 루카가 들려주는 이야기의 청중에게 주의를 기울여야 한다. 루카의 편집 의도에 따라 청중이 바뀌기 때문이다. 이 예루살렘 여정 단락에서 특별한 청취자로 부각되는 이들은 제자들이다. 복음서의 머리말에서 루카는 모든 일을 처음부터 순서대로 적겠다고 밝혔기에, 이야기들의 순서와 귀결은 루카의 메시지를 이해하는 데 아주 중요하다.

1절

"그 뒤에 주님께서는 다른 제자 일흔두 명을 지명하시어, 몸소 가시려는 모든 고을과 고장으로 당신에 앞서 둘씩 보내시며"라는 말씀은 루카 복음사가 고유의 구절이다. 루카는 마르코 자료와 어록(Q) 자료를 활용하여 일흔두 제자 파견 기사를 편집했다. 예수님께서 당신의 선포 임무에 제자들이 동참하도록 하셨다는 것이나 그 임무를 수행할 때 지켜야 할 지침을 지시하셨다는 것을 의심할 이유는 없다. '다른 제자', 그리스어로 '다른 이들(헤테루스 ἑτέρους)'은 9,1의 열둘과 다르고 9,52에서 사마리아에 보냈던 이들과도 다른 이들로 본다. 숫자 일흔둘은 유다인의 사고에서 나라들의 숫자를 가리킨다고 하는데, 10,1의 필사본들이나 유다 전승의 기록들에 일흔과 일흔둘이 섞여 나와 확실치 않다. '몸소 가시려는 모든 고을과 고장으로'는 당신이 방문하시려는 모든 도시(폴리스)와 모든 장소(토포스)를 가리킨다. 사실 이어지는 어떤 이야기에도 이 전망대로 예수님께서 일흔두 지역으로 여행하신다는 이야기는 나타나지 않는다.

2-3절

"수확할 것은 많은데 일꾼은 적다. 그러니 수확할 밭의 주인님께 일꾼들을 보내주십사고 청하여라." 예수님께서 제자들을 파견하시며 들려주신 첫 말씀에서, 우리는 선포가 수확의 성격을 띤다는 것과 더 많은 일꾼의 필요성을 알게 된다. 구약성경에서 무엇보다도 심판에 적용되는 수확 은유는 모아들인다는 뜻에서 자연스럽게 긍정적인 의미를 지닌다. 루카복음에서 이 수확은 하느님 나라에 대한 원숙한 가르침이 이루어질 시기를 나타내며 수확할 것을 잃지 않으려면 수확물의 수확 시기를 맞추어야 한다는 점에서 긴박성을 내포하고 있다. 여기서 밭의 주인은 하느님이시며 예수님 편에서 제자(일꾼)의 파견이 하느님의 뜻에 일치한다는 것을 알 수 있다.

3절 "가거라. 나는 이제 양들을 이리 떼 가운데로 보내는 것처럼 너희를 보낸다." 주문장의 어순은 '휘파게테 이두 아포스텔로 휘마스'(ὑπάγετε· ἰδοὺ ἀποστέλλω ὑμᾶς)이다. '가거라, 자 (내가) 보낸다 너희를' 이라는 것에서 '가거라/보낸다'가 짝을 이루어 파견하시는 예수님과 떠나는 제자들이 표현되었다. 그런데 이어진 전치사구는 '늑대들 가운데 양들처럼'이다. 이 형태에서 이 부분을 단순한 파견 문장이 아니라, 파견지 조건에 따른 지침, 혹은 가르침으로 볼 수 있는 여지가 생긴다. '늑대 떼 가운데 양들'은 절체절명의 상황을 드러낸다. 이런 표현으로 미루어 유다 환경에서 박해당하는 초기 그리스도교인들의 처지도 헤아릴 수 있고 그 밖의 파견지에서 선교사들이 다칠 위험이 크다는 것도 알 수 있다. 사실 스승이시고 주님이신 예수님 앞에도 끊임없이 올가미가 던져지고 있는 것을 생각하면 그 상황을 쉽게 상상할 수 있다.

4-7절

"돈주머니도 여행 보따리도 신발도 지니지 말고…"(4절). 소지 금지 품목이 '돈'과 '여행 보따리', '신발'로 되어 있는데, 이들은 여행에 필요한 경비와 물품을 포괄적으로 가리키는 말이니 사실 아무것도 지니지 말라는 뜻이다. 루카 22,35에서 "내가 너희를 돈주머니도 여행 보따리도 신발도 없이 보냈을 때, 너희에게 부족한 것이 있었느냐?" 하신 말씀이 바로 여기 10,4을 염두에 둔 것이라고 보면, 루카는 이 파견 기사를 제자들이 받는 일종의 훈련이나 연습 같은 것으로 본다고 추정하기도 한다.

4ㄴ절 "길에서 아무에게도 인사하지 마라"는 말씀에 관하여는, 종말론적 재촉, 본질적인 것에 집중하라는 요구, 접촉과 유혹의 두려움, 적대감을 감당하는 훈련 등 많은 해석이 있다. 그런데 이어지는 5절과 연관해서 살펴보면 새로운 의미가 드러난다. "어떤 집에 들어가거든 먼저 '이 집에 평화를 빕니다' 하고 말하여라"(5절). 길에서는 인

사도 하지 말고 가서, 목적한 도시나 고을에 도착하여 어떤 집에 들어가거든 비로소 "이 집에 평화를 빕니다" 하고 하느님의 평화를 축원해주는 인사를 하라는 것이다. 4-5절에서 길과 집이 대조되는데, 여기서 길(호도스 ὁδός)은 오늘날 도시 내부의 집과 집 사이를 연결하는 각종 길이 아니고 무엇보다도 고을과 마을을 이어주는 길을 가리킨다. 집(오이키아 οἰκία)은 1절에 언급된 "몸소 가시려는 모든 고을과 고장", 곧 목적한 곳에 있는 장소이다. 이 목적지라는 장소 문제는 직접 알려주신 '인사 내용'과 연결 지어 생각해볼 수 있다. 파견되는 이들이 나눌 인사는 세상사와 관련된 안부가 아니라 하느님의 평화를 나누는 인사이다. 그런 다음에 하느님 나라를 선포하는 일로 이어진다. 그렇다면 도중에 만난 아무에게나 평화의 인사를 하고 하느님 나라를 선포할 수는 없으니, 도중에 누군가를 만나서 세상사 안부와 인사로 빠지지 말라는 것이다. 파견된 자는 세상일보다 선포하고 치유하는 일에 헌신하라는 의미다.

"그 집에 평화를 받을 사람이 있으면 너희의 평화가 그 사람 위에 머무르고, 그렇지 않으면 너희에게 되돌아올 것이다"(6절). '평화를 받을 사람'이 원문으로는 '평화의 사람'(휘오스 에이레네스 υἱὸς εἰρήνης)인데 예수님께서 가져오신 구원에 마음을 열고 수용하는 사람을 가리킨다. 이 평화는 그렇게 해서 도래한 하느님 나라의 상징이다. 파견된 제자가 구원의 기쁜 소식, 하느님 나라를 선포하면서, 그들을 파견하시는 분이 주시는 평화를 나눌 터이니, 예수님은 파견하시며 동시에 동반도 하시는 것이다. 이제 참된 평화의 인사를 받은 그 사람의 수용 여부에 따라 평화가 그 사람 위에 머무를 것인지 제자들에게 되돌아올 것인지 결정된다. 만일에 그 집에 평화를 받을 사람이 없으면 평화는 그들에게 되돌아올 것이니 헛수고가 되지는 않는다. 평화를 받을 사람이 있을 경우 다음 이야기로 이어진다.

7절에 나타나는 '일꾼'과 '품삯'이라는 말은 파견된 이가 그 집을 위하여 일하고 있다는 것을 드러낸다. 그 일은 그 집에 하느님 나라를 선포하며 구원의 가르침을 전달하는 것이다. 그러니 그 집에서 숙식하는 것은 당연하고 자연스런 일이라고 7절은 전한다. "같은 집에 머무르면서 주는 것을 먹고 마셔라. 일꾼이 품삯을 받는 것은 당연하다." 다만 이 집 저 집으로 옮겨 다니지 말라고 하시는데, 편리함이나 더 나은 대접을 찾지 않는 것을 가리킨다. 이것은 또한 공동체 구성원들 사이의 경쟁을 부추기지 않는 최선의 방책이기도 하다.

8-12절

한 집의 범위를 넘어서서 이제 한 고을(폴리스, 도시)의 선교에 대해 말씀하신다. 당대 그리스의 폴리스는 삶과 역사와 권력의 장소이고, 개종이나 정착의 장소이고, 교회를 세우는 곳이고, 집단으로 복음을 수용하거나 거부하는 곳이다. 8-12절에 고을이라 번역된 지명은 다 폴리스이다. 사도행전에서 바오로와 사도들이 선교 여행을 다닌 폴리스들, 서간들의 수신자인 폴리스인(도시인)들에서 이 구절과 상응하는 사항을 쉽게 찾아볼 수 있다. 7절과 같은 단어군이 8절 "어떤 고을에 들어가든지 너희를 받아들이면 차려주는 음식을 먹어라"와 연결되면서 이야기를 넓히고 계속 이어간다.

9절에 그들이 파견지에서 해야 하는 일이 명시되어 있다. 병자 치유와 하느님 나라 선포이다. 열두 제자를 파견하실 때(9,2) 말씀하신 사명과 동일하다. 병자를 고쳐주라(테라페우에테 θεραπεύετε)고 현재 명령형으로 이르시는 이 말씀에서도 당연히 9,1에서처럼 '질병을 고치는 힘과 권한'을 주셨음이 전제됨을 추정할 수 있다. 또한 '모든 마귀를 쫓아내는 권한'을 주셨음은 10,19에서 확인된다.

10-12절은 '너희를 받아들이지 않으면' 이렇게 하라는 말씀이다. '너희', 곧 파견된 예수님의 제자들을 받아들이지 않는 것은 그들이 전하는 구원의 기쁜 소식을, 하느님 나라를, 예수 그리스도를 받아들이지 않는 것이다. 그럴 때 한길에 나가서 "여러분의 고을에서 우리 발에 묻은 먼지까지 여러분에게 털어버리고 갑니다. 그러나 이것만은 알아두십시오. 하느님의 나라가 가까이 왔습니다"라고 말하라고 하신다(11절). 발의 먼지를 터는 일은 9,5과 동일하다. 당신들이 거부해서 발의 먼지를 털고 떠나기는 한다마는, 엄연한 진실은 하느님의 나라가 가까이 왔다는 것이고, 그것을 막을 수는 없다는 것이다. 그렇기에 하는 수 없이 그들에게 남는 것은 심판이다. "내가 너희에게 말한다. 그날에는 소돔이 그 고을보다 견디기 쉬울 것이다"(12절). 소돔은 고모라와 함께 아주 일찍이 하느님의 심판을 받은 곳이기에 이

두 도시는 심판의 징벌을 받는 것을 상징한다.

13–16절

파견되어 하느님 나라를 선포하는 제자들을 받아들이지 않은 고을들이 받을 심판 예고에 이어 그런 도시들의 예가 13–15절에 제시되었다. 여기서 언급된 코라진, 벳사이다, 카파르나움은 예수님께서 선교하며 다니셨던 곳들이다. 앞으로 제자들이 방문할 고을이 아니다. 루카는 이 구절을 어록(Q) 자료에서 가져와 이 문맥에 배치하면서 10–12절의 예시로 제시하였다. 코라진과 벳사이다, 카파르나움은 예수님의 고을이고, 제자들의 출신 고을이기에 예수님께서 치유와 기적을 많이 행하시고 가르침을 주셨는데 집단적인 회개는 일어나지 않았다. 예수님께서는 그 도시들 부근에 있는 이방 지역인 티로와 시돈에서 그런 은혜를 베푸셨더라면 훨씬 더 나은 결과가 나왔을 것이라고 말씀하신다. 파견되는 제자들에게는 결실이 없는 듯 보이는 선교 여정에 위로가 되는 가르침이기도 할 것이다. 사실 예수님은 파견된 제자들과 당신을 동일시하신다. “너희 말을 듣는 이는 내 말을 듣는 사람이고, 너희를 물리치는 자는 나를 물리치는 사람이며, 나를 물리치는 자는 나를 보내신 분을 물리치는 사람이다”(16절). 예수님은 파견하는 제자들에게 당신의 권위와 능력을 나누어주시어, 같은 임무를 수행하게 하실 뿐만 아니라, 그들의 존재와 말에 응답하는 것이 당신의 존재와 말씀에 응답하는 것과 같다고 선언하신다. 물론 그들이 전하는 말은 하느님의 말씀으로 예수님의 말씀과 하나이다. 따라서 그들이 하느님의 말씀을 전할 때, 청취자는 그 말씀을 하시고 파견된 이들에게 그 말씀을 담아주신 그분이 직접 전하는 것으로 여기고 그대로 듣고 따라야 한다는 말씀이다. '너희 말'이란, 그들이 파견 나가서 녹음된 말씀을 들려주듯 하는 것이 아니라, 예수님 말씀을 들은 체험과 고백을 바탕으로 그들 안에서 나오는 '자신들의 말'을 가리킨다.

(4) 일흔두 제자의 귀환과 예수님의 감사기도 10,17-24

복음서는 일흔두 제자가 파견되어 활동했던 과정은 생략하고 귀환하여 벌어진 일에 대해서만 전한다. 내용은 두 가지로 그들의 보고와, 보고를 들으신 예수님의 반응이다. 예수님 메시지는 삼중으로 표현되었다.

① 일흔두 제자의 보고(10,17)

파견된 이들의 체험이 소개된다. 하지만 선교의 경험담이나 파견된 이들 자신들에 관한 사실은 아니다. 그들이 기뻐하면서(메타 카라스 μετὰ χαρᾶς) 돌아와 표현한 것은 구마에 관련된 것이다. "주님, 주님의 이름 때문에 마귀들(다이모니아 δαιμόνια)까지 저희에게 복종합니다." 제자들의 기쁨이 고조되었던 이유는 영들의 복종을 보았기 때문이다

(20절 참조).

② 예수님의 기쁨과 감사(10,18-24)

18-20절

예수님은 "사탄(σατάν)이 번개처럼 하늘에서 떨어지는 것을 보았다"고 하시며 그들의 고조된 기쁨에 호응해주신다. 그리고 그 힘은 주님이 주신 힘이라는 것을 짚으시고 이제 아무도 그들을 해치지 못하는 힘을 갖게 되었다는 사실을 확인해주신다. "보라, 내가 너희에게 뱀과 전갈을 밟고 원수(에크트로스 ἐχθρός)의 모든 힘을 억누르는 권한을 주었다. 이제 아무것도 너희를 해치지 못할 것이다." 루카복음은 지금까지 마귀라는 단어를 많이 사용하였는데(4,33.35.41; 7,33; 8,2.27.29-33.35-36.38; 9,1.42.49; 10,17) 여기부터는 사탄이라는 단어가 주로 사용된다(11,18; 13,16; 22,3.31). 성경에 '마귀'로 번역된 다이모니온(δαιμόνιον)은 '신령, 악마(demon), 악한 영'을 가리킨다. 그렇기에 20절에서 '영들'이라는 단어로 같은 것을 지칭하신다. 사탄은 악한 초자연적 권세들의 우두머리를 지칭하는 이름으로 사용된 '대적자'라는 뜻의 히브리어 사탄(שָׂטָן: 욥 1,7 이하 참조)을 그리스어로 옮긴 형태다. 떨어지는 사탄을 보았다는 것은 일시적으로 추락하는 위치 이동이 아니라 몰락, 최종적인 파멸을 가리킨다. 예수님의 오심으로 악한 영들의 힘은 쇠락했고, 마귀들은 예수님의 이름과 힘에 복종한다. 예수님께서 '보신 것'은 제자들의 선교 활동이 지닌 효력을 상징적으로 요약한다.

그리고 주님은 기뻐해야 하는 참된 이유를 밝혀주시는데, 그것은 그 일을 통해 그들의 이름이 하늘에 기록되었다는 놀라운 사실이다. 기쁨의 원천은 그들이 하느님께 알려졌다는 것과 그분께 보호를 받고 있다는 데 있다. "그러나 영들이 너희에게 복종하는 것을 기뻐하지 말고, 너희 이름이 하늘에 기록된 것을 기뻐하여라." 하느님께서 직접 예수님을 대표하는 제자들의 이름을 생명의 책에 새겨 넣으셨다는 것이다. 그렇다고 해서 하느님과의 이 관계로 여기 지상에서 악마의 세계보다 우월한 조건에서 살고 있다는 사실을 부인하는 것은 아니다. 생명의 책, 하늘의 책 개념은 구약성경에서 왔는데 탈출 32,32-33(당신께서 기록하신 책, 내 책); 시편 69,29(생명의 책); 56,9(당신 책); 이사 4,3(기록된 이); 다니 12,1(책에 쓰인 이들); 말라 3,16(비망록) 등에 나타난다. 신약에 반영된 곳은 필리 4,3(생명의 책); 히브 12,23(하늘에 등록된); 묵시 3,5(생명의 책); 13,8(생명의 책) 등이 있고, 유다 문학에 많이 나타난다.

21절

"그때에 예수님께서 성령 안에서 즐거워하며 말씀하셨다." 이제 예수님의 기쁨이 표현된다. '성령 안에서 즐거워하며'(에갈리아사토 엔 토 프네우마티 토 하기오 ἠγαλλιάσατο [ἐν] τῷ πνεύματι τῷ ἁγίῳ). '즐거워하며'

는 동사 '기뻐하다'(아갈리아오 ἀγαλλιάω)의 직설법 원과거형 에갈리아사토(ἠγαλλιάσατο)를 옮긴 말인데, 이 동사는 유년 이야기들(1,14.44.47)에도 똑같이 쓰였다. 즈카르야와 많은 이가 세례자 요한의 출생을 기뻐할 것이고, 엘리사벳 태 안의 아기가 마리아의 문안 인사 목소리를 듣고 기뻐하고, 마리아의 마음이 구원자 하느님 안에서 기뻐한다고 할 때 다 같은 동사를 사용하였다. 이때의 기쁨이 성령과 연관되었듯이, 여기도 '성령 안에서'가 표시되었다. 구원 역사의 기쁨이 맥을 이어 나타나고 있다. 성령은 예수님의 기쁨과 하느님 아버지에 대한 찬양의 근원이고 영감이다.

예수님을 주어로 하여 '기뻐하시며'에 이어 나타나는 두 번째 동사는 '감사드리다'이다. '찬양하다, 기리다'라는 뜻의 엑소모로게오(ἐξομολογέω)가 직설법 현재형으로 사용되었고(엑소모로구마이 ἐξομολογοῦμαί), 이어 2인칭 여격 인칭대명사(소이 σοι)가 나타났기에 '찬양하다'로 본다. '당신을 찬양합니다'(ἐξομολογοῦμαί σοι). 그런데 칠십인역에서 이 동사가 히브리어의 '감사하다' 동사의 번역으로 사용되었기에 '감사하다'의 뜻으로도 사용한다. 이렇게 유다교 전승에서 하느님께 사용되는 관용어구로 자리 잡은 말을 그리스도교에서 사용하였다. 예수님의 이 감사 찬양은 기도의 형태로 표현되었다.

"지혜롭다는 자들과 슬기롭다는 자들에게는 이것을 감추시고 철부지들에게는 드러내 보이시니…." 여기에서 '감추시고 드러내시고'라는 표현의 대조 및 '지혜롭다는 자들과 슬기롭다는 자들'과 '철부지들'의 대조라는 이중의 대조가 주제를 부각한다. 그런데 하느님께서 철부지들에게 드러내 보이신 이것(타우타 ταῦτα)이 무엇을 지칭하는지 살펴볼 필요가 있다. 본문이 직접적으로 이 경험을 전하지는 않지만 21절의 첫머리인 '그때에'와 연결된 바로 앞 문장들에서 내용을 추정해볼 수 있다. 제자들이 파견되어 체험한 일들에서 예수님이 보신 것이 18-20절에 표현되었다. 이 일이 뜻하는 바를 21절이 말하고 있다. 철부지들이란 '어린이', '작은 이'라는 뜻의 네피오스(νήπιος)인데, 마태오복음에서 말하는 '작은 이'(마태 18,6의 미크로스 μικρός 참조)와는 구분되는 단어로, '어수룩한 이'(시편 19,8), '소박한 이'(시편 116,6), '우둔한 이'(시편 119,130)라고 번역되는 히브리어 페티(פְּתִי)의 칠십인역 번역어다. 순진하고 어수룩한 이들이 하느님의 돌보심, 구원의 수혜자로 나오는 맥락에서 네피오스가 사용되며, 율법은 그들이 이해할 수 있도록 도우며 하느님께 마음을 열게 한다. 루카복음에서 이들은 제자들이며 예수님에게 귀를 기울이지 않는 율법학자들과 대조된다. 이러한 제자들의 살아 있는 체험이 예수님의 기도 안에서 효력 있는 아버지의 뜻이라고 설명되었다. 하느님 계획의 계시와 구원 역사의 결정적인 여정이 만났다. 예수님은 동의와 감탄, 찬양을 표현하신다. "그렇습니다, 아버지! 아버지의 선하신 뜻이 이렇게 이루어졌습니다."

22절

21절에서 직접 하느님 아버지를 향해 2인칭으로 말씀하시던 예수님은 22절에서 아버지를 3인칭으로 지칭하며 말씀하시나, 여전히 하늘을 향해 하느님 아버지께 말씀을 드리고 계신 것으로 볼 수 있다.이 다음 23절에서 예수님께서 돌아서서 제자들에게 말씀하신다고 전하기 때문이다.

내용을 보면 22절은 21절과 같은 일을 가리키고 있다. 21절이 일어난 일을 하느님 세계의 측면에서 하느님이 하신 일로 밝힌다면, 22절은 그 일을 지상의 측면에서 예수님 안에 이루어진 일로 드러낸다. "나의 아버지께서는 모든 것을 나에게 넘겨주셨다. 그래서 아버지 외에는 아들이 누구인지 아무도 알지 못한다. 또 아들 외에는, 그리고 그가 아버지를 드러내 보여주려는 사람 외에는 아버지께서 누구이신지 아무도 알지 못한다." 아버지와 아들을 제외한 다른 사람들이 처음에는 이런 상호적인 앎의 친밀함에서 벗어나 있었지만, 마침내 아들이 사려 깊게 주도적으로 행하신 하느님 나라 선포와 예비적 실현을 통해 아버지이신 하느님을 함께 알아가도록 초대를 받았다. 22절에 나온 아들의 뜻은 21절에 나온 아버지의 뜻과 상응한다. 또 마지막 문장에서 '그가 아버지를 드러내 보여주려는 사람'은 아버지를 알지만, '그 외 사람은 아버지께서 누구이신지 아무도 알지 못한다'고 하여 아버지의 선하신 뜻, 철부지들에게 드러내 보이시는 것과도 통한다.

23-24절

"그리고 예수님께서는 돌아서서 제자들에게 따로 이르셨다. '너희가 보는 것을 보는 눈은 행복하다'"(23절). 주님은 제자들이 받은 축복과 영광을 알려주신다. "많은 예언자와 임금이 너희가 보는 것을 보려고 하였지만 보지 못하였고, 너희가 듣는 것을 들으려고 하였지만 듣지 못하였다." 21-22절의 수혜자는 제자들이다. 이전 세대가 보지 못한 것을 제자들은 본 것이라 하는데, 그것은 예수님의 사명과 결부된 종말론적 성취이다. 그렇게 제자들은 아버지의 선하신 뜻이 이루어지는 것을 목격했고, 그 뜻을 이루는 일에 참여했다. 시메온 찬가의 한 구절을 기억하며 요약하면, "제 눈이 당신의 구원을 본 것입니다." 이는 제자들에게는 영광이고 다른 이들에게는 계시의 빛이다(2,30-32).

2) 가르침 10,25-11,54

예루살렘 여정에는 예수님과 세 집단의 만남이 소개된다. 그 셋은 답보 상태인 군중, 열정적인 제자들, 그리고 집요하게 다가오는 적대자들이다. 그 만남에서 각기 특색 있는 예수님의 가르침이 소개된다.

(1) 영생을 위한 계명 10,25-37

① 하느님 사랑과 이웃 사랑(10,25-28)

25-26절

"어떤 율법 교사가 일어서서 예수님을 시험하려고 말하였다. '스승님, 제가 무엇을 해야 영원한 생명을 받을 수 있습니까?'" 이 도입 절은 앞 단락과 완전히 구분되는 문맥과 분위기를 제시하며 독자들을 다른 주제로 이끈다. 루카는 명시적으로 예수님을 시험하려는 의도를 가지고 율법 교사가 질문을 한다고 밝힌다. 루카는 마태오와 마찬가지로 '시험하다'에 동사 엑페이라조(ἐκπειράζω)를 사용하는데, 이 단어는 루카 4,12의 말씀을 떠올려준다. "주 너의 하느님을 시험하지 마라"(신명 6,16 "너희가 마싸에서 주 너희 하느님을 시험한 것처럼, 그분을 시험해서는 안 된다" 참조).

무엇을 해야 영원한 생명을 받을 수 있냐는 질문에서 처음 등장하는 '영생'이라는 단어는 다니 12,2에서 연유한다. 마르코나 마태오가 가장 큰 계명이 무엇이냐고 물으면서 율법에 관심을 집중시키는 데 반해, 루카는 율법 조항들의 중요도에 큰 관심이 없는 독자층에 알맞게 그 율법이 지향하는 삶의 주요 개념인 영생에 초점을 맞춘다. 예수님께서 반문하신다. 삶의 길을 제시하며 가르침을 주는 것이 율법인데, 그 "율법에 무엇이라고 쓰여 있느냐? 너는 어떻게 읽었느냐?" 하신다. 쓰여 있는 내용은 무엇이고, 너는 어떻게 이해하였느냐고 물으신다.

27-28절

그가 "'네 마음을 다하고 네 목숨을 다하고 네 힘을 다하고 네 정신을 다하여 주 너의 하느님을 사랑하고' '네 이웃을 너 자신처럼 사랑해야 한다' 하였습니다" 하고 대답하니까 예수님께서 "옳게 대답하였다. 그렇게 하여라. 그러면 네가 살 것이다" 하신다. 하느님 사랑과 이웃 사랑에 대한 계명이 짚어졌다. 하느님을 사랑하는 정도를 나타내는 '네 전부를 다하여'는 시대와 상황에 따라 다르게 표현되었다. 이웃 사랑의 기준은 '자기 자신처럼'이다. 하느님 사랑이든 이웃 사랑이든 '나'라는 존재, 나 자신이 관건이다. 율법에 쓰이고 네가 이해한 대로 하느님을 사랑하고 이웃을 사랑하면 영원한 생명을 얻는다고 답을 주셨다.

루카 10,27	ἐξ ὅλης [τῆς] καρδίας σου καὶ ἐν ὅλῃ τῇ ψυχῇ σου καὶ ἐν ὅλῃ τῇ ἰσχύϊ σου καὶ ἐν ὅλῃ τῇ διανοίᾳ σου 네 마음을 다하고 네 목숨을 다하고 네 힘을 다하고 네 정신을 다하여
마르 12,30	ἐξ ὅλης τῆς καρδίας σου καὶ ἐξ ὅλης τῆς ψυχῆς σου καὶ ἐξ ὅλης τῆς διανοίας σου καὶ ἐξ ὅλης τῆς ἰσχύος σου. 너는 마음을 다하고 목숨을 다하고 정신을 다하고 힘을 다하여
마태 22,37	ἐν ὅλῃ τῇ καρδίᾳ σου καὶ ἐν ὅλῃ τῇ ψυχῇ σου καὶ ἐν ὅλῃ τῇ διανοίᾳ σου· 네 마음을 다하고 네 목숨을 다하고 네 정신을 다하여
신명 6,5 (칠십인역)	ἐξ ὅλης τῆς καρδίας σου καὶ ἐξ ὅλης τῆς ψυχῆς σου καὶ ἐξ ὅλης τῆς δυνάμεώς σου 너희는 마음을 다하고 목숨을 다하고 힘을 다하여

② 착한 사마리아인의 비유(10,29-37)

29절

그 답을 들은 율법 교사가 자기가 정당함을 드러내고 싶어서 예수님께, "그러면 누가 저의 이웃입니까?" 하고 물었다. 이 질문에 대한 답으로 비유 이야기가 시작된다.

30-35절

"예수님께서 응답하셨다" 하고는 착한 사마리아인의 비유 이야기가 이어진다. 이 비유를 이해하는 데 도움이 되는 문맥은 25-29절이다. 하느님 사랑과 이웃 사랑 그리고 이웃이 누구인지 이해하는 데 기본 배경은 본문의 '율법 교사' '율법에 쓰인 것', 그리고 율법에 쓰인 내용에서 보듯이, 율법의 세계다. 비유 이야기는 그 배경을 전제로 하여 불운을 당한 한 사람을 소개한다. "어떤 사람이 예루살렘에서 예리코로 내려가다가 강도들을 만났다. 강도들은 그의 옷을 벗기고 그를 때려 초주검으로 만들어놓고 가버렸다." 그 상황에 맞닥뜨린 사람은 세 명이다.

여기서 유의해서 볼 점은 세 가지다. 첫 번째로 그냥 지나간 그 사람들은 누구인가이다. 사제와 레위인, 이렇게 두 유다인이 먼저 소개되었다. 이 두 가지 신분의 사람들은 성전 제사와 율법을 중심으로 운영, 관리되는 유다교에서 성전과 율법을 대표한다고 볼 수 있다. 사제와 레위인 신분으로 소개된 그들이 '내려가는' 중이었다면, 가장 그럴듯한 가정은 예루살렘에서 성전 예배 봉사 순번으로서 봉직하고 예리코로 내려가는 중이었을 수 있다. 물론 다른 일로 그 길에 들어섰을 수도 있다. 아무튼 이 둘에게 예루살렘이라고 하면 성전을 가리키는 것이니, 성전의 하느님 앞에서 백성을 위해 봉사하는 거룩한 임무를 수행하고, 혹은 기도를 드리고 내려가는 중이니 더없이 흠 없는 상태라고 할 수 있다. 그러나 그들은 길에서 거의 죽어가는 사람을 보고 비껴간다.

두 번째 요소는 율법에 대한 태도는 어떠한가를 보는 것이다. 그 사람이 거의 죽은 듯 보이니 사제나 레위인은 시신에 몸이 닿으면 안 된다는 율법을 지킨 것일 수도 있다.

세 번째로 유심히 볼 것은 그를 도와준 사마리아인의 태도이다. 유다인의 관점에서 그는 상종 못할 부류의 이방인이고 불결한 사람으로, 율법과 거리가 먼 사람이다. 그는 여관 주인에게 '돌아올 때에'라고 말한다. 이에 그가 업무가 있고, 어딘가 목적이 있어 가는 중임을 짐작할 수 있다. 그러한 그가 상처 입고 쓰러져 있는 불쌍한 사람을 보고 "가엾은 마음이 들었다"고 한다. 그래서 그는 아주 후하게 그를 치료해주고 돌봐준다. 사마리아인이 한 일에 대한 34-35절의 묘사는 그가 강도 당한 이의 회복을 위해 정말 자비롭고 넉넉하게 도와준 은인임을 드러내며 비유를 마무리한다.

36-37절

이제 예수님께서 율법 교사에게 물으신다. "너는 이 세 사람 가운데에서 누가 강도를 만난 사람에게 이웃이 되어주었다고 생각하느냐?" 율법 교사가 "그러면 누가 저의 이웃입니까?" 하고 물었는데, 예수님은 비유라는 가상의 이야기를 통하여 실제 세상의 진실을 드러내신 뒤 비유 끝에 역으로 "누가 이웃이 되어주었느냐"라고 물으신다. 그렇다. 누가 이웃이 되어주었는지를 알아보려면 누군가가 다른 이에게 한 행동을 보면 된다. 자신에게 누가 사랑과 친절을 베풀었는지는 본인이 가장 잘 알고 있기에, 누가 나의 이웃인지 질문할 필요가 없다. 그래서 "누가 저의 이웃입니까?"라는 율법 교사의 질문은 잘못되었다.

제삼자가 할 수 있는 바른 질문은 "누가 이웃이 되어주었느냐?" 정도이다. 율법 교사는 비유 이야기에서 강도 당한 사람의 이웃을 명확하게 알아보았기에 "그에게 자비를 베푼 사람입니다" 하고 대답한다. 예수님께서 결론을 내시며, 곧 그의 질문에 답을 주신다. "가서 너도 그렇게 하여라." 즉, 너도 가서 누군가에게 '이웃이 되어주라'는 말씀이다. 그 사마리아인은 강도 당한 사람을 자신처럼 사랑하였다. 하느님 사랑과 이웃 사랑이 영생을 얻는 방법이고, 그 어떤 율법보다도 중요하고 큰 계명이다. 사마리아인은 이 사랑의 계명을 몸소 행하였다. 그가 비유에서 한 유일한 말은 자기 행동을 책임지고 마무리하기 위한 말뿐이다. "저 사람을 돌보아주십시오. 비용이 더 들면 제가 돌아올 때에 갚아드리겠습니다."

(2) 마르타와 마리아 10,38-42

38절

"그들이 길을 가다가." 예수님은 하느님 나라를 선포하시며 예루살렘으로 가시는 중에 어떤 마을에 들어가셨다. '마르타라는 여자'가 예수님을 자기 집으로 모셔 들였다. 지명을 굳이 밝히지 않은 것은 지리적 관점에서 메시지를 보지 않고 주제에 집중하기 위해서이다. 이 단락은 선포자들과 하느님 말씀에 대한 환대를 다루고 있다.

39절

마르타가 예수님을 집안으로 모셔 들인 뒤, 복음서가 보여주는 장면은 "마리아는 주님의 발치에 앉아 그분의 말씀을 듣고 있었다"는 것이다. 마리아는 마르타의 동생이다.

40절

"그러나 마르타는 갖가지 시중드는 일로 분주하였다." '산만하다, 기준점에서 멀리 떨어지다, 부담이 많다'는 뜻의 페리스파오(περισπάω)의 반과거 수동형인 페리에스파토(περιεσπᾶτο)로 마르타의 상태를 드러낸다. 그런데 마르타는 한 가지 행동을 더한다. 예수님께 다가가 "주님, 제 동생이 저 혼자 시중들게 내버려 두는데도 보고만 계십니까?" 이것이 첫 번째 말이다. '우 멜레이 소이 호티'(οὐ μέλει σοι ὅτι…), '당신에게는 …이 걱정되지 않으시는군요', 혹은 '상관이 없으시군요'라는 뜻의 '보고만 계십니까?'이다. 시중들기 위해 이렇게나 수고하는 자신을 예수님이 배려하지 않는다고 비난한다. 그리고 두 번째 말은 "저를 도우라고 동생에게 일러주십시오"이다. 그러니까 마리아를 자신에게, 자신을 돕도록 보내라는 말이다.

41-42절

예수님께서 마르타를 두 번이나 부르시며 말씀하신다. "마르타야, 마르타야!" 두 번의 부름은 아주 진지하게 말씀하시고 계심을 드러낸다. "너는 많은 일을 염려하고 걱정하는구나"(메림나스 카이 토루바제 페리 폴라 μεριμνᾷς καὶ θορυβάζῃ περὶ πολλά). '근심하다'라는 뜻의 메림나오 동사와 '산란하다'라는 뜻의 토르바조 동사가 현재 동사로 쓰였다. 예수님은 마르타에게 그녀가 많은 일로 근심하고 마음이 복잡하다고 알려주신다. 사실 마음이 흩어지고 복잡하지 않고서야, 자기 일에 모두가 동원되어야 한다고 생각하며 예수님께 와서 '무엇 하시냐고, 보고만 계시냐고' 불평하며, 마리아를 자기에게 보내라는 말은 하지 못할 것이다. 지금 마르타는 마리아만이 아니라 예수님도 함께 비난하고 있다.

예수님께서 마르타의 마음을 아시기에, 곧 마르타가 당신을 잘 대접하고자 하는 지향을 알기에 사실 '너는 지금 많은 일로 마음이 방해받고 있다'고 친절하게 알려주시며, "필요한 것은 한 가지뿐이다"라고 가르쳐주신다. 여기서 '한 가지'(헤노스 ἑνὸς)는 41절의 많은 일(폴라 πολλά)과 대조된다. 이 '한 가지'는 단지 마리아가 택한 것만을 가리키지 않는다. 마르타도 마리아도 한 가지를 하면 된다. "마리아는 좋은 몫을 선택하였다. 그리고 그것을 빼앗기지 않을 것이다." 이 말씀의 뜻은 마르타가 요청한 것에 대한 답변이라는 문맥을 고려하여 해석해야 한다. 마르타가 예수님의 말씀을 듣고 있는 마리아의 행위를 비난하였기에, 예수님은 마리아의 행동이 마땅함을 알려주시려고 "좋은 몫을 선택하였다"라고 말씀하신 것이다. 마르타가 하는 '시중드는 일'보다 이 일이 더 좋다고 하지 않으셨다. 손님을 맞아들였을 때, 음식도 대접해야 하지만, 손님을 상대하며 대화로 접대하는 일도 있다. 예수님을 시중들고, 말씀을 경청하는 등의 여러 일 중에 마리아가 좋은 몫을 택하여 하고 있다는 뜻이다. 비난받을 일도 아니고 더구나 마르타의 일을 도우러 가느라 그것을 중지하게 하지 않으신다는 뜻이다. 마르타가 예수님께 마리아에게 자기를 도우러 가라고 말씀해달라고 청하였기 때문에 하신 말씀이다. "그것을 빼앗기지 않을 것이다."

예수님은 여기서 마르타가 하는 일이 필요 없다고 하지 않으셨다. 다만 마르타가 그 일을 제일 중요하게 여기며 모두가 그 일이 완성되도록 도와야 한다고 주장을 했기에 답을 주신 것이다. 언니 마르타가 동생 마리아가 하는 예수님을 섬기는 방법에 이의를 제기했기 때문에, 예수님께서 당신의 말씀을 경청하는 마리아의 행위를 다시 조명해주시며 충분히 가치 있고, 필요한 한 가지 일로 자리매김해주셨다.

한편 예수님께서 하느님 나라를 위하여, 구원을 위하여 자신이나 제자들이나 먹고 마시고 편안히 쉬는 일을 중요하게 다루거나 첫자리에 놓지 않으시는 맥락(6,1; 8,21; 9,3-5.58; 12,22-32 등)에서 이 에피소드를 다시 읽는다면, '말씀을 경청하는 것'을 더 중요하게 여기는 에피소드라고 말할 수도 있다.

그런데 제자들이나 선교사들이 자신의 음식과 숙식에 신경을 쓰지 않을 수도 있으나, 그들의 말씀 봉사를 받고 있는 사람들은 그들에게 품삯을 주는 일(맞아들이는 일)에 분명하게 마음을 써야 할 것이다. 그들 역시 먹고 쉬어야 생명이 유지되는 인간이기 때문이다. 하지만 그들이 선교 사명을 수행하고 있는데, 먼저 그들이 전하는 말에 귀를 기울이지 않는다면 그들을 맞아들이고 숙식을 제공하는 일이 무슨 의미가 있겠는가? 말씀으로 거두는 결실이 없다면 그들은 선교를 하지 않고 자기들의 고향과 집에서 먹고 마시는 일이 훨씬 나을 테니 말이다.

(3) **기도에 대한 가르침** 11,1-13

11,1-13은 기도라는 주제 아래 세 대목이 한 단락을 이루고 있다. 1-4절은 예수님께서 가르쳐주시는 기도를 소개하고, 5-8절은 항구하게 기도하는 태도를 말하며, 9-13절은 믿고 드리는 청원의 필요성과 확신에 대한 가르침을 소개한다. 이 중에서 5-8절은 루카 고유의 자료이고 나머지는 마태오와 공통의 자료로 어록(Q) 자료를 출처로 본다. 마태오에는 이 부분이 모두 산상수훈의 단락에 흩어져 배치되어 있다. 루카는 이 자료들을 자신의 고유(L) 자료와 함께 한 문맥으로 엮어 기도에 관한 고유의 메시지를 전달한다. 기도는 하느님이 누구신지, 예수님이 누구신지 내가 그분을 누구라고 인식하는지에서

출발한다.

① 예수님처럼: 주님의 기도(11,1-4)

기도는 제자들이 늘 보아온 예수님의 일상이다. 제자들은 이제 기도하시는 예수님께 기도하는 것을 가르쳐달라고 청한다. 그래서 '주님의 기도'를 받게 된다. 주님의 기도는 하느님 존재와 하느님 통치에 대한 기원을 바탕으로 하여, 삶을 위해 필요한 것을 청하는 세 가지 요소로 구성되어 있다. 이 기도는 우리가 누구이며 무엇을 해야 하는지 알려준다.

루카가 전하는 주님의 기도에는 명령형 동사가 다섯 개 들어 있는데, 알려진 고대의 주님의 기도문(마태오, 루카, 디다케) 중에서 가장 짧다. 다음의 동사 분석표에서 보듯이 단수 3인칭이 가리키는 것은, 아버지의 이름이 거룩하게 드러나고 아버지의 나라가 오기를 기원한다. 2인칭 단수로 표현된 동사 세 개는 아버지께서 행동해주십사 청하는 것이다. '주시고'(날마다 저희에게 일용할 양식을)와 '용서하시고'(저희에게 잘못한 모든 이를 저희도 용서하오니 저희의 죄를)에는 명령형이, '저희를 유혹에 빠지지(들지) 않게 하소서'에는 기원형이 사용되었다.

성경에서 간혹 하느님께서 시험을 하시거나 그것을 허락하시는 장면을 볼 수 있다(창세 22,1; 탈출 15,25; 16,4; 신명 8,16; 판관 3,1; 2역대 32,31; 시편 17,3; 26,2; 66,10; 잠언 17,3; 코헬 2,1; 지혜 3,5; 11,10; 이사 48,10; 예레 6,27; 9,6; 20,12 등). 해당 성경 구절들에서 칠십인역에 사용된 단어들은 페이라조(πειράζω 시험하다), 또는 엑페이라조(ἐκπειράζω 시험하다)로, 시서와 지혜서, 예언서에는 도키마조(δοκιμάζω 시험하다)가 주로 사용되었다. 루카복음 본문에 사용된 '시험'(페이라스모스 πειρασμός)에 들다와 의미가 같다. 하느님 뜻에 의해 시험에 들 경우도 있는 것을 감안하여 시험에 들지 않게 해달라고 기원형으로 청원한다. 매일의 양식이나 용서는 필연적으로 주셔야만 한다는 의미로 명령형이 사용되었다.

거룩하게 하다 (하느님 이름)	ἁγιασθήτω	원과거 수동형 명령 3인칭 단수 ἁγιάζω
오다 (하느님 나라)	ἐλθέτω	원과거 명령 3인칭 단수 ἔρχομαι
주다	δίδου	현재 명령 2인칭 단수 δίδωμι
가게 하다, 용서하다	ἄφες	원과거 명령 2인칭 단수 ἀφίημι
들어가지(빠져들지) 않다	μὴ εἰσενέγκῃς	원과거 기원 2인칭 단수 εἰσφέρω

앞에 예시한 성구에서 보듯이 하느님께서 당신의 백성을, 의로운 이를 시험하시는 기록이 구약성경 곳곳에 나타난다. 그뿐 아니라 신약성경에도 믿음이나 사람을 시험하여 마음의 진실을 밝혀내고 확인한다는 기록이 상당 부분 있다(1테살 2,4; 1티모 3,10; 히브 3,8.9; 11,17; 야고 1,3.12; 1요한 4,1; 묵시 2,2.10; 3,10). 어떤 측면에서 인생에서 시험에

직면하는 것은 불가피한 일인 듯하다. 시험이 닥쳐올 때 바른 선택으로 거기에 빠지지 않음으로써 진실한 마음을 드러내야 한다. 그리고 예수님께서도 유혹에 직면하셨던 적이 있다고 복음서는 전한다(루카 4,2). 거기에 사용된 동사도 페이라조(πειράζω)다. 예수님은 악마의 모든 유혹에 하나도 빠지지 않으셨다(4,2-13). 그리고 예수님께서 겟세마니에서 제자들에게 말씀하신 것도 기억하자. "유혹에 빠지지 않도록 기도하여라"(22,40; 참조 22,46). 유혹은 있기 마련이다. 기도로써 이겨내야 한다.

사람이 살기 위한 양식은 매일 주님께서 주실 것이다. 사람은 하느님으로부터 힘을 받아 살아간다. 또한 이와 함께 용서해달라는 청원이 필수 요소로 들어가 있는 것이 두드러진다. 하느님께 죄의 용서를 청하는 것이, 매일의 기도라는 것은 의미심장하다. 예수님은 사람을 너무도 잘 아신다. 여기서도 그 점이 잘 드러난다. 우리는 끊임없이 용서를 청할 일을 하며 산다. 나쁜 일만 일삼는다는 것이 아니라, 좋은 일이고 잘하려고 하는 일인데 용서받으며 완성해야 하는 부분이 늘 생긴다. 바로 앞 대목에 나온 마르타의 봉사처럼 말이다. 그런데 이것은 기준이 엄격한 신(하느님) 앞이라서가 아니라 우리 사람들 사이에서도 일상적이다. 그래서 전제 조건이 "저희에게 잘못한 모든 이를 저희도 용서하오니"(4절)이다. '저희가 용서하오니'에 '용서하다'(아피에미 ἀφίημι)의 현재형 아피오멘(ἀφίομεν)이 사용되었다. 이 현재 동사는 이런 일이 진행 중이거나 습관적으로 지속되는 일임을 드러내고, 하느님의 용서하시는 행위는 기도문에 쓰이는 어법대로 원과거(아오리스트)로 쓰였다. 우리 역시 관계에서 생기는 모든 이를 용서한다고 전제했다. '모든 이'에 쓰인 판티(παντὶ)는 형용사 파스(πᾶς 모든)의 부정형 여격 남성 단수형이다. '우리에게 오페이론티(ὀφείλοντι)한 모든 이를 용서하오니'라고 하는데, 오페이론티는 '빚을 지다, 의무가 있다, 죄를 짓다'라는 뜻의 오페일로(ὀφείλω)의 현재분사 여격 남성 단수로 '판티'에 상응한다. '우리에게 빚을 지고, 무엇인가 풀어야 할 것을 지닌 모든 이를 용서하오니, 우리 죄를 사하여 주소서' 하는 것이다. 우리가 하느님께 무엇인가 행한 것은 빚을 진 게 아니라 죄이다. 그래서 '저희의 죄'(타스 하마르티아스 헤몬 τὰς ἁμαρτίας ἡμῶν)를 용서해주십사고 명확히 표현한다.

중요한 것은 하느님께 용서를 청하는 것과 우리가, 곧 사람과 사람 사이에서 잘못한 일을 용서하는 것이 직접 연결되어 있다는 점이다. 또한 예수님께서 주님의 기도에서 가장 기본적이며 본질적인 것을 청하며 기도하는 것을 알려주셨다는 사실에 기초해서 볼 때, 살기 위해 먹어야 하는 것만큼이나 용서가 삶에 본질적인 요소라는 진실을 접하게 된다. 그리고 우리가 행동하기 전에 먼저 선택한다는 점을 생각해볼 때, 유혹에 빠지지 않고 시험에 들지 않도록 매일 기도해야 주님 눈에 드는 것을 바르게 선택하여 행동할 수 있다는 가르침이다.

② 항구하게(11,5-8)

"예수님께서 다시 그들에게 이르셨다." '다시'라는 단어에서 기도에 대한 가르침이 이어짐을 알 수 있다. 예수님께서 끈덕지게 조르며 청하는 친구의 예를 들어 기도하는 태도를 알려주신다. 앞 단락이 기도의 내용이었다면 이번 단락은 기도 자세에 대한 가르침이다.

"너희 가운데 누가 벗이 있는데, 한밤중에 그 벗을 찾아가 이렇게 말하였다고 하자. '여보게, 빵 세 개만 꾸어주게. 내 벗이 길을 가다가 나에게 들렀는데 내놓을 것이 없네.'" 예수님이 든 예시는 참으로 흥미롭다. 우선 벗에게 벗이 찾아왔는데 그 벗을 대접하려고 벗이 다른 벗을 찾아가 청하는 형국이다. 친구의 처지를 생각해보면, 밤중에 찾아온 손님이 굶주린 상태라면 당대의 팔레스티나 풍습과 정서나 벗의 처지에서 볼 때 요깃거리를 제공하고 잠자리에 들게 하고자 할 것이다. 그 시대에 한밤중에 불을 피워 빵을 굽기가 간단한 일도 아니고, 빵 세 개만 있으면 해결될 일이니, 근처에 사는 벗에게 가서 꾸어 달라고 한다. 7절에 나온 친구의 대답은 한마디로, 빵이 없다는 것이 아니라, 빵을 꺼내 건네주기에 상황이 불편하고 귀찮아서 줄 수가 없다는 것이다. 아마도 고대 가옥 구조로 인한 불편이 있었을 것이다. 아무튼 친구임에도 불구하고 자신의 사정을 이유로 거절할 수도 있다고 한다. 아마도 이런 상황이라면 듣는 이들도 공감했을 것이다. 그럼에도 불구하고 "줄곧 졸라대면" 마침내 일어나서 그에게 필요한 만큼 다 줄 것이다. 그 사람이 벗이라는 이유 때문에 일어나서 빵을 주지는 않는다 하더라도 말이다. 이것은 사람들 사이에서 일어나는 일이니, 듣는 이들 모두가 자연스럽게 공감하는 일이어야 한다. 잠자리에 들었다고 벗의 필요한 요청을 거절하는 사람도 있기는 할 터인데 그런 사람도 끈덕지게 졸라대면 결국에는 일어나서 줄 것이다.

이 예화의 핵심은 끈덕진 요청이다. 한밤중에 미안하기는 하지만 그것이 꼭 필요해서 부탁을 하러 갔다면, 다른 도리가 없으니 받을 때까지 청할 것이고, 그러면 상대도 주지 않겠냐는 것이다. 기도할 때의 절실함과 끈덕짐을 말씀하고 계시다.

③ 자녀처럼 청하여라(11,9-13)

이 부분은 어록(Q) 자료에서 온 것으로 마태오복음과 거의 비슷한 내용인데, 3중의 표현에서 짝을 이룬 대상들이 다소 다르다. 루카복음은 '생선-뱀, 달걀-전갈, 좋은 것-성령'이고, 마태오복음은 '빵-돌, 생선-뱀, 좋은 것-좋은 것을 더 많이'로 나타난다. 루카복음에서 마지막 예시인 '성령'은 루카복음의 전체 맥락과 잘 어우러진다.

9-10절

예수님께서 제자들에게, 하느님께 드리는 청원은 무엇이든 응답을 받는다는 확신을 가지도록 말씀하신다. 여전히 끈기 있게 기도해야 한다는 맥락에서 하시는 말씀이다. 청원하고(아이테오 αἰτέω), 찾고(제테오 ζητέω) 두드리는(크루오 κρούω) 세 형태의 요청은 각각 보상을 받으리라 확인된다. 주어질 것이고(디도미 δίδωμι), 발견할 것이고(헤우리스코 εὑρίσκω), 열릴 것이다(아노이고 ἀνοίγω). 누구든지 하늘에 계신 아버지께 일단 청하면, 끈기 있게 청하기만 하면 응답을 주신다. 이 사실이 9절과 10절에 두 번 반복되며 하느님 아버지와 사람 사이에서 이루어지는 기도의 보편적인 법칙처럼 제시되었다. 즉 9절의 끈기 있는 도전은 10절의 보편적 약속에 기초를 둔다.

11-13절

예수님께서는 다시 한번 세상의 아버지와 하늘에 계신 아버지를 비교하여 이 사실에 확신을 주신다. "너희 가운데 어느 아버지가 아들이 생선을 청하는데, 생선 대신에 뱀을 주겠느냐?" 악한 사람일지라도 생선을 달라는 아들에게 뱀을 주거나, 달걀을 달라는 데 전갈을 주는 아비는 없다. 온갖 한계를 지닌 아비일지라도 자녀에게는 좋은 것을 줄 줄 안다는 보편적인 상황과 정서를 확신의 증거로 제시한다. 그렇다면 "하늘에 계신 아버지께서야 당신께 청하는 이들에게 성령을 얼마나 더 잘 주시겠느냐?" 만일에 악한 것에서 좋은 것이 나올 수 있다면, 선한 것 자체에서는 훨씬 더 좋은 것만 나올 수 있다는 것이 이 말씀의 논리다. 루카 11,13의 '성령'과 마태 7,11의 '좋은 것' 사이에서 학자들은 '좋은 것'이 더 본래적인 것이라 한다. 예루살렘에서 있었던 오순절 성령강림 사건 이후 초대 교회의 관점에서 볼 때, 전체 맥락에서 구원, 하느님 나라를 위하여 하느님께서 주실 최고의 선물은 성령이기 때문에, 루카는 사도 2,33을 토대로 하여 이 부분을 편집했다고 본다. 부모로서 후하게 주시는 하느님의 호의는 일상적 필요는 물론 하느님의 가장 큰 선물에까지 미친다는 것을 보여주는 부분이다.

기도에 대한 가르침 부분(11,1-13)에서 기도 행위(청원)와 끈기 있는 태도를 이야기하는 5-13절의 중심은 9-10절이다. 5-8절에서 우리가 곤경에 처했을 때 실제로 그 어떤 친구보다도 하느님이 더 신뢰하고 의지할 수 있는 분이라는 사실을 말하는데, 이 예시를 통해 9-10절의 하느님이야말로 우리가 청하고 구하는 것들에 틀림없이 응답하실 것이니 그분께 청하라고 강력히 권유한다. 그리고 11-13절은 사람이 부성父性으로 자녀에게 응답하는 예를 들어 하느님의 부성이 응답하리라는 확신을 제시하며, 이러한 기도 행위와 그에 대한 응답이 반드시 있으리라는 약속을 보장한다.

(4) 예수님 편에 서기 11,14-28

① 예수님과 베엘제불(11,14-23)

14절

예수님께서 벙어리 마귀를 쫓아내셨다. 마귀가 나가자 말을 못하던 이가 말을 하게 되었다. 그러자 군중이 놀라워하였다.

15–16절

이 구마 사건 후 놀라워하는 군중들 외에 두 부류의 사람들이 등장한다. 한 부류는 예수님이 베엘제불과 결탁하였다고 모함하고, 다른 사람들은 하늘에서 내려오는 표징을 요구하며 그분을 시험한다.

17–19절

예수님께서는 그들의 생각을 아신다. 4,22–23에서도 나자렛 사람들의 말을 들으시며 그들의 의도를 읽으셨는데, 여기서도 예수님은 그들끼리 한 이야기(15–16절)를 직접 듣지 못하셨을 것이나 그들의 생각을 아신다.

"어느 나라든지 서로 갈라서면 망하고 집들도 무너진다." 예수님은 내전과 집안의 분쟁이라는 이미지를 통해 답변하신다. 마귀가 마귀를 쫓아내고, 사탄이 갈라져서 내전을 일으켜 나라를 망하게 하는 일을 하겠는가 하시며 내부 분쟁 이미지를 통하여 그들의 추론에 문제가 있음을 알려주신다. 18절에 의하면 베엘제불(Βεελζεβούλ), 사탄(σατάν), 마귀(다이모니온 δαιμόνιον)는 한통속으로 이해된다. 사탄은 4,2에서 악마로 번역된 적대자이다(4,2–13 해설 참조). 악이 예수님 편을 들어 악의 세력들끼리 싸우겠느냐는 것이다. 악의 우두머리로 여겨지는 베엘제불이 예수님 편을 들어 자신의 편을 쫓아내며 자폭할 리는 없다.

19절의 '너희의 아들들'은 유다인에게 인정받아 활동하는 구마자

(퇴마사)들을 가리킨다. 그들 역시 마귀의 힘을 빌려 구마 행위를 하지는 않는다. 그러니 그들이 너희를 판단할 것이라고 짚으신다.

20절

그런데 예수님의 구마 행위는 '하느님의 손가락'에 힘입은 일이다. 이런 신인동형론적 표현들은 루카 고유의 것으로, 단수로 쓰인 '주님의 손'(루카 1,66; 사도 4,28.30; 11,21; 13,11; '내 손' 7,50)이나 '주님의 팔'(루카 1,51; '권능의 팔' 사도 13,17)은 일차적으로 하느님의 능력을 가리킨다. 예수님은 하느님의 능력으로 일어난 이 일들은 나아가 하느님 나라의 통치가 실현된 것이라고 하신다. "그러나 내가 하느님의 손가락으로 마귀들을 쫓아내는 것이면, 하느님의 나라가 이미 너희에게 와 있는 것이다." 예수님의 구마는 하느님 나라가 현존한다는 표지이다. '와 있는 것이다'라고 번역된 에프타센(ἔφθασεν)은 '도달하다, 도착하다, 거기 있다'를 의미한다. 마귀들에 대한 예수님의 승리는 하느님 나라가 왔다는 것을 드러내는데, 여기서 간과하지 말아야 할 것이 그 나라가 바로 '너희에게' 와 있다는 사실이다. 하느님 나라는 가까이 온(엥기조 ἐγγίζω, 마르 1,15) 것을 넘어 이미 와 있는데, 단 믿고 받아들일 때 그러하다. 루카가 하느님의 손가락이라 표현한 것을 마태오는 "하느님의 영"(12,28)이라고 쓰는데, 만일 어록(Q) 자료에 '하느님의 영'(프네우마티 테우 πνεύματι θεοῦ)이라 나왔다면 루카가 선호하는 '영'이라는 단어를 신인동형론의 단어 '손가락'으로 대치하였다고 보기는 어렵다. 그래서 루카의 본문이 어록(Q) 원문 자료일 것이라고 추정한다. 루카는 이 단어를 사용하여 중재, 수단, 효과와 능력을 강조한다.

21-23절

21-22절은 '힘센 자', '더 힘센 자'라는 말로 능력에 대해 이야기한다. 앞에 나온 구마 이야기(14-23절)의 맥락에서 힘센 자는 마귀이고, 더 힘센 자는 하느님의 능력으로 무장한 예수님이시다. 예수님께서는 당연히 능히 마귀를 쫓아내신다는 것과 두 세계는 결코 공존할 수 없이 대립된다는 것을 말씀하신다. 구원자는 원수의 손에서, 사탄에게서 사람을 구하러 오셨다(루카 1,71 참조). 세상과 사람의 마음을 두고 대립하는 이 두 힘 사이에서, 이제 사람은 진정 자신이 어느 편에 속해야 하는지 선택하고 결정해야 한다. '예수님 편'이 아니라면 마귀, 곧 악을 따르며 그분의 반대자가 되는 것이다. 중립은 없다. 미지근함은 곧 적대이고, 동참하지 않는 것은 배교다. '예수님과 함께 모아들이지 않는 자'는 흩어버리는 자다. 예수님의 행적과 가르침은 사람들이 예수님을 믿고 따를 것인지, 곧 그분 편에 설 것인지 결단을 촉구하며 아주 엄중하다. 시메온이 아기 예수님을 두고 한 예언을 상기하게 된다. 그분은 '많은 사람을 쓰러지게도 하고 일어나게도 할 것이며, 많은 사람의 마음속 생각이 드러나게 할 것이다'(2,34-35).

② 되돌아오는 악령(11,24-26)

첨가되는 에피소드는 구마의 은혜를 입은 이들에게, 신체적 혹은 정신적으로 악의 패배를 경험하게 해주셨다고 해서 마냥 방심하지 않도록 경고하는 내용이다. 더러운 영이 쫓겨 나왔다가, 사람을 다시 공략하는 상황을 말한다. 더러운 영은 있던 곳을 '집'이라 하며 다시 되돌아오려 한다. "그러고는 가서 그 집이 말끔히 치워지고 정돈되어 있는 것을 보게 된다"(25절). '치워지고 정돈된 집'으로는 충분하지 않다는 것이다. 지키는 이가 없어 빈집인 것 같아 들어가보지만, 치워지고 정돈되어 악이 기거하기에 불편하므로, 다시 나와 자기보다 더 악한 영 일곱을 데리고 그 집에 들어가 자리를 잡는다고 한다. 그 집이 자체로 말끔하고 정돈되어 있는 것만으로는 불충분하다는 내용이다. 문맥상 24-26절은 그 집이 더 힘센 세계에 확실하게 속해야 한다는 것을 뜻한다. 예수님의 편에 서서 하느님의 말씀을 듣고 그것을 실천하며 살아야 한다. 곧 예수님의 활동에서 하느님의 현존을 깨달으며 말씀을 실천함으로써 그분 세계에 머물러야 한다.

③ 참행복(11,27-28)

루카는 "예수님께서 이 말씀을 하고 계실 때에"라는 표현을 써서 27-28절을 앞 이야기에 연결하며 구마 이야기를 마무리하는 내용으로 정리한다. 예수님께서 구마와 관련된 말씀(17-26절)을 이어가고 계실 때에 군중 속에서 한 여인이 예수님께 외친다. "선생님을 배었던 모태와 선생님께 젖을 먹인 가슴은 행복합니다." 인간 세상에서 가장 밀접한 사이이고 같은 편이라고 여길 수 있는 혈육, 친족 관계가 언급되었다. 예수님과의 개인적인 인간관계에 관심을 갖고 부러워하는 표현은 아마도 문맥상으로 23절의 '예수님 편에 서고, 예수님과 함께 모아들인다'는 표현에서 연상된 것일 수 있다. 이에 예수님께서는 진정한 관계, '같은 편'에 대해 단언하시는데, 여인이 사용한 행복이라는 말로 정리하신다. "하느님의 말씀을 듣고 지키는 이들이 오히려 행복하다." 곧 예수님의 편이 되고 그분과 함께하는 삶은 하느님 말씀과의 관계로 결정된다. 하느님 말씀을 듣고 실천하는 것이다. "좋은 땅에 떨어진 것은, 바르고 착한 마음으로 말씀을 듣고 간직하여 인내로써 열매를 맺는 사람들이다"(8,15)라는 말씀에서 그 의미를 좀 더 깊이 알아들을 수 있다. 말씀을 듣고 살아 열매를 맺는 삶은 하느님 현존을 드러내는 예수님 세계에 속하며 예수님과 함께하는 견고한 삶이다. 28절에서 한 가지 유의해서 볼 점은 예수님이 메눈 마카리오이(μενοῦν μακάριοι)라고 말씀하셨다는 것이다. 메눈은 '오히려', '더 적절하게 말하자면'이라는 뜻으로, 예수님의 어머니도 행복하지만 '하느님의 말씀을 듣고 지키는 이들이 오히려 행복하다'고 볼 수 있다. 따라서 이를 예수님께서 어머니가 칭송받으시는 것을 부인하는 문장으로 보기는 어렵다.

(5) 예언자적 경고 11,29-36

① 요나의 표징(11,29-32)

29절

14절에서부터 예수님이 군중 가운데서 가르치시는 내용이 계속된다. 그 군중 속에서 어떤 여인이 외치기도 했었는데(27절), 군중이 점점 더 모여들기 시작한다. 이야기는 맥락을 이어가며 진행된다. "이 세대는 악한 세대다. 이 세대가 표징을 요구하지만…." 예수님께서 벙어리 마귀를 쫓아내신 이후에 "다른 사람들은 예수님을 시험하느라고, 하늘에서 내려오는 표징을 그분께 요구하기도 하였다"(16절). 15절에서 그 구마 행위가 베엘제불의 힘을 빌려서 하는 것이라고 모함하는 사람들이 있었고, 그에 대한 예수님의 답변이 사실 17-23절을 넘어 28절까지 이어졌다. 예수님은 이제 사람들의 또 다른 반응, 곧 표징을 요구한 것(16절)에 답하신다.

예수님께서는 먼저 이 세대는 악한 세대라고 하시며, 요나 예언자의 표징밖에는 어떠한 표징도 받지 못할 것이라고 말씀하신다. 예수님께서 이미 구마 이적을 행하셨는데, 사람들은 예수님을 시험하기(페이라조 πειράζω) 위하여 그 이상의 것을 보이라고 한다. 광야에서 악마도 예수님을 유혹(페이라조 πειράζω)했었다(4,2-13). 악한 세대라는 말은 윤리적인 측면을 가리키지 않고 예수님 행위 안에 있는 하느님의 손길을 인식하지 못하는 것을 가리킨다. 현 상태에서 하느님 백성인 '이 세대'는 예수님 안에서 하느님 현존을 깨닫지 못하고 스스로 악한 자들임을 드러낸다.

"요나 예언자의 표징밖에는"이란 무엇인가? '요나의 표징'이라고 할 때 사용된 소유격 '요나의'는 요나가 받은 것을 가리키는지, 요나가 준 것을 말하는지 명확하지 않다. 요나 이야기는 요나가 큰 물고기 배 속에서 지낸 '사흘 밤낮'이 상징하는 죽음과 해방을 드러낼 뿐만 아니라, 요나가 회개를 권유하여 니네베 사람들이 모두 구원된 사실도 전한다. 그런데 "요나가 니네베 사람들에게 표징이 된 것처럼, 사람의 아들도 이 세대 사람들에게 그러할 것이다"(30절)라는 말씀을 감안하면 요나 자신이 표징이 된 것으로 보는 것이 적절하다. 그래서 예수님의 말씀은, 당신 자신이 표징이라는 것이다. 곧 예수님의 말씀과 행적이 하느님의 결정적이고 유일한 표징이다.

30절

예수님께서 당신을 시험하는 이들에게 두 가지로 답하신다. 먼저 표징에 관련해서는 "요나 예언자의 표징밖에는 어떠한 표징도 받지 못할 것이다"(29절). 그리고 "요나가 니네베 사람들에게 표징이 된 것처럼, 사람의 아들도 이 세대 사람들에게 그러할 것이다"(30절)라고 말씀하신다. 요나 예언자의 표징(세메이온 σημεῖον)이라 하면 요나 이야기 전체가 떠오른다. 주요 내용은 요나 예언자가 큰 물고기 배 속에서 구출된 것(1-2장), 니네베 사람들이 요나의 설교를 듣고 회개한 것(3장), 그리고 이방 민족 니네베에까지 미치는 하느님의 자애(4장)다. 니네베 사람들이 요나가 전하는 주님의 심판 이야기를 믿고 회개할 수 있도록 촉발한 것은 무엇이었을까? 요나가 "이제 사십 일이 지나면 니네베는 무너진다!"(3,4)라며 니네베 사람들에게 심판을 예고할 때 아마도 자신이 겪은 사흘간의 큰 물고기 배 속 체험을 주님의 권능과 확고한 뜻을 드러내는 예증으로 이야기했을 것이다. 요나 3,4에서 요나가 외치자마자 바로 5절에 "그러자 니네베 사람들이 하느님을 믿었다"고 나타나지만, 행간을 읽어야 하는 부분이다.

여기 루카 11,30에서 언급하는 "요나가 니네베 사람들에게 표징이 된 것"은 아마도 이 부분을 이야기하는 듯하다. 예언자로서 하느님 말씀을 전하는 설교가인 요나는 하느님 체험을 한 뒤 말씀을 전하였다. 이방인인 니네베 사람들에게 그런 요나가 전한 하느님 말씀이 표징이 된 것이다. "요나가 니네베 사람들에게 표징이 된 것처럼, 사람의 아들도 이 세대 사람들에게 그러할 것이다"라는 말씀은 이 두 측면을 포함한다. 마태오는 요나의 체험, 곧 큰 물고기 배 속에서 사흘간 지낸 것을 예수님의 죽음과 부활을 예시하는 것으로 제시하지만, 그와 달리, 루카는 요나가 예언자로서 하느님의 말씀을 선포한 것에 더 역점을 둔다. 그렇기에 32절에서 "그들이 요나의 설교를 듣고 회개하였기 때문이다"라고 말한다(마태 12,40-41 참조). "사람의 아들도 이 세대 사람들에게 그러할 것이다." 여기서 '사람의 아들'은 공생활을 하며 말씀을 선포하고 계시는 예수님을 지칭한다. 요나가 니네베 사람들을 회개시켰던 것처럼, 예수님께서도 이 세대 사람들에게 하느님의 현존을 전하며 가르침을 주고 계시다.

31-32절

그런데 이 세대가 악한 세대이니(29절), 심판 때에 남방 여왕이 이 세대 사람들과 함께 되살아나 이 세대 사람들을 단죄할 것이고(31절), 심판 때에 니네베 사람들이 이 세대와 함께 다시 살아나 이 세대를 단죄할 것이다(32절). 결론적으로 이 세대는 회개하지 않았다는 것이다. 그 여왕은 솔로몬의 지혜를 들으려고 땅끝에서 왔고, 니네베 사람들은 요나의 설교를 듣고 회개하였다. 그런데 임금인 솔로몬보다 지혜롭고, 예언자인 요나보다 큰 인물이시고 지극히 높으신 분이신(루카 1,32.76) 사람의 아들, 곧 예수님이 말씀으로 가르치시고 행적으로 치유하시며 사람을 구원하시는데 이 세대 사람들은 그에 응답하여 하느님께 돌아오지도 않고, 예수님의 말씀과 행적을 믿지도 않고 예수님을 시험하며 다른 표징이나 요구하고 있다. 예수님은 지금 이런 사람들을 깨우치시려고 경고하고 계시다.

② **등불**(11,33-36)

33-36절 말씀은 마태오(5,15)에서도 보듯이 어록(Q) 자료에서 본디 따로 있던 말씀이다. 마태오가 이 구절들을 산상수훈의 말씀들 모음에

위치시킨 반면에, 루카는 이 위치에 놓아 14-32절의 맥락을 마무리하게 한다.

33절

등불이라는 이미지를 예수님의 행적에서 일어나는 일로 묘사한다. 등불을 숨겨두거나 가려두는 사람은 아무도 없다. 너무도 당연히 등경 위에 놓아 들어오는 사람들이 빛을 보게 한다. 등불이 놓인 곳으로 '들어온 이들'이란 예수님 앞에 있는 군중이며 하느님의 표징인 예수님을 보는 사람들이다. 이 부분은 사람들이 예수님의 가르침을 듣고 깨닫고 알아들을 때 일어나는 일을 '빛을 보는 일'이라고 소개한다. 등불 자체를 보는 것이 아니라 등불을 통해 사람들은 빛을 보고 그 빛으로 모든 것을 보게 된다.

34절

33절에서 예수님의 가르침과 행적을 '빛'으로 말씀하셨는데, 이제 그 빛을 담는 몸의 기관인 눈을 언급하신다. 눈이 가르치시는 예수님을 보고 예수님의 행적을 본다. "네 눈은 네 몸의 등불이다. 네 눈이 맑을 때에는 온몸도 환하고, 성하지 못할 때에는 몸도 어둡다." 집에 들어오는 이들이 등경 위의 등불을 보고 방향을 잡듯이, 몸은 그 등불인 눈이 보는 것으로 말미암아 빛의 행실로 나아갈 수 있다. 눈이 '맑으면'에 사용된 그리스어는 '솔직한, 숨겨진 것이 없는, 공명한, 성실한, 간계가 없는'의 뜻을 지닌 하플루스(ἁπλοῦς)이고, '성하지 못할 때'에 쓰인 단어는 포네로스(πονηρός)로 물리적 측면으로는 '아픈, 성하지 않은', 도덕적 측면으로는 '나쁜, 악한'의 뜻을 지녔다. 한 인간 안에서 몸을 밝히는 등불은, 곧 삶(행실)을 인도하는 가치, 깨달음을 가리킬 수 있다.

지금 이 세대가 악함을 드러낸 상황에서 34절은 자연스럽게 경청하는 이들, 즉 그 빛을 보거나 볼 수 있어야 하는 이들에 대해 말한다. 도덕적이고 영적인 조명은 그 자체로서 끝나는 것이 아니라 한 사람의 전체에 영향을 미치는 빛의 역할을 한다.

35절

"그러니 네 안에 있는 빛이 어둠이 아닌지 살펴보아라." 빛이라고 알고 있는 것이 어둠이 아닌지 살피라는 표현은 역설적이고 암시적이다. 빛을 소유했다는 확신은 배제된다. 빛은 잃을 수 있고 꺼질 수 있다. 이런 일이 일어나지 않도록 살펴야 하는 이유다. 이 문장을 이 자리에 배치한 루카는 예수님의 행적에 대해 비판적이고 회의적인 이들에게 경고하고 권고한다. 하느님은 예수님께서 제시하신 빛 이외에 다른 표징을 주지 않으신다. 각자는 내면의 눈으로 그것을 볼 수 있어야 한다.

36절

만일 너의 몸 전체가 빛나고 있으면, 네 몸이 온통 환해서 빛나게 된다. 곧 등불이 네게 빛을 비추어 밝혔던 것처럼, 빛나는 네 몸도 무엇인가를 밝힐 것이다. 빛의 확산을 말한다. 빛의 영향이 너와 네 주변으로 점점 퍼져나가게 되는데, 이런 일은 사람 사이에서 얼마든지 일어날 수 있다.

(6) 반대자들에 대한 불행 선언 11,37-54

예수님께서 예루살렘으로 향하는 여정을 시작하시고 나서 두 번째 이야기 단락인 예수님의 가르침(10,25-11,54)이 마무리되는 대목이다. 개별적인 만남과 가르침, 군중과의 만남과 가르침이 이야기되는 동시에, 듣고 믿고 따르는 이들이나 비판적이고 회의적인 이들같이 예수님을 대하는 여러 태도가 소개되었다. 이제 이야기는 다시 소그룹의 만남 장면을 보여주는데, 이 그룹원들, 곧 바리사이와 율법학자들은 예수님께 독한 앙심을 품고 노골적으로 그분을 옭아매려고 노리는 태도를 보인다. 이 긴 담화는 앙심을 잔뜩 품은 반대자들이 본격적인 공격을 시작하는 모습으로 종결된다(11,53-54).

① 도입(11,37-38)

37절

“예수님께서 다 말씀하시자, 어떤 바리사이가 자기 집에서 식사하자고 그분을 초대하였다.” 루카는 예수님이 갈릴래아에서 활동하실 때에도 바리사이들과 여러 번 만났다고 소개하였고(5,17-21.30-39; 6,2-5.6-11; 7,30.36-50), 새로운 맥락인 예루살렘으로 향하시는 여정 중에도 예수님이 바리사이를 만나시는 장면을 소개한다.

공관복음서를 통해 익히 아는 바리사이의 특징을 다시 한번 요약하면, 그들은 모세 율법을 엄격하게 해석하며 기록된 토라뿐 아니라 구전 전승도 엄격히 준행해야 한다고 주장하는 이들이다. 그들은 안식일, 절기, 제의적 정결, 십일조와 음식 규정을 철저히 준수하고, 하느님의 섭리, 육신의 부활, 천사들, 메시아의 도래, 그리고 종말에 이스라엘 지파들이 다시 모일 것을 믿는 이들이다. 그렇기에 메시아의 도래와 이스라엘 지파의 영광을 기다리는 그들은 그 과정 중인 지금을 율법에 따라 해석하고 관장하려고 하였다. 그래서 그들은 예수님을 향해 군중이 모여드는 현상을 주목하는 동시에, 그분의 가르침과 행적이 예사롭지 않으니 예의 주시하다가 기회가 되면 가까이 접근하곤 하였다.

38절

어떤 바리사이의 초대를 받은 예수님께서 그 집에 들어가시어 자리에 앉으셨다. "그런데 그 바리사이는 예수님께서 식사 전에 먼저 손을 씻지 않으시는 것을 보고 놀랐다." 사람의 속을 다 아시는 예수님께서 꿰뚫어 보아 아셨을 수도 있고, 그 바리사이가 자신의 놀람과 난색을 애써 숨기지 않았을 수도 있다. 바리사이들은 스스로를 율법을 엄격하게 준행하는 특별하고 훌륭한 이들로 인식했다.

② 바리사이들을 향한 경고(11,39-44)

39-41절

그러자 주님께서 그에게 이르셨다. "정녕 너희 바리사이들은 잔과 접시의 겉은 깨끗이 하지만, 너희의 속은 탐욕과 사악으로 가득하다." 바리사이 한 명의 행위를 보셨지만 예수님께서는 여기서 '너희 바리사리들'이라고 하시며 그들 전체를 향해 말씀하신다. 예수님께서 권위를 지니시고 루카복음에서 처음으로 그들에게 경고의 말씀을 내리신다. 너희가 규정에 따라 손을 씻어 겉은 깨끗하겠지만, 속에는 탐욕과 사악이 가득하다. 의식 절차보다 상위에 있는 도덕적 진리를 명확히 하신다. 탐욕과 악을 정화하는 것은 대단히 중요하다. 이 정화를 메타노이아(μετάνοια)라 하는데, 회개悔改하고 회심回心하는 것이다. 앞에서 니네베 사람들은 요나의 설교를 듣고 회개하였기에 마지막 날에 일어나 이 세대를 단죄할 것이라고 하였다(11,32).

예수님은 그들이 어리석다고 하신다. 의식의 중요성을 알면서, 그 의식이 지향하는 바를 모르기 때문이다. 겉을 만드신 분께서 속도 만들지 않으셨느냐고 하시면서 겉과 속이 일치해야 한다고 말씀하신다. 마태오가 "먼저 잔 속을 깨끗이 하여라. 그러면 겉도 깨끗해질 것이다"(마태 23,26)라는 비슷한 말로 바리사이의 위선을 지적하였다면, 루카는 위선보다는 자기중심의 악 곧 탐욕과 사악을 지적한다. 그것을 정화하는 방법은 속에서 나오는 것으로 자선을 베푸는 관대한 행위를 하는 것이다. "속에 담긴 것으로 자선을 베풀어라. 그러면 모든 것이 깨끗해질 것이다"(41절).

42-44절

바리사이들을 향한 권고가 세 번 나타난다. "불행하여라"라고 번역된 우아이(οὐαὶ)는 앞(6,24)에서 언급한 바와 같이 저주나 단죄가 아니라 재난이 있을 것이라는, 화를 입을 것이라는 인식에서 나오는 비탄이다. 성전 의례와 관계된 규정인 '박하와 운향과 모든 채소는 십일조를 내면서, 의로움과 하느님 사랑은 아랑곳하지 않으니' 우아이이다. 십일조도 소홀히 해서는 안 되지만, 바로 이러한 것들, 곧 '의로움과 하느님 사랑'을 실천해야 한다는 것이다(42절). 형식에 속하는 외적인 것은 준수하고 있으나 그 형식의 주인인 하느님께 드리는 내적인 것은 실천하지 않으니, 재앙이고 비통할 수밖에 없다.

이렇게 외적인 것으로 치우치는 경향은 여러 면에서 드러난다. 세 번에 걸쳐 말씀하시는 '우아이'에 담긴 메시지는 동일하며, 반복하여 강조하는 것이다. 너희 바리사이들이 회당에서는 윗자리를 좋아하고 장터에서는 인사받기를 좋아하니, 재앙이고 비통하다는 것이다. 사실은 무덤인데 드러나지 않으니 사람들이 그 위를 밟고 다니면서도 무덤인 줄을 알지 못하는데, 바로 너희 바리사이들이 그 드러나지 않는 무덤과 같다고 하신다. 다시 한번 겉과 속이 다른 상태를 지적하며 39-41절의 내용을 풀이하신다.

39-41절		잔과 접시의 겉과 너희의 속 겉과 속을 함께 만드신 분 속에서 나온 것으로 … 모든 것이 깨끗해질 것이다.
42-44절	불행하여라	박하와 운향과 모든 채소 봉헌: 의로움과 하느님 사랑 실천 너희의 속: 회당 윗자리를 좋아하고 장터에서 인사받기를 좋아한다. 너희의 겉: 드러나지 않는 무덤

③ 이의 제기(11,45)

그 자리에서 예수님의 말씀을 들은 이들이 바리사이들을 향한 경고라는 것을 알아듣는다. 그래서 율법 교사 가운데 어떤 사람이 예수님께, "스승님, 그렇게 말씀하시면 저희까지 모욕하시는 것입니다" 하고 말한다. 예수님께서 '너희 바리사이들'이라 하시니까 자신들은 그

범주에 속하지 않는다고 생각한 것이다. 그럼에도 불구하고 동료로서 같은 사고방식으로 살아가는 자신들에게도 해당되는 내용이기에 너무하다고 이의를 제기한다. 그러자 예수님께서는 그들에게 더 적절하게 일치하는 내용으로 풀어주신다.

④ 율법 교사들을 향한 경고(11,46-52)

율법 교사(노미코스 νομικός)들은 자신들이 율법을 다루는 전문가, 율법을 해석하는 권위자여서 하느님의 뜻을 알고 있다고 자처하였다.

46절

예수님께서 이르신다. '너희 율법 교사들이 힘겨운 짐을 사람들에게 지워놓고, 너희 자신들은 그 짐에 손가락 하나 대려고 하지 않으니 재난을 입을 것'이다. 너희에게도 우아이(οὐαὶ)다. 이들이 사람들에게 지운 '짐'은 글로 쓰인 법을 넘어서 책임을 부가하는 율법주의 해석에서 나온 의무들을 가리킨다. 일례로 그들은 제삼 계명(안식일 계명)을 준수하기 위해 안식일에 해서는 안 되는 일을 39가지로 규명해놓았다. 하느님을 기쁘게 섬기는 가르침이었던 토라가 짐이 되었다. 그런데 "그 짐에 손가락 하나 대려고 하지 않는다"는 말은 그들이 그 짐을 질 수 있도록 사람들을 지원하고 격려하는 일을 전혀 하지 않는다는 뜻이다. 그들 자신에게는 율법을 느슨하게 해석해서 적용한다는 말은 아니다.

47-48절

47-48절이 율법 교사들의 불행의 원인이 된 행위를 제시하고 49-51절은 그 행위의 의미를 설명하는데, 율법 교사들이 예언자들의 죽음 및 무덤과 연관되어 나타난다. 율법 교사들의 조상들은 예언자들을 죽였고, 율법 교사들은 그 예언자들의 무덤을 만들고 있다. 여기서 '무덤'을 가리키는 말 므네메이온(μνημεῖον)에는 '기념 건조물'의 의미가 있으니 무덤의 건조는 예언자들을 추모하고 기린다는 뜻이다. 그러니 "조상들이 저지른 소행을 너희가 증언하고 또 동조하는 것이다." 율법 교사들을 살인자라고 지칭하지는 않으나 공모자라고 말한다. 박해 받은 예언자들을 기리기 위하여 기념비를 건축하는데, 역설적이게도 그들은 사형 집행의 증인처럼 박해자인 그들 조상의 편에서 있음이 분명하다. 루카가 이 말을 전하면서 예수님의 죽음이 유다 권위, 특히 율법 교사들의 권위에 희생당한 것임을 너무나 분명히 인식하고 있던 것을 알 수 있다. 이것은 공관복음서의 독자들에게 아주 중요하기에 지혜의 신탁으로 확인된다(49-51절). 이 구절들은 복음서에서, 하느님께서 보낸 이들을 적대하는 데 협력하고 그들을 죽인 것을 진정으로 비난하는 대목들(마태 23,29-36; 마르 12,38-40) 중 하나이다.

49-51절

49절에서 예언자들과 사도들, 곧 하느님께서 보낸 사람들이 지명되고, 그들이 죽임당하고 박해당하는 상황이 제시되었다. 50절은 예언자들이 흘린 피와 그 피에 대한 책임을 언급하고, 51절은 무죄하게 죽임을 당한 아벨부터 거룩한 장소인 제단과 성소 사이에서 죽임을 당한 예언자 즈카르야에 이르기까지 죽임당한 이들을 언급한다. 그들은 창조 때부터 왕정 시대 요아스 임금 시기까지 긴 역사 동안에 무고한 피를 흘린 사람들이다.

"모든 예언자의 피에 대한 책임을 이 세대가 져야 할 것이다"(50절). "아벨의 피부터 … 즈카르야의 피에 이르기까지 그렇게 해야 할 것이다. 그렇다, 내가 너희에게 말한다. 이 세대가 그 책임을 져야 할 것이다"(51절). 반복해서 강조하는 '피에 대한 책임을 져야 하는 이 세대'는 앞에 이미 나타난 구절들 '이 세대는 악한 세대'(29절), '이 세대 사람들을 단죄할 것'(30.31절), '이 세대를 단죄할 것'(32절)이라는 내용과 같은 맥락에 있다. 그들이 책임을 져야 하는 이유는 주님의 예언자들과 사도들을 죽이고 박해하면서 예언자들을 죽인 조상들과 동조하고 있기 때문이다.

49절의 '하느님의 지혜'라는 표현은 예수님이 하신 불행 선언을 성경에서 확인시키며 심판 신탁의 경구로 쓰인다. 하느님의 지혜는 예수님과 동일시되지 않으며, 예언자의 입을 통해 표현되는 주님(야훼)의 말씀과 동일하다. 49절에서 하느님의 지혜도 그렇게 말씀하셨고, 51절에서는 예수님께서 말씀하신다. "내가 너희에게 말한다."

52절

"불행하여라, 너희 율법 교사들아!" 세 번째 우아이(οὐαί)다. "너희가 지식의 열쇠를 치워버리고서, 너희 자신들도 들어가지 않고 또 들어가려는 이들도 막아버렸기 때문이다." 율법 교사들의 행동은 지식의 열쇠를 치우는 것, 그들 자신도 들어가지 않는 것, 들어가려는 이를 방해하는 것 등 세 가지다. 마태오복음에서는 사람들 앞에서 하늘 나라의 문을 잠가버리고는 자기들도 들어가지 않을 뿐만 아니라, 들어가려는 이들마저 들어가게 놓아두지 않는다고 한다(마태 23,13). 루카복음에는 하늘 나라라는 표현이 나오지 않으나 열쇠라는 이미지, 들어간다라는 이미지가 동일한 것을 지향하고 있음을 드러낸다. '지식의 열쇠'에서 '지식'(그노시스 γνῶσις)은 어록(Q) 자료에서 유래한 어구로 루카복음에서는 구원의 지식인데, 믿음의 지성, 회개하는 지혜, 역사에서 하느님의 계획을 깨닫는 앎, 하느님의 구원 계획에 대한 앎을 가리킨다. 율법 교사들이 구원의 지식을 모르게 하고, 자신들도 구원받으려 하지 않고, 구원을 받는 길을 걷도록 사람들을 도와주기는커녕 오히려 못 들어가게 막아버리고 있으니 그들에게 '우아이'다.

⑤ 공격 시작(11,53-54)

"예수님께서 그 집을 나오시자, 율법학자들과 바리사이들은…." 앞에서는(45.46.52절) '율법 교사들'(노미코스 νομικός)이 등장했는데, 여기서는 율법학자('서기관'의 뜻을 지닌 그람마테우스 γραμματεύς)라고 표현하였다. 예수님께서 그 집을 나오시자 그들이 한 행동이 동사 세 개로 표현되었다. 원과거형의 '시작하다'(아르코 ἄρχω)와 부정사형의 '독한 앙심을 품다'(δεινῶς ἐνέχω), 그리고 '따져 묻다, 다그치다'(아포스토마티조 ἀποστοματίζω)이다. 그들은 이제 앙심을 품었고, 따져 묻기 시작하였다. 그들의 앙심과 공격이 가동되었고 지속될 것이라는 뜻이다. 이어지는 문장은 분사와 부정사가 결합된 구를 통하여 앞선 동사들의 의도를 드러낸다. 즉 여기에 쓰인 '기다리다, 획책하다'라는 뜻의 에네드레우오(ἐνεδρεύω)의 현재분사형(에네드레운테스 ἐνεδρεύοντες)과, '사냥하다, 잡다'라는 뜻의 테레우오(θηρεύω)의 부정사형(테레우사이 θηρεῦσαί)은 일부러 잡을 준비를 다한 채 걸려들기를 지속적으로 기다리는 태도를 말한다. 많은 질문으로 다그치면서 예수님이 대답하시는 중에 그분의 입에서 나오는 말씀으로 그분을 옭아매려고 노렸던 것이다.

53-54절은 바리사이들과 율법학자들이 예수님께서 그들에게 경고하시며 주신 가르침을 두고 자신들을 모욕하며 공격했다고 인식하여 적대 감정을 적나라하게 드러낼 뿐만 아니라, 집요하게 공격하기 시작하였음을 알린다. 예수님 말씀에 보이는 여러 반응을 소개하는 가운데 이제 예루살렘으로 향하는 길에서 완전히 적대자의 위치에서는 그룹이 소개되었다. 그들의 탐색은 끝났고 이제 공격이 시작되었다. 그들은 구원의 초대를 거절하고 가던 길을 계속 가기로 하였으며 오히려 예수님을 단죄하기 시작한 것이다.

3) 다가올 심판에 대비하여라 12,1-13,9

12,1-13,9에는 다양한 에피소드들이 소개되는데, 이 단편들은 루카의 편집을 통하여 일관된 메시지를 전한다. 준비하고 깨어 있으라는 말씀을 통해 욕심으로 세상일에 골몰하지 말고, 하느님 나라를 찾으라고 하신다. 이 시대를 풀이하여 올바른 일을 스스로 판단하고 응답하라시며 아직 시간이 있을 때 회개하라고 부르신다.

(1) 위선을 조심하여라 12,1-12

1절

"그러는 동안에 수많은 군중이 모여들어 서로 밟힐 지경이 되었다. 예수님께서는 먼저 제자들에게 말씀하기 시작하셨다." 도입부인 이 절은 앞 단락과 이 단락을 연결하는 루카의 편집 내용이다. 앞 단락의 요소는 바리사이, 그리고 예수님을 낚으려는 앙심과 올가미다. 예수님께서 먼저 제자들에게 말씀하시고 계시지만(1ㄴ절), 루카에게는 밟힐 지경으로 모여드는 군중이(1ㄱ절) 가르침을 듣는 것도 중요했다. "바리사이들의 누룩 곧 위선을 조심하여라"(1ㄷ절). 휘포크리시스(ὑπόκρισις 위선)는 실제 목적이나 의도와는 다른 대중적 인상을 창출하기 위하여 하는 가장假裝 행동, 속이기, 보이기 위한 쇼, 가식 등을 가리킨다. 누룩의 이미지는 그 영향력을 표현한다.

2-3절

2-12절 단락에서 2-9절의 주된 줄거리는 마태오복음의 병행 구절과 동일하나 루카복음에서 덧붙은 독특한 의미가 있다. 2절의 말씀은 먼저 1절과 연결되어, 위선이 실제적인 것을 숨기고 가장된 것임을 드러내는 한편, "숨겨진 것은 드러나기 마련이고 감추어진 것은 알려지기 마련"임을 암시한다. 동시에 직접 이어지는 3절에서, 지금은 세력이 미미하여 어두운 곳, 골방에서 주님을 증언하고 복음을 선포하고 있으나, 장차 사람들에게 모두 드러날 것이라는 확신을 심어준다. "그러므로 너희가 어두운 데에서 한 말을 사람들이 모두 밝은 데에서 들을 것이다. 너희가 골방에서 귀에 대고 속삭인 말은 지붕 위에서 선포될 것이다."

4-7절

"나의 벗인 너희에게 말한다." 제자들에게 계속 이르시는 4-7절은 제자들이 받게 될 공격을 두려워하지 말라는 말씀이다. "육신은 죽여도 그 이상 아무것도 못하는 자들을 두려워하지 마라"(4절). 이 말씀으로 예수님은 제자들에 대한 각별한 애정을 표현하시며 당신의 권능을 드러내신다. 11,53-54에 이어 루카는 이제 본격적으로 예수님의 모든 말씀이 감시를 받게 되며, 예수님과 제자들이 모두 위험에 처하게 될 것이라고 알린다. 바리사이들의 공격을 받기 시작한 예수님은 제자들이 받게 될 박해, 재판, 죽음의 위협을 예고하시고 참으로 두려워해야 할 분을 가르치신다.

"육신을 죽인 다음 지옥에 던지는 권한을 가지신 분을 두려워하여라. 그렇다, 내가 너희에게 말한다. 바로 그분을 두려워하여라"(5절). 진정 두려운 존재는 육신의 죽음 이후까지 관장하시는 분이시다. 그리스도인들이 박해나 순교를 다 모면하지는 못하겠지만 그런 상황에서도 두려워하지 말라는 이 위로가 루카 시대 독자들의 피부에 좀 더와 닿았을 것이다. 게다가 흔한 미물이고 값싼 식재료였던 참새조차도 잊지 않으시는 하느님이시니, 예수님의 친구들을 얼마나 잘 기억하시고 돌보시겠는가 하며 예수님은 제자들을 격려하신다.

8-12절

제자들은 이처럼 두려운 상황에서도 사람들 앞에서 예수 그리스도를 안다고 증언해야 한다. 증언이라는 단어는 삶도 암시한다. 8절의 말씀은 2절과 5절, 그리고 진실을 드러낸다는 의미에서 1절과도 연관이 된다. 8-9절은 예수님을 증언하는 것이 사람들 앞에서 취할 태도일 뿐만 아니라 바로 주님 앞에서 지녀야 할 태도이며, 주님에 대한 태도임을 분명히 밝힌다. 이렇게 두 가지를 대비하는 말씀은 루카복음에 계속 나타났었다. 6,43-44(좋은 나무, 나쁜 나무); 6,45(선한 사람, 악한 사람); 6,47-49(두 개의 집)에 나타났고 바로 이어지는 대목 12,36-40과 41-48절(충실한 종, 불충실한 종)에도 나타난다. 이것은 지금 예수님을 믿지 못하고 공격까지 하는 바리사이들과 믿고 따르는 제자들이 대비되는 것과 같은 맥락에 있다. 이 맥락은 9절 이하에서 예수님 시대를 넘어 복음사가들이 전하는 그리스도인들의 시대로 확장된다.

9절 이하에서 예수님은 당신을 안다 모른다의 영역을 넘어서 '거슬러 말하는 자'와 '성령을 모독하는 말을 하는 자'를 대비하며 용서에 대해 말씀하신다. 역사에서 활동하는 가운데 예수님을 거부한 행위는 용서받을 수 있지만, 부활 사건 이후 그리스도인들이 지금 여기에서 하는 증언을 통해 나타나는 성령의 사건을 거부하는 행위는 용서받을 수 없다. 11-12절은 성령께서 하시는 일이 무엇인지를 알려준다. 성령께서 어떻게 답변할지 알려주시는 일은 제자들과 그리스도인들이 공적 대상들 앞에서 두려움을 갖지 않을 수 있는 근거가 되며, 동시에 성령을 부인하는 자에게는 용서받지 못하는 근거로 작용한다.

(2) **탐욕을 조심하여라** 12,13-34

① **재물 관련 중재 요청**(12,13-15)

군중 가운데 한 사람이 예수님께 드리는 개인적인 요청을 실마리로, 이제 주제는 재물과 물질에 관한 것으로 옮겨간다. 유산을 두고 다투는 형과 아우 사이를 중재해달라는 요청을 배경으로 삼아 어리석은 부자의 비유 이야기가 16절부터 펼쳐진다. "예수님께서 그들에게 비유를 들어 말씀하셨다." 비유는 어떤 실제를 밝히기 위해 지어낸 가상 세계의 이야기니, 이 비유가 어떠한 실제 세계를 염두에 둔 것인지 파악하려면 비유 이야기의 앞뒤 맥락을 살피는 게 유용하다.

② 어리석은 부자의 비유(12,16-21)

16-18절

"어떤 부유한 사람이 땅에서 많은 소출을 거두었다." 16절은 이 비유의 기본 내용을 설정한다. 비유의 주인공은 본디 부유한 사람인데, 그가 땅에서 예상외로 많은 수확을 거두었다. 기존의 그의 창고에 다 보관할 수 없는 문제가 생겼고 해결 방법을 모색한다(17절). 자신이 감당하기에는(현재 자신의 창고에 다 넣기에는) 차고 넘치는 이 재물을 어떻게 할 것인가?

부자는 자신이 할 행동을 선택했다. "곳간들을 헐어내고 더 큰 것들을 지어, 거기에다 내 모든 곡식과 재물을 모아두어야겠다"(18절). 이때 '모으다'(쉬나고 συνάγω)의 미래형 쉬낙소(συνάξω)가 사용되었는데, 이 단어는 뒤(12,33)에 나오는 소유한 것을 팔아 자선을 베풀어서 하늘에 보물을 마련하는 것과 극명하게 대조되는 행동을 보여준다.

19-20절

그렇게 한 결과를 부자가 상정想定한다. "자, 네가 여러 해 동안 쓸 많은 재산을 쌓아두었으니, 쉬면서 먹고 마시며 즐겨라." 에케이스 폴라 아가타 케이메나 에이스 에테 폴라(ἔχεις πολλὰ ἀγαθὰ κείμενα εἰς ἔτη πολλά). 직역하면 '네가 많은(폴라) 해(에토스 ἔτος year) 동안 쓸 수 있는 쌓인 많은(폴라) 재산을 갖고 있으니', 그가 오래오래 잘 살 수 있는 근거를 마련했다고 자신에게 말한다. "나 자신에게"(테 프쉬케 무 τῇ ψυχῇ μου)에도 그리스어 프쉬케(ψυχή)를 사용하여 표현했다. 이어서 "네가"라고 번역된 부분에도 호격으로 '프쉬케'를 사용하였다. 일반적으로 '영혼'을 뜻하는 이 단어는 당대 팔레스티나 땅에서는 몸과 반대되는 개념인 '영혼'을 가리키는 말로 사용되지 않았으며 현세와 대조되는 내세를 뜻하지도 않았다. 이 단어는 구체적인 삶이나 존재에 초점을 맞추어 자아를 의미하며 사용되기도 하였다. 그런데 여기서 자신을 가리키는 데 선택된 이 단어는 재물과 대조되며 묘한 뉘앙스를 풍긴다. 이 단어가 앞(6,9; 9,24)에서는 '목숨'이라고 번역되었는데 12,20에서도 동일하다.

하느님께서 그날 밤에 부자를 데려가시겠다고 알려주시는데, 바로 이 단어가 사용된다. '네 목숨'(텐 프쉬켄 수 τὴν ψυχήν σου)을 돌려달라고 너에게 요구하겠다고 하신다. 부자 자신의 진정한 주인이 나타났다. '무엇인가를 돌려달라고 요구하실'(아파이테오 ἀπαιτέω) 수 있는 분, 그분은 부자가 '내 영혼'(나 자신)이라고 표현했던 '네 목숨'을 네게서 도로 가져가시겠다고 하신다(아파이투신 아포 수 ἀπαιτοῦσιν ἀπὸ σοῦ). 나 자신이라 표현하는 내 목숨조차 내 것이 아니니, 재산인들 내 것이겠는가?

하느님께서 덧붙여 질문하신다. "그러면 네가 마련해둔 것은 누구 차지가 되겠느냐?" 네 재산이라 하지 않으시고 '네가 마련한 것들, 준비해놓은 것들'이라 하시며 '누구 차지가 되겠느냐'고 하시니, 그것이 그에게 속한 것이 아니라는 사실을 다시금 상기시키신 것이다. 이 사실을 직시하지 못하는 것은 어리석은 일이다. 목숨은 재물에 의해 보장될 수 없고, 존재는 인간의 통제 밖에서 오는 선물이다. 하느님께서 주신 것이다.

21절

비유는 20절로 마감되는데, 이 비유가 가리키는 실제 세계를 위한 결론이 21절에 제시되었다. '이렇게 자신을 위해서 쌓기를 하는 사람은…'에서 목적어를 표기하지 않고 '모으다, 쌓다'라는 뜻의 테사우리조(θησαυρίζω) 동사를 사용하였다. 자신을 위해서 무엇인가를 모으고 쌓는 행위가 두드러진다. 그런데 '하느님께 대하여는 부자가 되지 못하고 있다'고 부정사(메 μή=not)와 더불어 '부유해지다, 부자가 되다'라는 뜻의 동사 플루테오(πλουτέω)의 현재분사형을 사용하였다: 카이 메 에이스 테온 플루톤(καὶ μὴ εἰς θεὸν πλουτῶν). 두 절의 동사가 모두 현재분사형인데, 하나는 인칭대명사 1인칭 여격을 동반하고 하나는 전치사 '~를 향한'과 함께 하느님을 동반하여 아주 대조적인 상황을 나타낸다. 예수님은 비유 이야기의 부자가 한 선택이 이와 같다고 말씀하신다. 어리석은 일이다.

자신을 향해 쌓는(모으는) 사람	θησαυρίζων ἑαυτῷ
하느님께 대해서는 부유해지지 못하는 사람	μὴ εἰς θεὸν πλουτῶν

③ 세상 걱정과 하느님 나라(12,22-34)

이어지는 22-32절 이야기는 '세상 걱정과 하느님 나라'라는 주제로 마태오복음서에도 나타나는데, 두 이야기의 맥락이 아주 다르고 세부적인 메시지도 달라진다. 먼저 22절에서 '그러므로'는 서로 다른 것을 요약하고 있다. 마태오복음에서는 하느님과 재물을 함께 섬길 수 없기에 하나를 선택하는 이야기로 전개해간다. 반면에 루카복음에서는 22절의 목숨(프쉬케 ψυχή)이 19절과 20절에 나타났던 자신, 목숨(프쉬케 ψυχή)과 연결되며 하느님께 속한 목숨 유지에 관한 이야기로 전개된다. 그래서 부자의 비유에서는 그에게 속하지 않은 목숨을 그날 밤 도로 가져가시니 쌓은 재물은 그 자신과 그의 목숨과 아무런 연관이 없다고 하셨는데, 이제는 목숨이 아직 자신에게 있을 때도 그것을 보존 · 유지하는 방식은 달라야 한다고 말씀하신다.

22절

'~을 위하여 걱정하지 마라. … ~도 마라'(메 메림나테 μὴ μεριμνᾶτε … 메데 μηδέ). 목숨(ψυχή)에 대해서도, 몸(소마 σῶμα)에 대해서도 걱정하지 말라고 하신다. 걱정하는 내용은 "무엇을 먹을까?"(티 파게테 τί φάγητε), "무엇을 입을까?"(티 엔두세스테 τί ἐνδύσησθε)이고, 물음의 핵심은 '무엇을'(티 τί)이다. '무엇을'은 생존이나 몸의 보호를 위한 기본 욕구보다 기호 선택의 측면을 나타내는 듯하다. 무엇을 먹을까 걱정하지 않아도 되는 근거는 목숨 유지와 관련하여 말씀하신 23-25절 내용에서 드러난다. 무엇을 입을까 걱정하지 말라는 말씀의 근거는 27-28절에서 솔로몬처럼 영화로운 위치에서도 나리꽃만큼 차려입지 못했다는 표현에서 드러난다.

23-24절

무엇보다도 곧바로 "목숨은 음식보다 소중하고 몸은 옷보다 소중하다"(23절)라고 밝힌다. 목숨을 위해 '무엇'이 중요하지 않다는 것이다. 먹을 음식과 걸칠 옷의 필요성은 전제하고, '무엇'이 더 좋을지 기호 선택에는 지대한 관심을 둘 가치가 없다는 말씀이다. 먹을 음식보다 목숨 자체가 소중하고, 입을 옷보다 몸이 소중하다고 단언하신다.

23절에서는 까마귀들을 예로 들어, 그 미물들의 목숨도 하느님께서 보존하신다고 한다. 그것들이 먹기 위해 무엇인가를 심고 거두고 모아들이지 않아도 기본으로 먹을거리는 있다. 그들의 목숨을 하느님께서 돌보신다는 말씀에서 생존을 위한 음식은 기본적으로 보장된다고 암시된 것이다. 30절 이하에서 이를 다시 명시적으로 표현한다.

25-28절

예수님께서 물어보신다. "너희 가운데 누가 걱정한다고 해서 자기 수명을 조금이라도 늘릴 수 있느냐?" 사람은 살아 있을 때 목숨을 부지할 수는 있으나, 목숨이 떠나려 할 때, 내게 더 머물도록 잡지는 못한다. 사람에게는 불가능한 일이다. 예수님은 이것을 두고 "너희가 이처럼 지극히 작은 일도 할 수 없는데, 어찌 다른 것들을 걱정하느냐?" 라고 말씀하신다. 작다는 것을 가리키는 미크로스(μικρός)보다 더 작은 것을 가리키는 엘라손(ἐλάσσων)을 사용하여 '지극히 작은 일'이라 하였고, 이 전제된 사실에 의하면 그다음 일도 할 수 없다는 것이다. 그러니 목숨을 부지하려고 무엇을 먹을까, 몸을 보호하려고 무엇을 입을까 걱정하지 말라신다.

그 근거로 들의 나리꽃을 예로 드신다. 자연을 주의 깊게 보고 생각해보라고 권고하신다. 나리꽃은 스스로 걱정하고 애쓰지 않아도 살아 고운 꽃을 피운다. 이 구절은 '오늘'과 '내일', 그리고 '들'과 '아궁이'라는 표현을 통해 당대의 독자들이 짧고 유한한 생과 그들 생의 마지막을 생각하게 한다. 그러면서 곧바로 하느님의 섭리를 일깨워주며 하느님께서 며칠, 몇 개월 사는 들꽃도 이리 보살피시는데 하물며 사람이야 얼마나 더 잘 입히시겠느냐고 한다. 결국 살아 있음과 살아감이 하느님의 선물이라는 것이다. 그렇기에 사람들이 먹고 마실 것에 대해 지대하게 걱정하는 것을 경계하신다. "이 믿음이 약한 자들(올리고피스토이 ὀλιγόπιστοι)아!"(28ㄴ절). 이들은 내일에 대한 하느님의 섭리를 신뢰하지 못하고 있다.

29-32절

"너희는 무엇을 먹을까, 무엇을 마실까 하고 찾지 마라. 염려하지 마라." 22절의 말씀이 29절에서 반복되었다. 여기서는 인칭대명사 '너희는'(ὑμεῖς)을 첨가하여 30절의 '세상 다른 민족들'과 뚜렷하게 구분하며 대조적인 모습으로 나타낸다.

29절	너희는 (무엇을 먹을까, 무엇을 마실까 하고) 찾지 마라. 염려하지 마라.
30ㄱ절	(이런 것들은 모두) 이 세상 다른 민족들이 애써 찾는 것이다.

30ㄴ절과 31절은 '너희'와 '너희 아버지'의 관계에서 이 모든 것이 이뤄짐을 표현한다.

30ㄴ절	너희의 아버지께서는 이것들이 너희에게 필요함을 아신다.
31절	(너희는) 그분의 나라를 찾아라. 그러면 이것들도 곁들여 받게 될 것이다.
32ㄱ절	두려워하지 마라, (너희들) 작은 양 떼야.
32ㄴ절	너희 아버지께서는 그 나라를 너희에게 기꺼이 주기로 하셨기 때문이다.

먹고 마실 것에 대해서는 하느님께서 필요성을 알고 계시니 섭리하실 것이다. 그것을 걱정하고 염려할 것이 아니라 다른 것을 '추구하

라, 찾으라'(제테오 ζητέω) 하시는데 찾을 대상은 바로 '그분의 나라'라고 알려주신다(31절). 그들의 아버지는 그 나라를 그들에게 기꺼이 주기로 하셨다고 한다. 루카가 말하는 하느님의 나라는 지금 실행되고 있는 약속, 곧 성령과 함께 계신 예수님과 그분의 말씀에서 구체화되고 있는 희망을 말한다. 31절은 하느님의 나라를 찾으라는 명령이며, 동시에 약속이고 확신이다.

32절 "기꺼이 주기로 하셨다"에 사용된 에우도케센(εὐδόκησεν)의 원형은 '좋게 숙고하다, 승낙하다'의 뜻을 지닌 에우도케오(εὐδοκέω)인데, 하느님의 구원 계획을 표현한다. 구원 계획에서 그분 자비의 결정은 사람들이 추구하고 원하는 것의 본질과 일치한다. 현재 예수님과 결합되어 나타난 이 나라는 작은 양 떼인 소수만 경험했다. 이 '작은 양 떼'는 고립된 개인, 혹은 한 무리의 전체 백성을 말하는 것이 아니라, 아주 다양한 곳에 흩어져 있으며 자신들을 그 아버지의 자녀로, 그분의 양 떼로 인식하는 이들을 가리킨다.

33-34절

"너희는 가진 것을 팔아 자선을 베풀어라." 탐욕에 대한 경고와 가르침 대목(12,13-34)에서 마지막으로 나오는 가르침이다. 소유하고 있는 재물의 사용법에 대하여 말씀하신다. 앞에서(12,16-19) 많은 재산을 가진 이가 그것을 어떻게 할 것인지 고민하고 자신을 위하여 쌓아두기로 결정하는 내용이 나왔다. 이런 결정이 얼마나 무상한지를 예수님은 가르쳐주셨다. 이제 여기서도 재산이 있는 사람을 전제로 하여 가르치신다. 본인이 필요한 것을 쓰고 그 외의 것을 모아두지 말고 그것을 이웃에게 사용하라, 자선을 베풀라는 것이다. 자선을 베푸는 것은 하늘에 보물을 쌓는 행위라고 알려주신다. 이것이 진정으로 자신의 미래를 위한 준비다. "너희 자신을 위하여 해지지 않는 돈주머니와 축나지 않는 보물을 하늘에 마련하여라"(33절). 이 말씀에서 제시하는 행위와 장소는 16-19절에 제시된 이 세상에 재산을 모아 두는 행위와 대조된다. 33ㄴ-ㄷ절의 '해지지 않는 돈주머니, 축나지 않는 보물, 도둑이 다가가지 못하는 곳, 자체로 좀이 쏠지도 못하는 곳' 등의 표현들은 하늘에 쌓은 보물은 영원히 안전하게 보존된다는 것을 알려준다. 이웃에게 베푼 자선이 하늘에서 영원히 기억된다는 의미다. 그리고 보물을 하늘에 두면, 마음이 보물이 있는 하늘을 향하고 그곳에 고정된다고 이르신다(34절).

(3) 준비하고 깨어 있어라 12,35-48

① 준비하고 있어라(12,35-40)

예수님은 말씀의 주제를 '소유'에서 '신실하게 준비되어 있음'으로 바꾸신다. 세상을 살아가며 마음 쓸 일은 '주님의 오심에 대비'하는 일이라는 것이다. 세상살이의 걱정으로부터 자유로운 가운데 무엇을 할 것인가? 예수님은 하느님 나라를 찾으라고 하셨다(31절). 하느님 나라를 찾는 일은 돌아올 주인을 충실히 기다리며 한결같이 준비되어 있는 종의 태도와 맥락을 같이한다. 예수님은 예루살렘으로 향한 여정 중에 여전히 제자들을 가르치고 계시다(12,22 참조).

35-36절

'허리에 띠를 매고 등불을 켜놓은 상태'는 온전히 준비된 상태를 나타낸다. 허리에 띠를 맨 것은 곧바로 이동하거나 활동할 수 있도록 준비되어 있음을 나타내고, 등불을 켜놓았다는 것은 밤중 어느 시간에 오더라도 즉시 맞아들이도록 준비된 상태를 가리킨다. 그렇게 해야 이어지는 36절에 설정된 상황처럼, 당대 유다인 혼인 잔치 풍습과 지형의 특성상 귀가 일시日時가 정해지지 않은 상황에서, 주인이 당도하면 곧바로 행동할 수 있다. 예수님은 제자들에게 주인이 그 잔치에서 언제 집으로 돌아오든 도착하여 문을 두드리기만 하면 곧바로 열어주려고 기다리는 사람처럼 있으라고 권고하신다. 여기 나오는 요소는 세 가지다: 주인이 돌아올 것이다, 돌아오는 시간은 모른다, 준비하고 기다리고 있다.

37-38절

"행복하여라, 주인이 와서 볼 때에 깨어 있는 종들!" 이것이 행복한 상태임을 두 번에 걸쳐서 말씀하신다. 37-38절의 문장 내용은 a-b-a′의 구조다. 37ㄱ절(a)과 38절(a′)에서 공통 요소는 주인의 귀가, 본다, 깨어 있는 종, 이렇게 셋이다. 이것으로 종들은 행복하다는 것이다. 가운데 37ㄴ절(b)은 그 종들에게 보상을 주는 주인의 모습이다. a-b-a′ 구조를 통해 공통된 부분 a-a′가 강조되어 있기도 하고, 한편 그 행복의 바탕이 되는 보상(b)이 강조되기도 한다.

a	37ㄱ절	행복하여라, 주인이 와서 볼 때에 깨어 있는 종들!
b	37ㄴ절	그 주인은 띠를 매고 그들을 식탁에 앉게 한 다음, 그들 곁으로 가서 시중을 들 것이다.
a′	38절	주인이 밤중에 오든 새벽에 오든 종들의 그러한 모습을 보게 되면, 그 종들은 행복하다!

그런데 37ㄴ절을 보면 사실 종이 잘하였다고 해서 주인이 종을 식탁에 앉히고 시중을 든다는 상황은 지상의 실제 생활에서는 불가능한 일로 보인다. 이것은 종말론적인 보상을 가리킨다. 사용된 단어들은 17,8과 비슷한데 내용은 완전히 정반대이다. 여기서 분명한 것은 일단 보상이 주어진다는 것인데, 돌아오시는 주인이 예수님(사람의 아들, 참조 40절)이라면 가능성이 열린다. 하느님의 관대함으로 주어지는 보상이라면, 제자들을 그렇게 식탁에 앉히고 섬김을 받게 해주신다는 것이 가능하게 다가온다. 제자들이 늘 서서 준비하고 있으며 섬겼다면 그 보상으로 그때는 앉아서 섬김을 받으리라는 것이다. 이렇게 37ㄴ절은 구원의 말씀이다. 마리아의 노래에서 주님이 이루시는

구원(1,46-55)으로 소개된 양상의 한 자락을 보는 듯하다.

39-40절

이어서 '깨어 있음'의 중요성을 다시 한번 강조하신다. 도둑으로부터 집을 지키는 집주인의 자세에 대해 말씀하신다. 도둑이 언제 올지 알면 잘 대비해서 막을 것이다. 그런데 사실 도둑이 언제 오는지는 알 수가 없다. 그래서 언제이든 간에 도둑은 못 들어오게 대비해야 한다. 항시 준비한다는 것이 노심초사하며 등불을 들고 대문만 바라보고 있으라는 이야기가 아니다. 도둑이 집을 뚫고 들어오지 못하도록 대비하고 있으라는 것이다. 35-36절의 준비성이 즉각적인 응답의 측면을 강조했다면, 39-40절의 준비성은 긴 시간 동안 항구한 한결같음의 측면을 강조했다. 생각지도 않은 때에 사람의 아들이 올 것이니 항구하게 준비하고 있으라는 말씀으로, 이 세상에서 살아가는 삶의 태도를 가리킨다.

40절에서 이 깨어 있음의 목적이 '사람의 아들이 오시는' 날을 위한 것임을 명시적으로 밝힌다. 사람의 아들을 맞이하는 쪽으로 항구하고 한결같이 준비된 삶은 결국 일상을 살아가는 삶의 태도로 드러날 것이다.

② 충실하고 슬기로운 종(12,41-48)

41-42절

"베드로가, '주님, 이 비유를 저희에게 말씀하시는 것입니까? 아니면 다른 모든 사람에게도 말씀하시는 것입니까?' 하고 물었다." 루카 복음사가는 베드로가 대변인처럼 제기하는 질문을 여기에 배치한다. 이 수제자의 질문은 당대 독자들 곧 초대 교회의 상황을 암시하는데, 두 가지 입장 곧 평신도(다른 모든 사람)와 목자(저희)의 입장이 나란히 있다. 모든 그리스도인이 같은 임무를 수행하지 않으며 그에 따라 늘 엄밀하게 같은 가르침을 받는 것은 아니다.

베드로의 질문에 즉각 명시적인 답이 제시되지 않는다. 루카가 전해받은 자료에 나오는 스승님의 말씀을 당시 사정에 따라 마구 수정하거나 보완하지는 않기 때문이다. 그는 신중하게 두 용어 '집안 식솔들'을 '자기 집 종들'로, '종'을 종들의 팀장을 가리키는 '집사'로 대체하는 식으로 그 질문에 대한 답을 암시적으로 제시한다. '자기 집 종들을 맡겨'(에피 테스 테라페이아스 아우투 ἐπὶ τῆς θεραπείας αὐτοῦ)에 나오는 테라페이아(θεραπεία)는 봉사, 돌봄을 가리키나 치유라는 의미도 있다. 이 용어가 이런 임무를 담당하는 구체적인 그룹을 지정할 수도 있어서 여기와 마태 24,45에서는 '종들'을 가리킨다. '종'이라는 단어로 일반적으로 사용하는 둘로스(δοῦλος)를 사용하지 않고 테라페이아를 사용한 것이 흥미롭다. 집사는 그 봉사와 돌봄의 책임자로 임명되었다.

이 구절들은 두 가지 의미를 지닌다. 먼저 '깨어 있음'에 대하여 말씀하신 사항은 모든 믿는 이와 관련되고, 이어서 정의된 책임자들의 과제는 열두 제자 곧 미래의 목자들과 관련되어 있다. "제때에 정해진 양식을…"에서 '제때에'(엔 카이로 ἐν καιρῷ)는 '신자들이 직면하는 상황, 특수한 상황에 맞게'라고 볼 수도 있겠다. 그렇다면 늘 깨어 있고 준비하고 있어야 하는 삶의 태도는 모든 그리스도인에게 공통으로 요구되지만, 준비해야 할 내용은 처지와 맡은 책임에 따라 다르다는 뜻이다.

43-46절

43절 '그렇게 일하고 있는 종'은 바로 42절을 받아서 충실하고 슬기로운 집사의 태도를 전해주고 44절은 그에 따라오는 결과로 주인이 주는 보상이다. 45절은 반대의 경우를 제시하고 46절은 그에 응당한 문책으로 43-44절과 대조를 이룬다.

ㄱ	43절	행복하여라, 주인이 돌아와서 볼 때에 그렇게 일하고 있는 종!
ㄱ'	44절	주인은 자기의 모든 재산을 그에게 맡길 것이다.
ㄴ	45절	그 종이 마음속으로 '주인이 늦게 오는구나' 하고 생각하며, 하인들과 하녀들을 때리고 또 먹고 마시며 술에 취하기 시작하면,
ㄴ'	46절	예상하지 못한 날, 짐작하지 못한 시간에 그 종의 주인이 와서, 그를 처단하여 불충실한 자들과 같은 운명을 겪게 할 것이다.

43-44절은 문장이 간결한데 45-46절은 행동의 근거가 되는 종의 생각과 행실에 대해 길게 말한다. 45절은 주인의 부재 기간이 길어질 때를 제시하고 집사가 주인의 긴 부재를 틈타 저지르는 불충실한 행동을 말한다. 46절에는 그렇게 태만하고 불의하게 행동하다가는 어느 날에, 곧 예상치 않아 준비하고 있지 않은 날에 주인이 온다는 사실이 명시된다. 그 결과로 그날 벌어질 일을 말하고 있다. 돌아온 주인이 그 태만과 불의를 본다는 사실은 암시만 하고 그 동사를 여기에 적용하지는 않음으로써, 43절의 충실한 종의 모습을 주인이 본다는 사실이 강조된다. 그러니까 45-46절에 비추어 그와 똑같은 상황에서 충실하고 슬기롭게 행동한 종의 모습을 주인이 보게 된다는 것을 43-44절이 명확하고 간결하게 표현한 것이다.

47-48절

"주인의 뜻을 알고도 아무런 준비를 하지 않았거나 주인의 뜻대로 하지 않은 그 종은 매를 많이 맞을 것이다." 47절의 첫 두 단어는 '에케이노스 데 호 둘로스'(Εκεῖνος δὲ ὁ δοῦλος)인데 에케이노스는 지시대명사 남성 단수 주격으로 둘로스(종)를 수식하니 '그 종'이다. 이 지시대명사는 앞 문장(46절)을 받아 주인의 처벌이 책임감의 관점에서 다시 이야기되는 것을 드러낸다. '그 종'에는 다른 수식어가 첨가되는데, 원과거 분사 세 개가 사용되었다. 주인의 뜻을 아는(호 그누스 ὁ γνοὺς), 그러나 준비하지 않은(카이 메 헤토이마사스 καὶ μὴ ἑτοιμάσας), 혹은 그의 뜻에 따라 행하지 않은(에 포이에사스 ἢ ποιήσας) 종이다. 42절 대로 주인이 자기 집 종들을 맡겨 제때에 정해진 양식을 내주게 하였다면, 그 명을 받은 종은 주인의 뜻을 아는 것이며, 45절대로 행동하였다면 짐작하지 못한 시간에 주인이 오더라도 그렇게 행하고 있는 것을 주인이 보도록 준비하지 않은 것이거나, 주인 뜻대로 행하지 않은 것이다. 그러니 47절의 그 종은 임무를 맡은 집사 같은 종을 가리킨다. "그 종은 매를 많이 맞을 것이다."

48ㄱ절에서는 주인의 뜻을 모르고서 매 맞을 짓을 한 이는 적게 맞을 것이라고 하신다. 이 부분은 원과거 분사 2개로 표현하였다. 모르는(호 데 메 그누스 ὁ δὲ μὴ γνούς), (맞을 짓을) 행한(포이에사스 ποιήσας). 이 분사들이 정관사와 더불어 주어 역할을 하고 달리 종이라는 명사는 없다. 이 문장과 더불어 이어지는 48ㄴ절을 주의 깊게 보면 47-48절은 결국 주인의 뜻을 아는, 임명을 받은 이들에게 강조점이 있다.

<table>
<tr><td rowspan="4">48ㄴ절</td><td>παντὶ δὲ ᾧ ἐδόθη πολύ,</td><td>δίδωμι
주다</td><td>많이 주신 사람에게는</td></tr>
<tr><td>πολὺ ζητηθήσεται παρ' αὐτοῦ,</td><td>ζητέω
찾다, 요구하다</td><td>많이 요구하시고</td></tr>
<tr><td>καὶ ᾧ παρέθεντο πολύ,</td><td>παρατίθημι
맡기다</td><td>많이 맡기신 사람에게는</td></tr>
<tr><td>περισσότερον αἰτήσουσιν αὐτόν</td><td>αἰτέω
청구하다</td><td>그만큼 더 청구하신다</td></tr>
</table>

41-42절에서도 말했듯이, 여기서도 '성실하게 행함'에 대하여 말씀하신 사항이 주인의 뜻까지는 잘 모르는 모든 믿는 이와도 관련됨을 볼 수 있다. 그러나 이는 무엇보다도 주인의 뜻을 아는 이들, 그리고 함께한 체험이든 관심과 배려이든 혹은 책임이든 주인에게 많은 것을 받은 '저희'라고 하는(41절) 열두 제자와 관련된 내용이고, 그래서 미래의 목자들과도 관련된다.

(4) 결단을 위한 부름 12,49-59

① 예수님의 사명에 대한 수수께끼(12,49-53)

예수님께서 1인칭 화법으로 세상에 오신 목적을 밝히시며 시작하는 이 부분은 예수님의 사명에 대한 설명이다. 예수님을 1인칭 주어로 하여 표현된 문장 세 개를 연관 지어 보면 이 단락을 좀 더 이해할 수 있다.

49절	나는 세상에 불을 지르러 왔다.	ἦλθον(원과거 1인칭 단수) βαλεῖν
50절	내가 받아야 하는 세례가 있다.	ἔχω βαπτισθῆναι
51절	세상에 분열을 일으키러 왔다.	παρεγενόμην δοῦναι … διαμερισμόν

49절

"나는 세상에 불을 지르러 왔다. 그 불이 이미 타올랐으면 얼마나 좋으랴?"(49절). 글자 그대로 번역하면 땅에 불을 던지러 오셨다고 한다. 이럴 때 '불'은 소돔과 고모라에 내린 불(창세 19,24; 참조 루카 17,29-30), 혹은 엘리야가 아하즈야 임금의 종들 위에 내려오게 한 불(2열왕 1,10-14), 야고보와 요한이 사마리아 위에 내리고 싶어 했던 불(루카 9,54) 등을 상기시키는데, 성경에 나타난 불의 많은 예에서 근본적으로 하느님의 진노와 심판, 그리고 징벌을 떠올리게 된다.

그런데 이어지는 문장을 보면 그 생각을 보류하고 이 불에 대해 다시 생각하게 된다. "그 불이 이미 타올랐으면 얼마나 좋으랴?"(카이 티 텔로 에이 에데 아네프테 καὶ τί θέλω εἰ ἤδη ἀνήφθη). 그리스어를 직역하면 '그 불이 이미 붙었으면, (내가) 무엇을 원하리오?'이다. 텔로(θέλω, 원하다, 바라다) 동사에서 드러나듯 그분이 땅에 불을 던진 목적은 불이 붙는 데 있다. 그러면 그분이 불타오르기를 바라시는 것이 무엇인지 살펴보자. 예수님께서 세상에 오신 근본 목적은 당신 백성을 구원하시기 위해서이다. 이 구원 활동에는 하느님 나라를 거부하고 반대하는 이들에 대한 심판과 징벌이 포함되어 있다. 하느님께서 회개로 부르시고 회개의 기회를 주시나, 하느님의 뜻을 물리치는 이들(루카 7,30 참조)은 그에 마땅한 대가를 치르게 될 것이다(루카 3,17). 예수님은 이 불이 타오르리라는 것을 알고 계시고 당신의 존재가 이 사건과 분리될 수 없음도 알고 계시다. 불은 유익하거나 해롭고, 강화하는 것이거나 심판일 것이다. 그렇다면 예수님께서 타오르기를 바라신 불은 단순히 처벌만이 아니다. 이것은 바로 앞에 나오는 43-46절의 내용과도 일치한다. 그런데 '바라다' 동사로 표현된 예수님의 원의를 고려할 때, 이 불은 무엇보다도 사람들의 마음에 타오를 기쁜 소식의 불, 성령의 불을 가리킨다.

50절

"내가 받아야 하는 세례가 있다." '세례를 받다'라는 뜻의 밥티조(βαπτίζω)는 기본적으로 물에 '담그다'라는 뜻으로 유다인의 정화 예식을 의미한다. 이로써, 불의 표상이 물의 표상으로 바뀐다. 세례는 일반적으로 죄의 용서를 위한 회개의 표시로 씻김을 받는 것이다. "이 일이 다 이루어질 때까지(헤오스 호투 텔레스테 ἕως ὅτου τελεσθῇ) 내가 얼마나 짓눌릴 것인가?" 여기 나오는 호투(ὅτου)는 관계대명사인데 '무엇이든, 모든 것'의 의미를 가져 "다"라고 번역되었는데, 받아야 하는 세례가 일반적인 의미로 사용된 것이 아님을 암시한다. 게다가 예수님은 이미 요한의 세례를 받으셨다. 그래서 '다 이루어져야 하는 것'은 하나 이상의 일을 가리키며, '당신이 받을' 세례는 예수님 자신이 감당해야 하는 것으로 자신에게 일어날 일임을 가리킨다. 예수님 존재 자체에 일어날 일, 당신이 감당해야 하는 일들이 다 이루어질 때까지, 예수님은 '얼마나 짓눌리겠는가'(포스 쉬네코마이 πῶς συνέχομαι) 하신다. 쉬네코마이는 '누르다, 괴롭히다'라는 뜻의 쉬네코

(συνέχω) 동사의 수동형 현재 1인칭 단수이다. 따라서 이 구절이 예수님의 수난과 죽음에 관계되었음을 알 수 있다. 물과 불의 표상이 함께 사용되어 더욱 충만하게 일어나야 할 일을 묘사하고 있다.

마르 10,38-39에서 예수님이 받으실 세례에 대해 언급한 내용을 보자. 수난과 죽음에 대한 세 번째 예고에 이어지는 내용인데, 그곳에는 '받으실 세례'와 함께 예수님이 '마시는 잔'에 대한 말씀이 있다. 문맥상 받으실 세례와 마실 잔은 명백히 수난과 죽음을 가리킨다. 흔히 마르코복음의 이 구절의 병행구로 루카 22,25-27이 소개되나, 의미상 엄밀하게 보면 루카의 그 구절은 섬기는 이가 되라는 부분(마르 10,41-45)에 대한 병행 구절이다. 그래서 마르 10,38-39 '받으실 세례'의 병행구는 간략하지만 50절로 보는 것이 타당하다.

51-53절

"내가 세상에 평화를 주러 왔다고 생각하느냐? 아니다. 내가 너희에게 말한다. 오히려 분열을 일으키러 왔다"(51절). 앞 부분에 이어지며 예수님을 1인칭으로 하는 세 번째 문장이다. 52절 이하는 예수님께서 일으키시는 분열의 양상을 설명하는 부분이다. 51절을 질문으로 시작하나, 예수님이 직접 답하시는 부분이 주절이다. 즉, 나는 '분열을 일으키러 왔다'이다. 직역하면 '분열을 주러 왔다'인데, 여기에 '오다, 다다르다'란 뜻의 파라기노마이(παραγίνομαι)와 '주다'란 뜻의 디도미(δίδωμι) 동사가 사용되었다. 49절과 51절은 예수님이 오셔서 세상을 위해 하시는 일을 묘사하는데, 불타오르게 하고 분열을 일으키신다. 가운데 있는 50절은 세상에 오셔서 당신 자신이 감내해야 하는 시련과 관계된다.

그분이 세상에	49절	나는 세상에 불을 지르러 왔다.	ἦλθον βαλεῖν
세상이 그분께	50절	내가 받아야 하는 세례가 있다.	ἔχω βαπτισθῆναι (수동태)
그분이 세상에	51절	세상에 분열을 일으키러 왔다.	παρεγενόμην δοῦναι … διαμερισμόν

예수님께서 받으실 세례가 수난과 죽음을 가리킨다면, 그것은 세상이 그분에게 주는 것이다. 세상은 오실 분으로서 오셔서 구원하시는 주님(루카 7,18-22; 4,18-21; 1,68-71 참조)께 왜 시련과 고통을 주는가? 그분이 하시는 일을 불태우는 일로, 분열을 일으키는 일로 파악하기 때문이다. 그래서 세상은 그분을 모질게 대한다. 그분은 세상에서 받을 세례가 있다.

예수님께서 하느님 나라의 기쁜 소식을 전하신다. 그 말씀을 듣고 믿고 따르는 이들이 있는가 하면 그 말씀을 듣지 않고 하느님 뜻을 물리치는 이들이 있다. 왜냐하면 예수님은 거짓 예언자들이 하듯이 그렇게 '거짓 평화'를 외치지 않으시기 때문이다. 예언서에서 그 예를 보면, 예레미아는 사마리아의 예언자들과 예루살렘의 예언자들이 거짓 속을 걸으면서 거짓을 예언한다고 말하며, 주님께서 거짓으로 '평화'를 예언하는 예언자들을 믿지 말라고 말씀하신다고 전한다(예레 23,16-17; 참조 7,2-15).

예수님은 참평화를 찾는 길을 말씀하신다. 회개로 부르시며 하느님 나라를 선포하신다. 그런데 이러한 예수님의 말씀이 호의적으로 받아들여지지 않는다. 회개하고 받아들이는 이가 있는가 하면 저항하며 현 상태를 유지하고 싶어 하는 이가 있다. 예수님의 기쁜 소식을 듣고, 다섯 사람 중에 셋과 둘이 그렇게 갈릴 수 있고, 아버지와 아들이, 딸과 어머니가, 시어머니와 며느리가 일치하지 않을 수 있다. 하느님 말씀을 진정으로 듣고 믿고 따를 때, 실행할 때 세상일로 이룬 일치가 깨질 수 있다. 이를 두고 예수님은 "오히려 분열을 일으키러 왔다"라고 말씀하시는 것이다. 예수님은 많은 사람을 쓰러지게도 하고 일어나게도 하신다. 반대를 받는 표징이시다(루카 2,34 참조).

② 시대를 읽고 행동해라(12,54-59)

"예수님께서 군중에게도 말씀하셨다"라는 54절 말씀을 보면 42-53절까지는 베드로를 위시한 제자들에게 하신 말씀으로 읽어야 하고, 54-59절도 같은 맥락 안에서 이해해야 함을 알 수 있다. 이 단락 역시 크게 보면 예루살렘으로 향하시는 여행 기사의 일부분이다.

54-55절

지금 무엇이 일어나고 있는지 도무지 알아채지 못하는 군중 곧 당대 사람들에게 예수님께서 말씀하신다. 사람들은 기상 현상을 관찰하고 자연의 변화를 파악하여 땅과 하늘에서 일어나는 징조를 풀이할 수 있다. "너희는 구름이 서쪽에서 올라오는 것을 보면 곧 '비가 오겠다' 하고 말한다. 과연 그대로 된다"(54절). 지중해 쪽에서 바람이 중앙 산악지대로 불면 곧 비가 온다는 것은 바닷바람이 비구름을 몰고 오기 때문인데 긴 세월의 경험을 통해 그들이 익히 알고 있는 현상이다. 또한 "또 남풍이 불면 '더워지겠다' 하고 말한다. 과연 그대로 된다"(55절). 남동쪽에 있는 아라비아사막에서 불어오는 바람이 뜨거운 열기를 담고 오는 것 역시 알고 있는 현상이다.

56절

"위선자들아, 너희는 땅과 하늘의 징조는 풀이할 줄 알면서, 이 시대는 어찌하여 풀이할 줄 모르느냐?" 사실 예수님께서 하신 모든 일은 그들이 익히 듣고 알던 성경에 그대로 쓰여 있는 사항들이다. 율법서와 예언서에 기록된 일들이 일어나고 있다. 세례자 요한이 나타나 예고하며 증언하였고, 예수님의 가르침과 놀라운 권위와 주님의 힘으로 이루어진 일들이 스스로 증언하고 있는데, 군중은 이 시대를 풀이할 줄 모른다. 예수님께서 죄인들이 회개하여 구원받도록 계속 선포하고 가르치며 부르시는데, 사람들은 탐욕(12,13-21)과 세상일 걱정에 골몰해 있다(12,22-26). 하느님은 사람에게 필요한 것을 아시어 채워주실 것이니, 그분의 나라를 찾고(12,27-34) 준비하고 깨어 있으라(12,35-40)고 해도 알아듣지도 못한다. 그래서 예수님께서는 군중을 향해 "위선자"라고 말씀하시며 시대를 풀이할 것을 촉구하신다. 이 시대(호 카이로스 후토스 ὁ καιρός οὗτος)는 지금 예수님이 세상에 오셔서 함께 계시며 가르치시고 치유하시고 구원하시는 이 모든 활동의 때를 가리킨다. 또 여기서 '풀이한다'로 번역된 동사 도키마조(δοκιμάζω)는 '시험하다, 검사하다, 시험으로 증명하다, 평가하다'의 뜻을 지닌다. 이것이 부정형(도키마제인 δοκιμάζειν)으로 '안다'라는 뜻의 오이다(οἶδα)와 함께 쓰였다. '풀이할 줄 모르다'(욱 오이다테 도키마제인 οὐκ οἴδατε δοκιμάζειν). 결론은 예수님이 오시어 함께 계신 이 시대를 관찰하여 통찰할 수 있어야 한다는 것이다.

57-59절

57절의 '올바른 일을 판단하다'(크리네테 토 디카이온 κρίνετε τὸ δίκαιον)에서 크리노(κρίνω)는 디카이오스(δίκαιος)와 더불어 '법정 절차에 참여하기 전에 올바른 것을 판단하고 결정하고 끌어낸다'는 말이다. 여기에 '너희 스스로'가 더해져 문장의 의미는 더 분명해지고, 그들이 하지 않은 행동의 선택과 책임이 부각된다. "너희는 왜 … 스스로 판단하지 못하느냐?"(57절)라는 말씀은 "너희는 … 이 시대는 어찌하여 풀이할 줄 모르느냐?"(56절) 하신 말씀과 상통한다. 주어진 표징들을 가지고 이 시대를 풀이하는 일 역시 그들 스스로 해야 한다. 이 두 문장에서 '올바른 일'과 '이 시대'는 같은 것을 가리킨다.

56절	너희는 … 이 시대는 어찌하여 풀이할 줄 모르느냐?
	τὸν καιρὸν δὲ τοῦτον πῶς οὐκ οἴδατε δοκιμάζειν;
57절	너희는 왜 올바른 일을 스스로 판단하지 못하느냐?
	Τί δὲ καὶ ἀφ' ἑαυτῶν οὐ κρίνετε τὸ δίκαιον;

현재의 때, 이 카이로스에 일어나는 일들의 의미를 풀이해야 한다. 무엇이 옳은 일인지 스스로 판단해서 가려내야 한다. 그래야 뒤따르는 결과로부터 자유롭게 된다. 군중, 그들은 늦기 전에 지금 결단을 내려야만 하는 도중에 있는 사람들이다. 58-59절은 직접적으로 재판관 앞에 가기 전에 소송한 이와 합의를 보라고 권고한다. 다가오는 심판에 대비하라는 촉구이다. 그 일은 지금 해야 한다. 그 준비를 하려면 시대를 읽고, 판단한 올바른 일을 행해야 할 것이다.

(5) 회개하여라 13,1-9

① 재난을 당한 사람들(13,1-5)

1절

13,1은 "바로 그때에"(엔 아우토 토 카이로 ἐν αὐτῷ τῷ καιρῷ)라는 시간의 부사구로 이어지는 이야기를 앞의 이야기에 연결한다. '바로 그때'는 올바른 일을 스스로 판단하여 심판에 대비하라는 말씀을 하고 계실 때인데, 어떤 사람들이 와서 예수님께 소식을 전한다. "빌라도가 갈릴래아 사람들을 죽여 그들이 바치려던 제물을 피로 물들게 한 일"이다. 로마 총독 빌라도가 갈릴래아 사람들을 죽였다는데, 그 사람들은 아마도 성전에 예물을 바치려고 예루살렘으로 갔다가 죽임을 당한 모양이다. 소식을 전한 이들은 예루살렘으로 순례를 갔다가 듣거나 목격한 이들일 것이다. 빌라도는 루카복음에서 두 번째로 여기에 등장하는데, 그의 소행은 사회적으로도 종교적으로도 아주 폭력적이다. 말하자면 사람의 피를 짐승의 피에 섞었고 그 끔찍한 일이 신성한 구역인 성전에서 벌어졌다. 이 일은 믿는 이들을 경악하게 했을 것이다. 루카는 이런 일이 일어나게 된 사회 · 정치적 배경을 전혀 알리지 않는다. 사람들이 그 일을 전하며 무슨 생각을 하였는지도 전하지 않는다.

2절

“너희는 그 갈릴래아 사람들이 그러한 변을 당하였다고 해서(호티 타우타 페폰타신 ὅτι ταῦτα πεπόνθασιν) 다른 모든 갈릴래아 사람보다 더 큰 죄인이라고 생각하느냐?” 여기에 쓰인 페폰타신은 ‘괴로워하다, 죽음을 경험하다’라는 뜻의 동사 파스코(πάσχω)의 완료형이다. 단순한 언어로 예수님은 당시 경건한 사람이라면 누구나 머릿속에서 스쳐 지나갔을 생각을 명확히 표현하신다. 당시 삶의 재난은 흔히 죄의 결과로 인식되었다. 사람들은 빌라도의 포악성은 차치하고, 그들이 하필 제물을 잡아 바치던 성전 구역에서 살해를 당해, 제물을 피로 물들이게 되었다니 ‘혹시나 그들이 무거운 죄를 짓지 않았는가’ 하는 의문을 가졌을 수 있다. 죄는 하느님과 맺은 관계의 단절 혹은 파괴와 도덕적인 범법 행위를 가리키는데, 사람들은 희생자들의 유 · 무죄를 넘어서 그들이 지은 죄와 죽을 죄 사이를 가늠하고, 하느님께서는 이 참혹한 죽음으로 혹은 그 죽음을 모른 척하심으로 그들의 죄를 벌하셨다고 거의 단정하고 있는 것이다.

3절

예수님께서 간략하게 답하신다. “아니다.” 그리고는 당신이 “너희에게” 말한다고 지명하시며 “너희도 회개하지 않으면 모두 그처럼 멸망할 것”이라고 하신다. “너희는 그 갈릴래아 사람들이 … 다른 모든 갈릴래아 사람보다 더 큰 죄인이라고 생각하느냐?” 예수님의 질문이

의미하는 바는 '너희는 그들이 당한 변고를 당하지 않았으니 죄인이 아니라고 생각하느냐'이다. 그들은 희생된 다른 사람들의 죄를 생각하고 있는데, 예수님은 그것을 그들 자신에게 돌리시며, 죄와 변고를 기계적으로 연결하지 않으신다. 물론 그 갈릴래아 사람들이나 각자에게 있는 죄를 부정하지 않으시는데, 지상의 삶과 최후가 더 비극적이었다고 해서 죄가 더 크다고 단정하는 것은 거절하신다. 일어난 변고의 원인에 초점을 맞추지 않고, 그들이 지금의 조건으로 맞이하게 될 미래, 다가올 삶에 초점을 맞추며 경고하신다. "너희도 회개하지 않으면 모두 그처럼 멸망할 것이다." 이 말씀은 결국 멸망하지 않도록 회개하라는 것이다. 여기서 회개란 자기 죄를 인식하고 하느님께로 향하는 믿음을 말한다.

4-5절

예수님은 예루살렘의 실로암에서 일어났던 다른 재난을 언급하신다. 여기서도 무너진 탑에 깔려 죽은 열여덟 사람의 최후 때문에 그들이 지은 죄가 다른 예루살렘 사람들의 죄보다 크다고 생각하지 말라고 하신다. 5절은 3절과 똑같은 말씀의 반복이다. "아니다. 내가 너희에게 말한다. 너희도 회개하지 않으면 모두 그렇게 멸망할 것이다." 단지 3절 '그처럼'에는 '호모이오스'(ὁμοίως)가 5절 '그렇게'에는 '호사우토스'(ὡσαύτως)가 쓰였을 뿐이다. 이렇게 두 번이나 반복하여 회개를 강조하는 것은 이 세상에서 사는 동안 비극이 일어나든 일어나지 않든 죄는 대가를 치르게 되니, 다른 이들이 당한 재난에서 죄의 경중을 따지지 말고, 자신을 돌아보고 회개하라는 가르침이다. 닥쳐올 벌을 생각해서라도 제발 '회개하라'고 촉구하고 계시다.

② 열매를 맺지 못하는 무화과나무의 비유(13,6-9)

1-5절은 이어지는 비유 이야기를 통해 한층 생생하게 메시지를 전한다. 더 늦기 전에 회개하라는 것이다.

6-7절

포도밭에 무화과나무 한 그루를 심었다. 주인이 그 나무에 열매가 열렸는지 보기 시작한 지 삼 년째라고 한다. "보게, 내가 삼 년째 와서 이 무화과나무에 열매가 달렸나 하고 찾아보지만 하나도 찾지 못하네." 이 말은 어린나무를 심고 성장기를 거치는 삼 년간 열매를 찾았다는 이야기가 아니라, 웬만큼 자라고 나서 이제 열매를 맺었거니 하고 와서 보기를 올해가 삼 년째라는 것이고, 삼 년째에도 열매를 맺지 못하고 있다는 것이다. 비유에는 오류가 있어서는 안 된다는 것이 일반 규칙이다. 오류가 있을 경우 메시지가 손상되기 때문이다. 그러니 여기서 주인의 행동이 자라지도 않은 나무에서 성급하게 열매를 요구한 것이 아니라는 점은 분명히 전제된 것이다.

주인의 결정은 "그러니 이것을 잘라버리게. 땅만 버릴 이유가 없지 않은가?" 하고 포도 재배인에게 말한다. 무화과나무에게 기회를 충분히 주었고 기다려주었다는 것이다. 열매를 맺지 못하는 무화과나무라면 이제 그 땅에 서 있을 이유가 없다는 말이다.

8-9절

그런데 포도 재배인이 무화과나무를 돌보겠다고 한다. 무화과 재배인이 아니라 포도 재배인이라고 7-8절에 반복해서 나오는 이유는 무화과나무가 열매를 맺지 못한 책임이 그에게 없다는 것을 확인하기 위해서다. 이제 그가 포도원 주인에게 청한다. 이 나무에게 올 한 해만 시간을 더 주자고, 그리고 그동안 자신이 무화과나무를 돌보겠다고 한다. 그러면 내년에는 열매를 맺을 것이라고 말한다. 만일 그러지 않으면 그 때 잘라버리시라고 청한다. 이 비유에서 '내년'이라는 기간은 길지 않으나 그럼에도 충분한 시기를 표현하는데, 늦기 전에 회개하라는 촉구이다. "도중에 그와 합의를 보도록 힘써라"(12,58). 그동안 포도원 주인이신 하느님은 당신의 손을 멈추시고 기회를 주며 기다리신다. 예수님은 지금 회개하라고 가르치고 권고하시는데, 이는 그분이 열매를 맺지 못하는 무화과나무의 둘레를 파고 거름을 주며 좋은 열매를 맺도록 돌보시는 중임을 드러낸다.

4) 하느님 나라 13,10-14,35

(1) 치유와 찬양 13,10-17

앞선 이야기와 한 맥락을 이루는 13,10-35에는 비유가 두 개 들어 있다. 이 비유들은 앞뒤에 있는 에피소드의 의미를 좀 더 명확하게 드러내는 역할을 한다. 비유의 앞에는 안식일에 예수님께서 등 굽은 여인을 치유하시니 회당장이 이의를 제기하는 이야기가 자리하고, 비유 뒤로는 예수님이 예루살렘 여정을 계속하시는 중에 어떤 사람이 구원받을 사람이 적냐고 묻자, 그에 대해 답해주시는 이야기가 이어진다.

이 문맥상 겨자씨와 누룩의 비유는 앞에 나온 이야기를 해석한 것으로 그 비유들을 읽도록 요청한다. 두 비유가 모두 숨긴 것과 드러난 것을 대조한다. 씨는 자라난 나무로 보게 되고, 누룩은 그것이 일으킨 확장 때문에 알려진다. 예수님이 선포하신 하느님 나라도 이와 같다. 두 비유가 하느님 나라의 원리를 드러낸다. 앞의 이야기는 언제든지 제일 우선시되는 사람 존중, 곧 안식일에도 사람을 속박에서 풀어주어 똑바로 서게 하고 하느님을 찬양하게 하니 모두가 함께 기뻐하는 이야기로 하느님 나라의 내용을 이야기한다. 구원받을 사람 수에 대한 답변도 이 비유에서 미리 읽을 수 있다. 즉, 예상외로 크게 확장한 이야기도 있으니 이런 반전이 전해주는 암시로 답변하신다고 볼 수 있다. 반전은 하나가 더 있다. "지금은 꼴찌지만 첫째가 되는 이들이 있고, 지금은 첫째지만 꼴찌가 되는 이들이 있을 것이다"(13,30).

10-13절

예수님의 예루살렘 여정 중, 안식일에 회당에서 가르치신 이야기다. 여정 중에도 안식일은 찾아오고, 예수님은 근처 회당으로 들어가신다. 예수님께서 회당에서 가르치고 계실 때(10절), 병病의 영이 들려(프네우마 엑수사 πνεῦμα ἔχουσα) 열여덟 해 동안이나 허리가 굽어 조금도 펼 수가 없었던 여인이 거기 있었다(11절).

그녀를 보시고 예수님께서 가까이 부르시어 "여인아, 너는 (너의) 병에서 풀려났다" 하고 말씀하신다. 이 문장은 '해방하다, 자유롭게 해주다'라는 뜻의 아폴뤼오(ἀπολύω) 동사의 수동태 완료형에 전치사('~으로부터')가 생략된 상태에서 '너의 병에서'(테스 아스테네이아스 수 τῆς ἀσθενείας σου) 어구를 더하여 이루어졌다. 질병에서 해방되었음을 선언해주신 것이다. 루카복음에서는 지배당한 것과 질병을 구별하고, 구마와 치료 행위를 구분한다. '영'이라는 용어는 병을 진단하는 데 사용되었고, 16절 대화에서 사탄이 묶어놓은 줄을 암시한다. '영이 들렸다'는 표현을 이해하기가 쉽지 않으나 이 구절들에 구마 행위로 영을 쫓아낸다는 표현은 나타나지 않는다. 예수님께서는 단지 그 여자에게 손을 얹으셨는데, 그것은 전형적인 치유 행위다. "그러자 그 여자가 즉시 똑바로 일어서서 하느님을 찬양하였다.” 여인이 예수님 덕분에 할 수 있게 된, ‘허리를 펴고 똑바로 선다’와 ‘하느님을 찬양한다’는 두 가지 행동이 눈길을 끈다.

14절

“회당장은 예수님께서 안식일에 병을 고쳐주셨으므로 분개하여” 말을 한다. 그리고 그의 말에서 같은 표현을 사용한다. “그 엿새 동안에 와서 치료를 받으십시오.” 두 곳에 다 ‘치유하다’의 테라페우오(θεραπεύω) 동사가 사용되었다. 예수님께서 안식일에 치유 행위를 하였다고 회당장이 분개하면서 예수님께는 직접 말을 못하고, 군중에게 안식일 아닌 날에 와서 치료를 받으라고 말한다. “일하는 날이 엿새나 있습니다. 그러니 그 엿새 동안에 와서 치료를 받으십시오. 안식일에는 안 됩니다.” 이러한 회당장의 말에서 루카가 치유 사화를 소개하고 있음을 알 수 있다.

15-16절

예수님은 안식일에도 할 수 있도록 유다인들에게 허용된 일을 예로 드신다. 곧 동물들에게 물을 먹이러 끌고 나가는 일이다. 이 예외가 허용된 것은 가축의 갈증 해소와 생명 유지의 일이 사람에게 달려 있기 때문이고, 동물 복지가 인간의 복지와 연결되어 있기 때문이다. 그렇다면 예수님도 안식일이지만 사람의 건강을 지켜주고 생명을 보존하시는 일은 하실 수 있는 것이다. '풀다'라는 뤼오(λύω) 동사는 15절에 소나 나귀를 '풀어'에도, 16절 아브라함의 딸이 속박에서 '풀려나야'에도 똑같이 사용되었다. 그러니 어떤 경우에는 허용되고, 또 어떤 경우에는 허용되지 않는 것은 비논리적이고 반종교적이며 위선적 처사다. "그렇다면 아브라함의 딸인 이 여자를 사탄이 무려 열여덟 해 동안이나 묶어놓았는데, 안식일일지라도 그 속박에서 풀어주어야 하지 않느냐?"

그녀는 사람이며 더구나 아브라함의 딸이다. '아브라함의 딸'은 일반적인 호칭은 아닌데 하느님의 백성이라는 인식을 아주 강하게 반영한다. 이 표현은 루카가 만든 것이 아니라 유다계 그리스도인이 사용하던 용어이거나 혹은 예수님이 직접 사용하신 용어일 수 있다. 19,9에서는 자캐오를 아브라함의 아들(휘오스 아브람 υἱὸς Ἀβραάμ)이라 표현한다. 예수님의 청중은 하느님께서 아브라함과 그 후손과 맺으신 약속들을 잘 알았을 것이다. 그 약속은, 주님께서 선택하신 아브라함의 후손들이 사는 모든 날에 거룩하고 의롭게 하느님을 경배하며 아브라함을 통하여 복을 받고 주님의 길을 걷게 하시리라는 내용이다. 그러니 아브라함의 딸인 이 여인은 사탄의 속박에서 풀려나 완전히 건강한 몸으로 하느님을 경배하고 하느님 백성의 삶을 살아야 한다. 그에 응답하듯, '즉시 똑바로 선 여인은 하느님을 찬양한다.' 불편한 몸임에도 불구하고 이미 회당에 와서 기도하고 가르침을 듣고 있었던 이 여인은 치유를 받아 자기 동포와 더불어 하느님 예배에 온전히 참여하는 영광을 누리게 된다.

17절

“그분의 적대자들은 모두 망신을 당하였다.” 회당장과 의견을 함께하는 이들이 있고, 그들은 예수님에게 적대적이다. 이제 그 적대자들은 그들과 의견을 달리하는 이들 앞에서 망신을 당한다. 자연스레 그들과 다른 태도를 취하는 이들이 있는데 그들은 ‘군중 모두’다. “그러나 군중은 모두 그분께서 하신 그 모든 영광스러운 일을 두고 기뻐하였다.” 열여덟 해라는 긴 시간 동안 허리를 조금도 펼 수 없었던 여인이 예수님 덕분에 허리를 쭉 펴고 똑바로 서서 하느님을 찬양하는 것을 본 모든 사람에게 기쁨은 당연한 귀결이다.

이 여인의 치유와 그로 인한 기쁨은 예수님께서 하시는 일로, 가난한 이가 복음을 듣고 해방되어 이미 이루어진 주님의 은혜의 해를 나타내는 많은 일 가운데 하나이다. 루카는 이렇게 예수님이 선포하신 하느님 나라가 이미 시작되었고 세상 종말에는 완성되리라고 계속해서 이야기한다. 이어지는 두 개의 짧은 비유는 이 하느님 나라의 도래를 전한다.

(2) 겨자씨의 비유와 누룩의 비유 13,18-21

이 두 개의 비유는 하느님 나라에 관한 비유인데, 각 비유가 서로 공유하는 가르침을 훨씬 더 강렬하게 전하고자 두 개를 나란히 놓았다. 마르코복음에는 누룩의 비유가 나타나지 않으나 마태오복음과 루카복음에 두 개의 비유가 나란히 있는 것을 보면, 어록(Q) 자료에서 따로 전해지던 두 비유를 나란히 놓았던 것으로 본다.

등 굽은 여인을 치유하신 이야기와 이 비유는 "그러고 나서, 그러므로"(운 οὖν)라는 접속사로 연결되어 있다. 이 단어가 우리말《성경》에는 생략되어 있는데, 운(οὖν)이 만일 안식일 치유 이야기의 결론(그러므로)이 아니라면, '그러고 나서'가 되어 이 비유들은 하나의 속편처럼 이어진다.

18-19절

루카복음에서 이 비유의 시작은 예수님께서 스스로 물음을 던지시고 그에 답하시는 식으로 소개된다. "하느님의 나라는 무엇과 같을까? 그것을 무엇에 비길까?" 질문은 이중으로 나타나 강조되어 있다. 이 세상에 존재하는 것 중에 하느님 나라와 비슷한 것, 비교할 수 있는 것이 무엇이 있을까? 예수님께서 선택하신 비교 대상은 '겨자씨'다. "하느님의 나라는 겨자씨와 같다." 겨자씨의 무엇이 하느님 나라를 드러내는가? 겨자씨는 유다 전승에서 격언에 자주 등장할 정도로 아주 작은 씨앗이다. 자체의 크기는 아주 작으나 그 존재 자체에 가능성을 가득 지닌 식물이다. "어떤 사람이 그것을 가져다가 자기 정원에 심었다. 그랬더니 자라서 나무가 되어 하늘의 새들이 그 가지에 깃들였다." 작은 씨앗으로 시작하여 엄청나게 성장하는 것이 하느님 나라와 같다며 하느님 나라의 속성을 알려준다. 하느님 나라는 아무리 미미하게라도 시작되기만 하면 엄청나게 성장한다는 것, 존재하기만 하면, 곧 누군가 하느님 말씀을 실행하기만 하면 그 효과는 어마어마하다는 것이다. 하느님 나라의 원리를 말씀하신다.

"어떤 사람이 그것을 가져다가 자기 정원에 심었다." 라삐 문헌에 따르면 겨자는 일반적으로 들판에서 자라지 정원에서 자라는 것이 아니다. 마르코는 겨자씨를 '땅'에 뿌렸다고 하고, 마태오는 '밭'에 뿌렸다고 하는데 루카는 '자기 정원'(에이스 케폰 헤아투 εἰς κῆπον ἑαυτου)에 심었다고 한다. 루카의 용어 선택은 특별한 의미를 지닌 듯하다. 정원은 들판이나 광야와는 확실히 구분되는 장소로 사람 손이 닿아 가꾸어진 곳이다. 잘 꾸며놓아 즐거움을 주며 원기를 회복시키는 정원도 있고, 채소나 과일 등이 자라 식품 등을 생산하는 정원도 있다. '자기 정원에 심었다'는 표현에는 자신이 보유한 장소에 심어서 정성들여 키우려는 바람을 나타난다. "그랬더니 자라서 나무가 되어 하늘의 새들이 그 가지에 깃들였다." 자연에서 일어난 변화의 과정을 말하고, 그 효과를 드러낸다. 나무가 되었고, 새들이 그 가지에 산다.

"하느님의 나라는 겨자씨와 같다"라는 말씀에서 알아들을 수 있는 것은 두 가지로, 크기가 '아주 작다'는 것과 그 본질은 '씨앗'이라는 것이다. 자라나서 크게 성장할 수 있는 가능성을 지닌 아주 작은 것. 그렇다면 하느님 나라는 이 세상에서 사람들에게 아주 작고 미미한 것으로 나타난다. 하느님 말씀을 듣는 것, 하느님 하신 일을 보는 것은 아주 작은 것일 수 있다. 여기서 그것을 자기 정원에 심어서 싹 틔울 기회를 주는 것이 반드시 필요하다는 사실이 루카의 고유한 지적이다. 그것을 '자기 정원에 심으면' 곧 자기 삶으로 가져가 실행하면 누군가에게 빛이 되고, 도움이 되어 함께 기쁨과 행복을 누릴 수 있게 된다는 것이다.

20-21절

"예수님께서 다시 이르셨다." '다시'는 예수님께서 한 번 더 말씀하시며 강조하시는 것을 드러낸다. 물음도 반복된다. "하느님의 나라를 무엇에 비길까?" 하시고는 또 답을 주신다. "그것은 누룩과 같다. 어떤 여자가 그것을 가져다가 밀가루 서 말 속에 집어넣었더니, 마침내 온통 부풀어 올랐다"고 하신다.

"그것은 누룩과 같다"라는 말씀에서 알아들을 수 있는 것은 우선 주메(ζύμη=이스트, 효모, 누룩)가 본질적으로 효소 작용을 하여 밀가루 반죽을 부풀어 오르게 한다는 것이다. 이런 누룩을 여인이 밀가루 서 말에 넣고 반죽을 한다. 겨자씨의 경우 어떤 사람이 자기 정원에 심었다고 했는데, 그 사람은 그리스어로 안트로포스(ἄνθρωπος) 곧 '남자'가 행동한 것으로 묘사했고, 누룩의 경우 어떤 '여자'(귀네 γυνή)가 밀가루 서 말 속에 넣었다고 묘사하여 남녀 균형을 이루게 한다. '밀가루에 집어넣었더니', 곧 반죽하고 적당한 온도에 놓는 행위를 하였다. “마침내 온통 부풀어 올랐다.” 하느님 나라는 밀가루 반죽에 넣어져 흔적도 보이지 않게 섞이지만 그 밀가루 전체에 영향을 미치는 누룩과 같다고 하신다. 그러니까 여기서도 하느님 말씀을 듣고 믿고 간직하는 것은 가능성을 지닌 채로 있는 것인데, ‘그것을 밀가루에 집어넣어 반죽하면’, 곧 인내롭게 그것을 실천에 옮기면 주변에 두루두루 영향을 미친다. 그 행실이 아무도 못 보게 숨겨져 있어도 주변 전체에 영향을 미쳐 좋은 것으로 물들인다. 곧 부풀게 한다.

두 비유를 함께 보면 예수님 말씀으로 선포되는 하느님 나라는 그 자체로만 존재하지 않고, 자기 정원에 심겨진 겨자씨와 밀가루 서 말 속에 넣은 누룩처럼 누군가 그것을 실행에 옮기는 것이 필수 조건이다. 그리고 그렇게 실행에 옮기기만 하면, 자라나고 성장하여 자신을 완성함은 물론 이웃들에게도 영향을 미쳐 주변으로 하느님 나라가 확장된다는 것이다. 또 선포의 측면에서 하느님 나라는, 누군가가 지치지 않고 선포하면 온 백성에게 다다르고 그들 모두에게 영향을 미치며 확장될 것이다.

알.가.유.소. 11 〉〉 밀가루 단위

밀가루 서 말에서 '서 말'은 그리스어로 '사타 트리아'(σάτα τρία)**인데 '사타'는 히브리의 부피 단위로 '스아'이다. 1스아는 13-15리터이다. 3사타는 39-45리터이고 2.2-2.5말** (단위 환산표에서 1말은 약 18리터)**이다.**

(3) 역전 13,22-30

이 대목에서는 하느님 나라에 들어가는 사안에 대해 말하는데, 곧 얼마나 들어갈 것인지, 어디로 들어갈 것인지, 누가 들어갈 것인지가 다뤄진다.

22절

"예수님께서는 예루살렘으로 여행을 하시는 동안, 여러 고을과 마을을 지나며 가르치셨다." 예수님의 예루살렘 여정은 계속되고 있다. 여러 고을과 마을에서 가르치셨는데 그 내용은 하느님 나라에 관한 것으로 집약된다.

23-24절

"구원받을 사람은 적습니까?"라는 질문에 예수님은 "너희는 좁은 문으로 들어가도록 힘써라" 하고 말씀하신다. 구원받을 자가 얼마나 될

지는 모르지만 구원받으려면, 곧 하느님 나라로 들어가려면 좁은 문으로 들어가라신다. 그리고 하느님 나라에 들어갈 수 있는 사람의 숫자는 제시된 이 방법에 어떻게 응답하느냐에 달려 있을 것이다. 이 질문은 당대 이스라엘에서 많은 사람이 관심을 갖고 제기했던 문제라고 한다. 22-23절에서 예수님께서 여러 고을과 마을을 지나며 가르치시는 중에 어떤 사람이 이런 질문을 했다는 것도 이 질문의 대중성을 암시한다. "멸망할 자들에게는 십자가에 관한 말씀이 어리석은 것이지만, 구원을 받을 우리에게는 하느님의 힘입니다"(1코린 1,18)라는 말씀도 그런 종류의 질문을 배경으로 한다.

"너희는 좁은 문으로 들어가도록 힘써라." 마태오는 넓은 문과 좁은 문을 제시하고 둘 중에 좁은 문을 선택하기를 촉구한다(7,13). 루카에서는 '좁은 문'만 언급하고 게다가 그곳으로 들어가려고 하는 이들이 많아 들어가려고 해도 다 들어가지는 못한다고 말한다. 그러니 들어가려고 힘을 써야 들어갈 수 있다. 루카 고유의 표현인 '힘써라'는 '경합에 참여하다, 싸우다, 온 힘을 다 쏟다'의 뜻을 지닌 그리스어 아고니조마이의 현재 명령형(아고니제스테 ἀγωνίζεσθε)이다. 좁은 문으로 들어가려고 투쟁하고 인내하라는 것이다. '힘써라'는 표현과 "많은 사람이 그곳으로 들어가려고 하겠지만 들어가지 못할 것이다"라는 표현은 마태 7,14의 "생명으로 이끄는 문은 얼마나 좁고 또 그 길은 얼마나 비좁은지, 그리로 찾아드는 이들이 적다"와 맥락이 같다. 마태오가 좁은 문을 골라 '들어가라'며 선택을 강조했다면, 루카는 민는 이로 살아가며 긴 세월, 긴 여정 안에서 이 선택이 지속적으로 혹은 반복적으로 행해져야 한다는 것을 강조하고 현재 명령형으로 좁은 문으로 들어가도록 '힘쓰라'고 전한다. 이 말씀은 이 문으로 가는 데 적대적이고 비호의적인 환경이 있음을 전제로 한다. "믿음을 위하여 훌륭히 싸워 영원한 생명을 차지하십시오"(1티모 6,12). '좁은 문'은 예수님께서 갈릴래아를 떠나 예루살렘으로 가시는 여정 동안 제자들을 양성하시는 데에 좋은 주제이다. 그러나 이는 무엇보다도 23절에서 말하는 "구원받을 사람"(호이 소조메노이 οἱ σῳζόμενοι)에게 적용되는 말씀이다. 그리스어로 '구원받다'를 뜻하는 소조(σῴζω) 동사의 현재 분사 수동형으로 표현된 "구원받을 사람"은 루카의 전형적인 용어로 '구원된 사람들'이나 '구원될 사람들'을 모두 가리킨다. '좁은 문'은 이런 사람들이 가야 하는 삶의 길이다.

25-28절

25절에서 집주인이 문을 닫아버린 때의 예를 드신다. 24절과 연결하여 보면, '많은 사람이 그곳으로 들어가려고 하겠지만 들어가지 못하는' 이유는 집주인이 문을 닫아버렸기 때문이다. 이어지는 말씀은 그냥 문을 닫은 정도가 아니라, 밖에 선 이들이 문을 두드리며 열어달라고 청해도 문은 열리지 않는다는 것이다. 집주인은 "너희가 어디에서 온 사람들인지 나는 모른다" 하고 대답할 것이다.

좁은 문 앞으로 몰려가 밖에 선 이들은 주인이 자신들을 알 것이라는 근거를 댄다. “저희는 주님 앞에서 먹고 마셨고, 주님께서는 저희가 사는 길거리에서 가르치셨습니다”(26절). 주님께서 그들과 함께 한 사실 자체, 함께 식탁 자리에 앉고 가르침을 받은 것을 제시한다. 그러나 그 사실은 문을 열어줄 요건이 되지 못한다고 집주인은 말한다. “너희가 어디에서 온 사람들인지 나는 모른다. 모두 내게서 물러가라, 불의를 일삼는 자들아!”(에르가타이 아디키아스 ἐργάται ἀδικίας: 27절). 그들이 ‘불의를 일삼았다’고 한다. 그리스어로는 ‘불의(아디키아스, 아디키아 ἀδικία의 속격)의 일꾼들아!’(에르가타이, 에르게테스 ἐργάτης의 복수 호격)이다. 문을 열어줄 요건은 불의를 행하지 않고, 주님 말씀을 실행하는 것이다. 루카 11,42에서 바리사이들에게 ‘의로움과 하느님 사랑’을 실천해야 한다고 하신 말씀을 기억해볼 수 있다. (의로움은 ‘정의의 의미에서 올바름’을 가리키는 크리시스 κρίσις로 표현되었다. 히브리어 미쉬파트의 개념이다.)

이제 문밖에 있는 이들이 할 수 있는 것은 아무것도 없다. 그들은 밖에서 안을 본다. “아브라함과 이사악과 야곱과 모든 예언자가 하느님의 나라 안에 있는데 너희만 밖으로 쫓겨나 있는 것을 보게 되면, 거기에서 울며 이를 갈 것이다”(28절). 이 구절을 통하여 문안이 하느님 나라라는 것이 명시되고, 성조들과 예언자들이 그 안에 있다는 말씀에서 토라와 예언서에 따라 산 이들이 그 안에 있음을 알게 된다. 그런데 아브라함과 이사악과 야곱의 후손인 그들은 밖에 쫓겨나 있다. 이스라엘이 확신하는 특권 의식은 무서운 평가를 받는다. 그들은 틀림없이 하느님 나라에 들어가리라고 확신했겠지만, 진정으로 회개하지 않았기에, 그리고 하느님의 뜻을 따르지 않고 말씀을 실행하지 않았기에 하느님 나라에서 가차 없이 제외될 것이다.

29-30절

"그러나 동쪽과 서쪽, 북쪽과 남쪽에서 사람들이 와 하느님 나라의 잔칫상에 자리 잡을 것이다"(29절). 동쪽과 서쪽만을 언급하는 마태오와 달리(마태 8,11 참조), 루카는 동서남북 전 방향을 언급한다. 사방으로 흩어졌던 이스라엘이 모여 옴(이사 11,12: "사방의 땅으로부터 쫓겨난 이스라엘 사람들을 모으시고 흩어진 유다 사람들을 모아들이시리라")을 말하며 사도 2,5-13에서 성취될 일을 드러낸다. 나아가 단지 세계 전역에 흩어진 유다인만을 일컫는 것이 아니라 하느님 나라에 들어가도록 뽑힌 모든 민족 사람들까지 가리킨다. 이에 조화를 이루어 29절에 나오는 동사들의 시제가 미래형이다. "사람들이 와"에 '출석하다, 오다'의 뜻을 지닌 헤코(ἥκω)의 미래 시제 3인칭 복수인 헥수신(ἥξουσιν)을 써서 그들이 올 것이고 들어갈 것이라고 표현했다. 그리고 그들이 하느님의 잔칫상에 자리 잡을 것이라고 말할 때에는 '자리 잡게 하다'라는 뜻을 지닌 아나클리노(ἀνακλίνω)의 미래 수동형 3인칭 복수인 아나클리테손타이(ἀνακλιθήσονται)를 썼다. 아무런 특권을 지니지 못했던 이들이 오히려 하느님 나라 선포를 듣고 회개하여 와서 하느님 나라에 들어가고 잔칫상에 앉을 것이다. 이들은 마지막으로 하느님 말씀을 들었으나 그 말씀을 믿고 실천해서 하느님 나라에 들어가니, 이들이 첫째라고 선언되고 첫째로 간주된다. 반면에 주님을 만나고 한때 밀접했으나 불의를 일삼았기에 문안으로 들어가지 못하는 이들이 있다. 예수님의 말씀에 종말론적인 의미도 내포되어 있으나, 이런 반전은 이미 초기 그리스도교인들의 상황에서 체험되기도 했다. "보라, 지금은 꼴찌지만 첫째가 되는 이들이 있고, 지금은 첫째지만 꼴찌가 되는 이들이 있을 것이다"(30절).

(4) 예수님의 운명과 예루살렘의 운명 13,31-35

31절

"바로 그때에"라는 말로 이 부분을 앞 이야기와 연결한다. 구원에 관련되어 역전이 생긴다는 말씀을 하고 계시던 그때에 바리사이들이 다가와서 헤로데가 예수님을 죽이려고 한다고 전한다. 예수님께서는 이미 예루살렘을 향하여 길을 가시는 중인데(9,51.57), 아직은 헤로데 영주가 통치하는 영역 내에 계시나 보다. 바리사이 몇 사람이 예수님께 죽음을 피해 '이곳'을 떠나시라고 말한다. 바리사이들은 루카복음서에서 때로는 예수님의 대담자로, 때로는 적대자로 행동하는데, 여기서는 예수님께 호의적인 태도를 보이고 있다. 이들은 예수님의 갈릴래아 활동 내내 주변에 있었고 예루살렘 여정 중에도 등장하는데, 예수님을 초대하여 식사를 하기도 하는 등의 태도를 보면 이 정도 호의를 보이는 행동이 가능했을 것이다.

32-33절

예수님께서 답변을 하시는데, 헤로데에게 전하는 말씀으로 하신다. "가서 그 여우에게 이렇게 전하여라." 헤로데는 예수님과 관련된 소문을 들었고, 정체를 궁금해하며 만나고 싶어 하기도 했는데, 이제는 또 죽이려고 한다. 갈릴래아 지방의 영주는 예수님을 제거하는 것이 자신의 정치 생명에 더 유리하다고 판단을 내렸나 보다(사도 12,1-5 참조). 시속時俗에 따라 승산과 유익을 계산하여 움직이는 헤로데, 세례자 요한을 죽이더니 이제 예수님을 죽일 궁리를 하는 헤로데를 예수님은 여우라고 하신다. 예수님은 전해진 소식이나 헤로데에게서 위협을 느끼시지 않는다. 이 소식은 그분의 계획과 예루살렘 여정 목적을 명시적으로 밝히는 계기가 될 뿐이다.

"보라, 오늘과 내일은 내가 마귀들을 쫓아내며 병을 고쳐주고, 사흘째 되는 날에는 내 일을 마친다. 그러나 오늘도 내일도 그다음 날도 내 길을 계속 가야 한다. 예언자는 예루살렘이 아닌 다른 곳에서 죽을 수 없기 때문이다." 이 문장에서 읽어낼 수 있는 것은 세 가지다. 먼저 헤로데가 아무리 위협을 해도 아무 상관 없이 예수님은 당신의 계획과 일정을 진행하신다. '오늘과 내일'은 지속된 예수님의 활동 전체를 상징적으로 가리키며 그 활동이 진행 중임을 드러낸다. 다음은 치유와 구마로 대변되는 구원 활동을 하고 계시다는 것, 그것이 당신의 일이고 길이라는 것이다.

이어서 나오는 "사흘째 되는 날에는 내 일을 마친다"(카이 테 트리테 텔레우오마이 καὶ τῇ τρίτῃ τελειοῦμαι)라는 어구를 그리스어로 살펴보면, '사흘째 되는 날에 완성된다' 혹은 '사흘째 되는 날에 목표에 도달한다'는 뜻이다. '마치다, 완성한다'는 텔레이오(τελειόω) 동사의 현재 수동형 1인칭 단수인 텔레이우마이(τελειοῦμαι)가 쓰였다. 이 동사가 드러내는 것은 자신의 고유한 목표에 도달했다는 것, 완성에 이르렀다는 것이다. 그래서 '내 일을 마친다'라는 표현에 담긴 뜻은 단순히 치유와 구마 같은 일을 마친다는 정도를 넘어서 예수님 자신과 관련된 사명이 완수된다는 것이다.

NA28	καὶ τῇ τρίτῃ τελειοῦμαι
	카이 테 트리테 텔레이우마이
NIV	and on the third day I will reach my goal.
NRSV	and on the third day I finish my work.
우리말 성경	사흘째 되는 날에는 내 일을 마친다.

"오늘도 내일도 그다음 날도 내 길을 계속 가야 한다. 예언자는 예루살렘이 아닌 다른 곳에서 죽을 수 없기 때문이다"(33절). 여기 '오늘도 내일도 그다음 날도'에는 '간다'라는 동사가 사흘에 다 적용되어 일관

성 있는 개인의 계획을 말하고, '~해야 한다'는 비인칭 동사 데이(δεῖ)는 필연성을 표현한다. 요컨대 헤로데의 압력이나 바리사이들의 경고와는 전혀 상관없이 예수님의 예루살렘 여정은 진행되고 있으며, 예수님의 활동과 이 여정이 그분의 소명임을 분명히 밝힌다. 오늘도 내일도 그다음 날도 가는 길은 당신의 죽음으로 완성될 터인데, 예수님은 그 길을 예루살렘에서 완성하실 것이라고 말씀하신다. 독자는 예루살렘에서 죽음을 맞이해야 하는 예언자의 운명을 깨달아야 할 것이다. 예수님이 그 도성에서 고난을 받아야만 한다면 그것이 하느님의 계획에 들어 있기 때문이다.

34-35절

"예루살렘아, 예루살렘아! 예언자들을 죽이고 자기에게 파견된 이들에게 돌을 던져 죽이기까지 하는 너!"(34절). 예수님께서 이제는 바리사이들을 향해서가 아니라 예루살렘을 향하여 만류하시듯 비통하게 두 번 부르시며 그 소행을 밝히신다. 예루살렘은 예언자들을 죽이는 자, 그리고 그에게 파견된 이들을 돌로 치는 자로 간주된다. 여기에는 역사적인 면도 표현되었다. 율법 교사들이 예언자들과 사도들의 죽음에 연루되었음을 루카는 이미 앞에서 밝혔다(11,47-51). 이는 34절의 '파견된 이들'(아페스탈메누스 ἀπεσταλμένους)과 11,49의 '사도들'(아포스톨루스 ἀποστόλους)이 모두 그리스어 파견하다(ἀποστέλλω)와 연관되어 있는 것에서도 암시된다. 예루살렘은 예언자들을 죽이고 파견된 이들을 돌로 쳐 죽이며, 율법의 적용을 왜곡하고 스스로를 속임으로써 죄로 가득한 도성이 된다. 하느님께서 파견한 이들을 거부하고 죽이면서 예루살렘은 하느님을 거부하고 받아들이지 않은 것이다(9,48; 10,16 참조).

"암탉이 제 병아리들을 날개 밑으로 모으듯, 내가 몇 번이나 너의 자녀들을 모으려고 하였던가? 그러나 너희는 마다하였다"(34ㄷ절). 암탉의 이미지를 하느님이나 그분에게서 파견받은 이를 묘사하는 데 사용하는 경우는 드물지만, 날개의 이미지는 성경에 배경이 있다. 구약성경에서 수호자이신 하느님께 속하는 것으로 여겼던 날개의 이미지는 피신의 장소이며 신적 현존의 장소인 성전에 적용할 수 있다. 지혜에, 그리고 다음에는 그리스도께 적용된 이 여성적 · 모성적 이미지는 이미 태어난 존재들을 충분히 보호할 수 있음을 암시한다. 그렇지만 그들은 그분의 제안을 거절할 정도로 자율권를 행사한다. "그러나 너희는 마다하였다"(카이 욱 에텔레사테 καὶ οὐκ ἠθελήσατε). 예수님이 원하신 것과 그들이 원하는 것이 같지 않다. 양쪽에 다 '원하다'(텔로 θέλω) 동사가 사용되었다. 하느님(하느님이 파견한 예수님)의 의지와 예루살렘의 의지가 비극적으로 대치하고 있다.

34ㄷ절	내가 몇 번이나 … 모으기를 원했던가?	ποσάκις ἠθέλησα ἐπισυνάξαι
34ㄹ절	그러나 너희는 원하지 않았다.	καὶ οὐκ ἠθελήσατε.

예루살렘은 하느님이 현존하는 장소이며 사람들의 거주지로서 모든 것이 가능한 거룩한 도성이었다. 그곳에 있는 성전을 통해 하늘과 땅이 만나는 도시였고, 세상 만국의 중심지였으며, 모든 이야기의 중심지였다. 예수님은 자신의 사명에서 예견되는 실패를 지혜의 말씀을 사용하여 표현하신다. 안타깝게도 화합과 조화는 깨졌다. 예루살렘은 예수님의 수호를 원치 않는데, 이것은 부조리하고 부자연스러우며 자신을 해치는 선택이다.

그리고 심판의 문장이 이어진다. "보라, 너희 집은 버려질 것이다. 내가 너희에게 말한다. 너희가 '주님의 이름으로 오시는 분은 복되시어라' 하고 말할 날이 올 때까지, 정녕 나를 보지 못할 것이다." 예수님을 죽이려는 계획이 본격화되었다. 이 세상 통치자들을 통해 그 뜻은 이루어질 것이다. "어서 이곳을 떠나십시오. 헤로데가 선생님을 죽이려고 합니다." 바리사이들이 아직은 예수님께 정보를 전하면서 피하라고 한다. 그러나 그들은 곧 돌변하여 '죽이려는 무리'에 합류할 것이다. 예수님은 죽음을 피하시지 않는다. 다만 그곳을 떠나는 이유는 당신이 죽을 장소인 예루살렘으로 이미 가시는 중이기 때문이다. 그리고 이것을 계기로 참된 예언자가 예루살렘에서 죽듯 예수님께서도 그렇게 예루살렘에서 돌아가실 것이다. 하느님과 사람의 중개자인 예수님이 죽임을 당하니, 하느님과 사람이 만나는 장소인 성전, 그리고 예루살렘은 예수님과 같은 운명을 겪을 수밖에 없다.

(5) 바리사이의 식탁에서 가르치심 14,1-24

이 대목은 예수님께서 예루살렘으로 가시는 중에, 바리사이들의 지도자 가운데 한 사람의 집에 가시어 음식을 잡수실 때 식탁 자리에서 일어난 일인데, 여러 가지 주제가 거론된다. 단락 내에서 새로운 주제가 도입되는 첫 구절들이 모두 그 식탁 자리임을 상기하게 하는 말로 시작된다.

①	1절	어느 안식일에 바리사이들의 지도자 가운데 한 사람의 집에 가시어 음식을 잡수실 때 일이다.
②	7절	예수님께서는 초대받은 이들이 윗자리를 고르는 모습을 바라보시며 그들에게 비유를 말씀하셨다.
③	12절	예수님께서는 당신을 초대한 이에게도 말씀하셨다.
④	15-16절	예수님과 함께 식탁에 앉아 있던 이들 가운데 어떤 사람이 … "하느님의 나라에서 음식을 먹게 될 사람은 행복합니다" 하고 말하였다. 그러자 예수님께서 그에게 이르셨다. "어떤 사람이 큰 잔치를 베풀고 많은 사람을 초대하였다."

예수님께서 '바리사이들의 지도자 가운데 한 사람'의 집에 가셨다. 여기서 바리사이들의 지도자가 하는 역할이 무엇인지는 드러나지 않으나 그 구절을 통해 혼자가 아니라 다른 바리사이들이 함께한 자리라는 암시는 엿볼 수 있다. "율법 교사들과 바리사이들에게"라는 3절의 표현을 보면, 회당이나 군중이 모인 자리가 아닌 사석이고, 개인

집에서 이 두 부류가 동석하는 자리를 마련한 것은 주최자가 지도자 중 한 사람이기에 가능했을 것이라고 추측하게 한다. 또한 '초대받은 이들이 윗자리를 고르는 모습'을 묘사하는 7절에서도 윗자리를 자신의 자리라고 생각할 만한 위치에 있는 이들이 모였다는 연상도 가능하다. 예수님의 말씀을 듣고 예수님께 "하느님의 나라에서 음식을 먹게 될 사람은 행복합니다"(15절) 하고 응대하는 모습도 같은 분위기를 연상하게 한다. 이런 구절들에서 율법 교사들과 바리사이들이 많이 모인 식탁 자리이니, 그들이 예수님의 가르침을 듣고 어떻게 응답하든 간에 그들이 바로 주요 청중임을 인식하고 이 대목을 읽는 것이 이해하는 데에 도움이 된다.

① 안식일에 수종 병자 치유(14,1-6)

1-2절

예수님이 바리사이의 집에 가시어 식사하시는데, 이 부분에는 초대받으셨다는 내용이 나타나지 않으나 아래 12절에 그 내용이 나타난다. '당신을 초대한 이에게도'에 '초대하다' 동사(칼레오 καλέω; 참조 7절 '초대받은 이들에게': 칼레오의 완료 수동형 분사 사용 τοὺς κεκλημένους)가 사용된 구문이 나온다. '바리사이들의 지도자 가운데 한 사람'이란 아마도 바리사이파 내부에서 도덕적인 권위로 저명한 바리사이거나 바리사이파로서 유다인 판사든가, 회당장이든가 혹은 지역 의회(산헤드린)의 구성원을 가리킬 것이다. 루카는 이 표현을 통하여 바리사이들이 청중임을 시사한다. "그들이 예수님을 지켜보고 있는데"에서 그들이란 바로 바리사이들과 율법 교사들이다.

"마침 그분 앞에 수종을 앓는 사람이 있었다." 그들이 예수님을 지켜보고 있는데, 우연인지 의도적인지 그 앞에 '수종을 앓는 사람'이 있다. 그리고 그날은 '안식일'이다. 1-2절의 설정에서 이 장면에 흐르는 분위기를 파악할 수 있다. "그들이 예수님을 지켜보고 있는데"(아우토이 에산 파라테루메노이 아우톤 αὐτοὶ ἦσαν παρατηρούμενοι αὐτόν)에서 '지켜본다'는 동사 파라테레오(παρατηρέω)가 현재 분사형으로 나오고, '이다'(에이미 εἰμί) 동사의 미완료형인 에산(ἦσαν)이 함께 쓰였다. 그러니까 지속적으로 줄곧 지켜보고 있다는 말이다. 게다가 바로 앞 13,10-17에도 있듯이, 예수님은 환자를 보면 안식일이라도 치유해 주신다는 이야기를 그들도 루카의 독자들도 이미 익히 들은 상태이니 무슨 일이 생기리라는 기대를 가졌을 것이다. 그런데 초대받은 집 식탁 자리 앞에 있는 수종 환자라니, 이것은 다분히 고의적 행위라는 것이 읽힌다. 수종병(후드로피코스 ὑδρωπικός)이 어떤 병인지는 확실하지 않으나 그리스어로 후도르(ὕδωρ)가 '물'이니 체내에 여러 액체의 순환이 불량하여 몸이 붓거나 물이 차는 증세를 보이는 병이라고 한다. 대놓고 환자로 분류되기보다는 몸이 부어 고통을 겪을 뿐 일상은 그런대로 영위하는 상태이기에 이 식탁 자리에 함께했을 수도 있겠다. 만일에 그렇다면 이 상황은 더욱 교묘하게 연출된 것일 수 있다.

3절

예수님께서 율법 교사들과 바리사이들에게, "안식일에 병을 고쳐주는 것이 합당하냐, 합당하지 않으냐?" 하고 물으셨다. 1절에서 말하는 '그들'이 누구인지 여기서 밝혀진다. 예수님의 질문은, 병세가 보이는 환자를 앞에 앉히고 지켜보며 '말이 아니라 행동으로 어떻게 하시렵니까' 하는 태도를 보이는 이들에게 하시는 답변일 수도 있다. 예수님께서는 적대자들을 직면하시고 계명과 하느님의 뜻에 대한 자신의 고유한 해석으로 그들과 대적하신다. 여기서 예수님께서 예루살렘으로 향하시는 여정에 박차를 가하시는 것을 볼 수 있다. 예루살렘은 그분의 마지막 사명인 죽음으로 향해 있다. 예수님은 안식일에 하는 치유 행위가 합당하냐(엑세스틴 ἔξεστιν)고 물으신다. 곧 율법에 의하면 가능한 일이냐고 물으신다. '모세의 율법은 안식일에 무엇을 해야 한다고 말하느냐'는 것이다. 그들은 침묵한다. "그들은 잠자코 있었다"(4절). 지켜보고 있으나 질문을 해도 아무런 말도 하지 않는다. 이는 몰라서도 아니고 예수님의 의견에 동의해서도 아니다. 다만 예수님이 어떻게 하는지 확인하고자 할 뿐이기에 나오는 행동이다.

4절

"예수님께서는 그의 손을 잡고 병을 고쳐서 돌려보내신 다음." 그렇다. 예수님께서는 그의 병을 치유하신다. 그리고 그를 돌려보내신 다음 그들에게 질문을 하신다. 여기서 루카는 치유 행위 자체와 치유받은 이에 대한 관심은 보이지 않는다. 다만 "그를 돌려보내신 다음"이라는 표현이 눈길을 끈다. '돌려보내다'에 사용된 동사는 '자유를 주다, 풀어주어 가게 하다'는 뜻의 아포뤼오(ἀπολύω)이다. '질병에서 그를 풀어주셨다'는 의미일 수 있다. 번역대로 '돌려보내신' 것이라면 치유된 기쁨을 누리라고 보냈다는 의미일 수도 있겠다. 그리고 어쩌면 수종병 환자로서 바리사이에게 불려 와서 앉아 있었기에 돌려보내졌을 가능성도 배제할 수 없다.

5-6절

예수님은 일단 환자를 치유하시고 다시 그들에게 말씀하신다. "너희 가운데 누가 아들이나 소가 우물에 빠지면 안식일일지라도 바로 끌어내지 않겠느냐?" 그렇다, 자기들의 아들이나 소가 위험에 처해 있다면 안식일일지라도 그들은 아들이나 소를 구할 것이다. 그래서 "그들은 이 말씀에 아무 대답도 하지 못하였다." 이것은 4절에 잠자코 있는 것과는 다른 상태이다. 그들은 예수님의 이번 질문에는 '그렇습니다'라고 대답할 수밖에 없다. 그러나 그 긍정은 바로 '안식일에 병을 고쳐주는 것이 합당하다'는 말을 긍정하는 셈이 되므로 대답을 하지 못한다. '욱 이스쿠산 안타포크리테나이 프로스 타우타'(οὐκ ἴσχυσαν ἀνταποκριθῆναι πρὸς ταῦτα), '이것에 답변을 할 수가 없었다'는 뜻이다. 율법을 잘 안다고 자처하는 그들이 예수님의 율법 해석에 이의를 제기하지 못하고 인정해야 했던 것이다.

② 잔치 자리(14,7-11)

7절

“예수님께서는 초대받은 이들이 윗자리를 고르는 모습을 바라보시며 그들에게 비유를 말씀하셨다.” 초대받은 이들은 의심의 여지없이 바리사이들이거나 율법 교사들이다. 그들이 식사 자리에 들어서서 상석을 고르고 있다. 본인 스스로 윗자리에 앉기에 합당하다고 자신을 평가하기 때문일 것이다. 여기서는 예수님께서 그들이 상석을 어떻게(포스 πῶς) 고르고 있는지 주의를 기울이신다. 그리고 그들에게 비유를 들려주신다. 비유는 실제 세계의 요소를 적어도 하나 이상 반영하는 가상의 이야기다.

8-11절

예수님은 실제로는 지금 이 식탁 자리에서 벌어지고 있는 일이지만, ‘혼인 잔치에 초대받은 경우’로 상황 설정을 하시고 윗자리에 앉으려 하지 말라고 하신다. 초대한 이가 초대받은 손님의 자리를 알고 있다. 그러니 자신의 자리가 윗자리인가 끝자리인가를 본인이 선택할 일이 아니라고 알려주신다. 그리고 결론처럼 말씀하신다. “누구든지 자신을 높이는 이는 낮아지고 자신을 낮추는 이는 높아질 것이다.” 식탁의 상석 고르기와 혼인 잔치의 상석 고르기가 과히 다르지 않다. 예수님이 지금 대접받기 위한 처세술을 가르치시는 것은 물론 아니다. 그렇다면 이 비유는 어떤 실제 세계를 반영하는가?

유다인 사회에서 율법 교사들과 바리사이들은 율법을 중심으로 지도자의 자리에 있고, 스스로 전문가이며 충실한 실천가라고 자부한다. 그들은 율법을 놓고 하느님 앞에서 높은 자리를 차지하려고 한다. 자신들에게 그런 자격이 있다고 스스로 여기기 때문이다. 그런데 그들은 안식일에 병을 고쳐주는 것이 합당한지 합당하지 않은지에 대답할 수 있을 만큼 지혜롭지도 않으며 하느님 뜻을 알지도 못한다. 그리고 "너희 가운데 누가 아들이나 소가 우물에 빠지면 안식일일지라도 바로 끌어내지 않겠느냐?"라는 물음에 대답할 만큼 정직하지도 않다. 그들은 하느님 뜻에, 곧 율법에 충실하지도 않고 정직하지도 않다. 그러니 그들은 율법을 두고 자신들을 해석의 전문가요 충실한 실천가라 자부할 수 없다.

그들은 스스로 예수님보다 높은 자리에 앉으려고 하지 말아야 한다. 예수님께 자리를 양보해야 한다. 윗자리에 앉았던 그들은 그분께 자리를 내드리고 끝자리로 물러앉아야 한다. "누가 너를 혼인 잔치에 초대하거든 윗자리에 앉지 마라." 하느님의 뜻과 율법 앞에서 자신하지 마라. 스스로를 낮추라. 잘 안다고 자신하지 않으며 가르침을 듣는 낮은 자리에 앉을 때는 배움을 얻고 깨달을 수 있다. "누구든지 자신을 높이는 이는 낮아지고 자신을 낮추는 이는 높아질 것이다." 이 말씀은 유다 사회에서 새로운 것이 아니며 실제로 그들의 양심에 있는 성경 전통의 하나이다(에제 21,31 참조). 또한 도덕과 가르침을 결합시킨 지혜로운 사실이고 예언적 말씀이다.

이러한 예수님의 가르침은 그들이 예수님을 죽이려는 데 동조하는 이유들 중 하나가 될 것이다. 그런데 루카의 맥락에서 더 중요한 것은 여기에 예수님의 상대방으로 유일하게 등장하는 바리사이들과 율법 교사들이 예수님의 가르침의 권위를 수용하지 못한 채 주저하고 침묵하는 모습이다. 그들은 결단을 내리려 하지 않는다. 루카는 바리사이들과 율법 교사들에 대한 예수님의 관심과 가르침을 누누이 드러낸다. 예수님께서는 그들의 초대를 거절하지 않고 그들과의 토론을 기꺼이 수용하시며, 대단한 인내심으로 가르치고 설명하고, 또 보여주셨다. 게다가 예수님께서 제자들을 양성하며 예루살렘으로 향하시는 여정은 루카의 고유 단락인데, 여기에 바리사이들과 율법 교사들이 함께하고 있다는 사실이 그것을 여실히 드러낸다. 실제로 바리사이 중에 예수님의 제자가 된 이들이 없지 않지만, 단체로서 그들은 예수님의 가르침이 옳다는 것을 알면서도 응답하려고 하지 않는다.

③ 식사 초대(14,12-14)

12절

예수님의 가르침이 이어진다. 초대받은 손님들이 상석을 고르려는 모습에서 시작된 가르침은 이제 그런 손님들을 초대한 이에게로 향한다. "예수님께서는 당신을 초대한 이에게도 말씀하셨다." 예수님을 초대한 이는 1절에서 명기한 대로 '바리사이들의 지도자 가운데 한 사람'이다. 그에게 손님을 초대할 때의 기준에 대해 말씀하신다. "네가 점심이나 저녁 식사를 베풀 때, 네 친구나 형제나 친척이나 부유한 이웃을 부르지 마라. 그러면 그들도 다시 너를 초대하여 네가 보답을 받게 된다." 결국 서로 주고받는 관계에서 손님을 초대하지 말라고 하신다. 유다인들에게는 저녁 식사가 정찬(데이프논 δεῖπνον)이다. 당대 유다인들이 평일에는 일상적으로 아침과 저녁 식사 이렇게 두 끼의 식사를 하였다. 안식일에는 회당에서 나오며 정오에 하는 점심 식사가 더 있었다. 아마도 예수님께서 초대받으신 식사가 그 종류일 것이라고 추정한다. 그렇지 않은 경우 초대는 저녁에 이루어진다. 루카는 그런 정찬을 잔치(도케 δοχή: 14,13; 5,29)라고도 부르는데, 이 단어는 글자 그대로는 '대접待接'으로 '받아들이다, 환영하다'는 뜻의 데코마이(δεχομαι)에서 파생한 말이다.

"그러면 그들도 다시 너를 초대하여 네가 보답을 받게 된다." 예수님의 가르침은 명확하지만 진지하게 듣는 이들에게는 도전이 되는 내용으로, 통상적인 사회 관습을 깨부순다. 한정된 이웃과의 독점적이고 특권적인 상호 관계를 넘으라고 하신다(6,32-35 참조). 예수님은 우리가 다른 사람들에게 열리고 서로에 대한 시선이 새로워지기를 바라신다. 잔치를 베풀 때에는 오히려 가난한 이들, 장애인들, 다리 저는 이들, 눈먼 이들을 초대하라고 이르시는데, '그들이 너에게 보답할 수 없고 부활 날에 보상받을 것이기 때문에 너는 행복할 것'이라고 알려주신다.

14ㄱ절	마카리오스 에세, 호티 욱 에쿠신 안타포두나이 소이
	μακάριος ἔσῃ, ὅτι οὐκ ἔχουσιν ἀνταποδοῦναί σοι,
	행복할 것이다. 그들이 너에게 보답하는 것을 가지지 못하고
14ㄴ절	안타포도테세타이 가르 소이 엔 테 아나스타세이 톤 디카이온
	ἀνταποδοθήσεται γάρ σοι ἐν τῇ ἀναστάσει τῶν δικαίων
	의인들이 부활할 때에 네가 보답을 받을 것이기 때문이다.

이렇게 될 수 있는 바탕은 14ㄴ절에 제시된다. "의인들이 부활할 때에 네가 보답을 받을 것이다." 부활을 믿는 바리사이들을 대상으로 하여 그들이 최고의 이상으로 삼는 의인(디카이오스 δίκαιος)들이 부활할 때, 하느님께서 보상해주시리라는 것이다. 14ㄱ절과 ㄴ절에 같은 동사 안타포디도미(ἀνταποδίδωμι)를 사용하여, '갚는 것'을 그들이 못하니, 하느님이 보상하실(갚으실) 것이라고 밝힌다.

그런데 13절에서 "네가 잔치를 베풀 때에는"으로 시작했다. 여기서 잔치를 여는 자인 '너'는 루카 복음사가 시대에 사회적으로 행동하는 믿는 이를 가리키며 교회에서는 공동체의 책임자를 가리킨다. 그리고 '가난한 이들, 장애인들, 다리 저는 이들, 눈먼 이들'로 언급된 사람들은 결과적으로 루카복음에서 복음을 듣는 이들을 가리키는데 예수님께서 구원하신 사람들이고(루카 7,22; 4,18-21 참조), 참행복의 선언을 듣는 사람들이다(루카 6,20-21). 이 사람들과 함께하라고, 부유하고 잘 사는 이들에게 권고하시는 예수님의 말씀은 그들에게 도전이 된다. 그리고 루카만이 고유하게 관심을 가진 이 부분에서 예수님이 바리사이들과 율법 교사들에게 지속적으로 관심을 기울이고 가르침을 주고 계시다는 사실도 눈여겨보아야 한다. 그분은 예루살렘으로 가시는 그 중요한 기간 중에도 그들을 계속 상대하셨다. 아예 가망이 없는 헤로데는 상대하지 않으시나, 털끝만 한 가능성이라도 있는 그들에게는 계속 기회를 주신다. 겨자씨 한 알만 한 작은 믿음이라도 생기기를 바라고 계시는 듯하다.

④ 혼인 잔치의 비유(14,15-24)

15절

바로 앞 구절에서 '잔치'라는 개념과 "의인들이 부활할 때에 네가 보답을 받을 것이다"라는 말씀을 자연스럽게 이어받아 연상 작용을 하듯, "예수님과 함께 식탁에 앉아 있던 이들 가운데 어떤 사람이 이 말씀을 듣고 그분께, '하느님의 나라에서 음식을 먹게 될 사람은 행복합니다' 하고 말하였다." 예수님과 함께 식탁에 앉아 있던 이들 가운데 한 사람이라는 표현으로 이 단락은 7절과 연결되며 또한 앞 이야기와 이어진다. "하느님의 나라에서 음식을 먹게 될 사람은 행복합니다"라고 말하는 이는 자신의 현재 처지는 고려하지 않은 채 그저 하느님 나라의 잔치만 상상한다. 이스라엘의 종교 사회에서 한다하는 이들이 모인 자리(14,1.3.7 참조)에 앉아 있는 그는 자신이 그 의인들 중 하나라고 여기며 그 나라의 잔치 자리에 앉아 있으리라 간주하는 모양새다.

16ㄱ절

"그러자 예수님께서 그에게 이르셨다." 예수님께서 그에게 비유 하나를 들려주신다. 15-16ㄱ절은 루카 복음사가의 고유 구절이다. 이런 도입이 있고 나서 16ㄴ-23절이 비유 내용이다. 24절은 비유를 마치시는 마무리 말씀인데, '아무도 음식을 먹지 못한다'는 말씀과 15절에 '음식을 먹게 될 사람'은 서로 반대되는 상황을 말하면서 대구를 이룬다. 24절의 '내 잔치'는 15절의 '하느님 나라'를 가리킨다. 이 구조로 보면 15절의 그 사람은 음식을 못 먹게 될 가능성이 큰 것으로 보인다. 비유 내용을 보자.

a	15	예수님과 함께 식탁에 앉아 있던 이들 가운데 어떤 사람이 이 말씀을 듣고 그분께, "하느님의 나라에서 음식을 먹게 될 사람은 행복합니다" 하고 말하였다.
b	16ㄴ-23	어떤 사람이 큰 잔치를 베풀고 많은 사람을 초대하였다. …
a'	24	내가 너희에게 말한다. 처음에 초대를 받았던 그 사람들 가운데에서는 아무도 내 잔치 음식을 맛보지 못할 것이다.

16ㄴ-17절

"어떤 사람이 큰 잔치를 베풀고 많은 사람을 초대하였다. 그리고 잔치 시간이 되자 종을 보내어 초대받은 이들에게, '이제 준비가 되었으니 오십시오' 하고 전하게 하였다." 어떤 사람이 큰 잔치를 기획하였고, 많은 사람을 초대하였다. 초대받은 이들은 그 잔치가 조만간에 열릴 것을 알고 있었다. 그리고 초대하는 이는 모든 준비를 마치고 잔치 시간이 되니 '이제 준비가 되었으니 오십시오' 하고 알렸다. 부사 '이미', 혹은 '이제'(에데 ἤδη)가 있고, '준비된'이라는 뜻의 형용사 헤토이모스(ἕτοιμος)의 주격 중성 복수인 헤토이마를 사용하여 '준비가 되었다'(헤토이마 에스틴 ἕτοιμά ἐστιν)고 표현하였다. '준비하다' 동사는 루카복음서에서 유년기 이야기 1장 17절과 76절에 헤토이마조(ἑτοιμάζω)가 원과거 부정형인 헤토이마사이(ἑτοιμάσαι)로 사용되었다. 끝으로 '오십시오'(에르케스테 ἔρχεσθε)는 '오다'의 현재 명령형이다.

이제 모든 것은 준비되었다. 이미 준비되었다는 말은 종말론적으로 실현된 것을 가리키지 않고 결정이 즉시 자체로 적용되는 현재 상황을 가리키므로 예수님의 현재 활동과 관련된다. 나아가 초대 교회의 선교 사명과 관련된다. 그래서 현재 명령형으로 "오십시오" 한다. 지금은 초대를 받아들여 메시아가 차린 잔치에 참여할 때이다. 잔치는 아직 시작되지 않았지만 준비는 이미 마무리되었다. 이 동사로 구원에 대해 말하자면, 한때 예고되었던 구원이 이제 실현된 것이다.

이에 더하여 유의할 점은 준비가 되었으니 이제 오라고 알리기 위해 보내는 종이 하나라는 점이다. '그의 종을'(톤 둘론 아우투 τὸν δοῦλον αὐτοῦ) 보낸다. 그 종은 '이미 초대받았던 이들'을 알고 있으며 그들에게 가서 알렸다. 이미 초대받았던 이들도 그 종도 열린 잔치에 대해 익히 알고 충분히 통교할 수 있는 상황이다. 그는 예수님이시다.

18-20절

"그런데 그들은 모두 하나같이 양해를 구하기 시작하였다." 너무도 특이한 일이 일어난다. 이 구절에 그리스어로 '청하다, 변명하다, 거부하다'의 뜻을 가진 파라이테오마이(παραιτέομαι) 동사가 사용되었는데, 완곡하게 말하나 참석하기를 거절하는 것이다. 18-20절에서 세 가지 경우를 예시하는데 두 번 '부디 양해해주시오'(에로토 세, 에케 메 파레테메논 ἐρωτῶ σε, ἔχε με παρῃτημένον)라는 말이 나타나고, 결국 마지막에는 '갈 수가 없다오'(우 두나마이 엘테인 οὐ δύναμαι ἐλθεῖν)라는 말까지 나타난다. 초대받았던 모든 이가 변명거리를 댄다. 이 구실들 중 어떤 것은 유다 사회에서 민족 모두가 참여하는 전쟁에도 나가지 않을 수 있는 이유이긴 했으나, 이미 초대장이 발급된 상태에서 잔치 준비가 끝난 마당에 참석을 거절하는 것은 엄청난 실례다. 사람들이 비유 이야기를 들으며 이들의 거절이 무례하고 너무도 상식에 어긋난 일이라는 사실에 공감할 수 있는 상황이다. 게다가 지금 그들이 초대받은 곳은 세상 잔치가 아니라 하느님의 나라다. 세상의 범주에 속한 이야기가 아니다. 세상과 사회에서 통용되어도 하느님 나라에서 통용되지 않는 것이 있는데, 사회에서도 통용되지 않는 상황은 말할 필요도 없다.

첫째 사람	내가 밭을 샀는데 나가서 그것을 보아야 하오.	부디 양해해주시오.
다른 사람	내가 겨릿소 다섯 쌍을 샀는데 그것들을 부려보려고 가는 길이오.	부디 양해해주시오.
다른 사람	나는 방금 장가를 들었소.	그러니 갈 수가 없다오.

이 구실들은 잔치 참석보다는 다른 것이 그들의 주된 관심사이고, 그들에게 그것이 가장 중요하다는 것을 드러낸다. 하느님 나라의 초대를 거절하는 그들의 이유는 합당하지 않다. 이 구실들은 그 자신의 소유물과 그 관계 안에서 예언자적 초대에 자기를 제외하는 행위다. 그들은 구원자 예수님의 초대보다, 하느님 나라보다 개인의 지상 관심사를 선택하고 그것에 몰두했다. 그러나 하느님 나라가 실현될 때, 그 선택은 치명적 과실이 된다. 그들은 자신들이 타고 가는 현세 흐름을 방해받고 싶어 하지 않았다. 하느님의 초대가 무엇을 의미하는지 모르는 것이다.

21절

"종이 돌아와 주인에게 그대로 알렸다. 그러자 집주인이 노하여 종에게 일렀다." 종이 아무런 성과 없이 돌아와 그대로 보고한다. 집주인이 노했다. 집주인과 종의 대화가 21ㄷ-23절의 내용인데, 종의 구두 보고에 대한 표현과 '집주인'의 반응을 강조해 특성을 묘사하는 것(12,39; 13,25 참조)은 루카의 특징적인 표현이다. 집주인의 노기(오르기스테이스 ὀργισθεὶς)는 슬픔, 좌절, 염증의 표시인 분노이다. 집주인이 그가 처음에 초대한 이들에게 분노하는 것은 그들이 부정적으로 그의 첫 초대를 거절하였기 때문이다. 지금 그들은 일시적이긴 하지만 잔치를 망쳐버렸다.

그들의 태도에서 영향을 받은 집주인은 계획을 수정하고 변경한다. 주인은 종을 고을(=도시)의 한길(=광장, 플라테이아 πλατεῖα)과 골목(=도시의 길들, 뤼마스 테스 폴레오스 ῥύμας τῆς πόλεως)으로 내보낸다. 루카복음서에는 이미 이런 비슷한 표현이 나왔다. "주님께서는 저희가 사는 길거리(넓은 길, 플라테이아 πλατεῖα)에서 가르치셨습니다"(13,26). "기쁜 소식을 다른 고을(도시, 폴리스 πόλις)에도 전해야 한다"(4,43). 그곳에 가서 데려오라고 하는 이들 곧 가난한 이들과 장애인들과 눈먼 이들과 다리 저는 이들도 이미 14,13에서 언급된 이들이고, 예수님께서 하신 일에서 확인되는 이들이며(7,22), 예수님 사명 수행의 첫자리에 언급된 이들이다(4,18). 복음의 수령자는 초대받은 교회의 그리스도인들과 동일하다. 그리고 이 목록은 구약성경에서 하느님의 자비가 우선적으로 내리는 작은 이, 소유와 권리가 박탈된 이, 소외된 이, 아픈 이들과 조화를 이룬다.

이제 서둘러야 할 필요가 있다. 루카는 하느님의 계획 실현이나 주님이 기원하는 신앙의 태도를 가리키기 위하여 서두름이나 긴박성을 표시하는 부사를 즐겨 사용한다. 초대받은 이들이 각기 다른 이유로 오기를 거부(20절)하고, 가느라(19절) 바쁘고, 나가느라(18절) 못 온다. 그래서 반대로 종은 막 '어서 나가려' 하는데, 이는 하느님의 말씀이 나가는 것, 예수님께서 복음 선포를 위하여 나가시는 것, 사도들이 세상에 알리기 위하여 나가는 것과 같다.

이 구절은 이스라엘과 그 지도자들, 첫 번째로 초대받은 자들을 비판하면서, 또한 이스라엘의 잃어버린 양들과 가난한 이들, 삶이 뒤틀린 이들을 불러 문을 열어주는 것을 말한다. 여기서 루카는 구원의 역사가 참행복의 수령자들(루카 6,20-22)과 관련된다는 것을 통찰하게 한다.

22-23절

"얼마 뒤에 종이 '주인님, 분부하신 대로 하였습니다만 아직도 자리가 남았습니다' 하자"(22절). '주인님'(퀴리오스 κύριος)과 '분부하다'(에피타쏘 ἐπιτάσσω)는 하느님의 뜻을 표현하는 데 드물게 사용된 표현이다. 빵이 오천 명을 먹이고도 남을 정도로 많아졌던 것처럼, 여기 잔치 자리(토포스 τόπος)도 많아서, 고을의 한길과 골목의 가난한 이들을 다 불러오고도 남아 있다. 그들을 환영하고 받아들이면서도 주인의 집은 다른 이들의 입장까지 허용할 수 있을 만큼 넉넉하다.

'자리'라는 용어에는 신학적으로 중요한 의미가 스며들어 있다. 주인은 종이 마지막으로 다시 나가도록 명령한다. "주인이 다시 종에게 일렀다. '큰길과 울타리 쪽으로 나가 어떻게 해서라도 사람들을 들어오게 하여, 내 집이 가득 차게 하여라'"(23절). 여기서 큰길(호도스 ὁδός)은 한 장소에서 다른 장소로 여행하는 길을 가리키며, 도시 안의 넓은 길(한길, 플라테이아 πλατεῖα)이나 많은 좁은 길(루메 ῥύμη)과는 차이가 있다. '울타리 쪽으로 나가'에서 프라그모스(φραγμός)는 울타리나 성벽을 가리키니, 경계 너머로 나가라는 말씀이다. 주인은 들어올 이의 범위를 넓히며 종을 도시 밖으로 내보낸다. 한길, 골목길이 아니라 큰길로 나가고, 도시 안이 아니라 울타리(성벽) 너머 도시 밖으로, 이스라엘이 아닌 나라들로 나가라(나가다, 엑세르코마이 ἐξέρχομαι)는 것이다.

"어떻게 해서라도 사람들을 들어오게 하여, 내 집이 가득 차게 하여라." 어떻게 해서라도 사람들을 들어오게 하라는 것은 강제로 끌고 오라는 말이 아니다. 그러려면 처음 초청한 손님들에게도 그대로 적용되었을 것이다. 이 말은 밖의 사람들이 낯섦을 극복하고 초대에 응할 수 있도록 친절하고 슬기롭게 잘 알려 들어오게 하라는 것이다. 사람들이 하느님의 집에 들어오도록 알리고 설득하라는 것이다. 그동안 예수님께서 하신 가르침과 행적을 감안하면, 그 방법은 자비와 사랑의 가르침이고 행동이다.

그래서 "내 집이 가득 차게 하여라." 하느님은 당신 나라를 가득 채우고 싶어 하신다. 하느님 나라를 자체로 고고하게 유지하는 것이 아니라, 사람들을 다 들여와 그 나라에서 복을 누릴 수 있게 하신다. 비유는 여기서 끝난다.

24절

예수님께서 식탁의 손님들에게 말씀하신다. "내가 너희에게 말한다. 처음에 초대를 받았던 그 사람들 가운데에서는 아무도 내 잔치 음식을 맛보지 못할 것이다." 여기서 먼저 초대를 받은 이들은, 잔치에 입장하기를 거절한 이들로 예수님을 적극적으로 배척한 사람들인데, 그동안 루카복음의 문맥으로는 먼저 초대를 받아 이미 하느님 나라를 알고 있던 바리사이들과 율법 교사들인 것은 의심의 여지가 없다. 여기서 중요한 점은 이런 경고성 가르침을 통해서라도 그들은 여전히 초대받고 있다는 사실이다.

(6) 제자 됨 14,25-35

이 부분에서는 예수님의 제자가 되기 위한 두 가지 요점이 제시된다. 하나는 가족, 목숨, 소유의 포기이고, 다른 하나는 자기 십자가를 지는 것이다.

25절

"많은 군중이 예수님과 함께 길을 가는데, 예수님께서 그들에게 돌아서서 이르셨다." 잔치 식탁 가르침은 마무리되었고, 이제 예수님은 다시 예루살렘으로 가는 길 위에 계시다. 예루살렘으로 향하는 예수님과 많은 군중이 함께 가고 있다. 적대적인 바리사이나 율법 교사들도 아니고, 특별히 제자라고 할 수도 없는, 아마도 예수님의 가르침에 호의적이거나 예수님의 행적에 흥미나 호기심이 있는 사람들 등 많은 이가 각기 다른 이유로 동행하고 있다. 그들 모두가 진정으로 예수님을 따르기로 결정한 것은 아닐 수 있다. 제자가 된다는 것이 무엇을 의미하는지 특별한 관심을 기울이지 않을 수도 있다. 예수님께서 그들에게 돌아서서 말씀하신다.

26-27절

"누구든지 나에게 오면서 자기 아버지와 어머니, 아내와 자녀, 형제와 자매, 심지어 자기 목숨까지 미워하지 않으면, 내 제자가 될 수 없다. 누구든지 제 십자가를 짊어지고 내 뒤를 따라오지 않는 사람은 내 제자가 될 수 없다." 예수님께서 당신 제자가 되는 요건 두 가지를 말씀하신다. 제자가 되려면 당신께 다가오는 것만으로는 부족하고 함께 걸어가는 것만으로도 부족하다. 군중도 바리사이와 율법 교사들도 다가오고, 함께 걸을 수 있다.

그런데 예수님께 오면서 끊어야 하는 것이 있다고 하신다. "자기 아버지와 어머니, 아내와 자녀, 형제와 자매, 심지어 자기 목숨까지 미워하라"는 것이다. 루카는 '미워한다'는 이 정서적인 반대의 말을 그대로 전하며 그 말이 표현하는 진실의 무게를 유지한다. 예수님을 따르는 제자의 삶에는 그들 삶의 모든 인연과 과거, 모든 관계가 중심에 있을 수 없고 심지어 자신의 목숨도 1순위가 아니다. 이것은 "누구든지 내 뒤를 따라오려면, 자신을 버리고 날마다 제 십자가를 지고 나를 따라야 한다"(9,23)라는 말씀과 맥락을 같이한다. '자신을 버리고'는 26절과, '날마다 제 십자가를 지고 나를 따라야 한다'는 27절과 병행을 이루며 동일한 내용을 전한다.

제자들은 마음이 둘로 나뉘어도 안 되고, 뒤를 돌아보아도 안 되고, 두 주인을 함께 섬길 수 없다. 사실 모든 것을 동시에 사랑할 수 있으리라고 믿는 것은 환상이다. 그래서 여기서 말하는 '미움'은 어떤 감정의 상태가 아니라 행동을 가리키는데 여기서는 '버리는 것'이다. 제자들은 선택을 해야 하고 자신을 버릴 줄 알아야 하며, 무엇보다도 끊어버릴 줄 알아야 한다. 예수님과 그분의 가르침을 혈연보다 우선시해야 하기 때문이다. 하느님이 중심에 있지 않을 때 어떤 사람과의 무조건적인 유대는 다른 관계에 해를 끼칠 수 있다. 이 배경에 있는 엄연한 진실 하나는 "너희의 보물이 있는 곳에 너희의 마음도 있다"(12,34)라는 말씀이다. 이 표현이 공관복음서에 나타난 것은 다음 표와 같다. 어록(Q) 자료의 부정문 형태를 마태오는 조금 완화해서 표현하였고, 루카는 그대로 실은 것으로 본다.

마르 8,34; 마태 16,24; 루카 9,23	누구든지 내 뒤를 따르려면 자신을 버리고 제 십자가를 지고 나를 따라야 한다.
루카 14,27	누구든지 제 십자가를 짊어지고 내 뒤를 따라오지 않는 사람은 내 제자가 될 수 없다.
마태 10,38	제 십자가를 지고 나를 따르지 않는 사람도 나에게 합당하지 않다.

28-32절

두 가지 예가 제시되어 있다. 28절 문장 첫머리에 원인, 이유를 표현하거나 설명을 하기 위한 절을 이끄는 접속사 가르(γὰρ)가 가리키듯이, 이어지는 예들은 앞선 내용을 더 명확히 설명하기 위해 연결되는 내용이다.

28-30절은 누군가 탑을 세우려고 하면, 건축비를 먼저 계산할 것이라고 말한다. 미리 계산하지 않아서 건설 중에 경비가 부족하여 건축을 중단한다면 웃음거리가 되기 때문이다. 이어지는 31-32절은 임금이 전쟁을 하려면 출정 전에 병력과 보급품 등 승산이 있는지 헤아려보고, 만일 승산이 없으면 공격당하기 전에 평화협정을 맺을 것이라는 이야기다. 두 경우가 말하고자 하는 것은 무슨 일을 시작하기 전에, 일의 진행과 완수에 필요한 조건을 반드시 계산해야 한다는 것이다. 즉, 누구든지 예수님을 따르려면 어떻게 해야 하는지 먼저 알아야 한다는 것과 예수님의 제자가 되는 데 필요한 조건은 반드시 채워야 한다는 사실을 명확하게 밝힌다.

33절

"이와 같이 너희 가운데에서 누구든지 자기 소유를 다 버리지 않는 사람은 내 제자가 될 수 없다." 제자로 살기 위해서는 소유한 모든 것을 다 버려야 한다. 루카의 독자는 잘못된 안전 조치인 재물(12,16-34 참조)로부터 자유롭기를 계속 권고 받고 있다. '버린다'로 번역된 아포타쏘(ἀποτάσσω)는 '작별 인사를 한다', '떠난다'를 의미하는데 비유적으로는 '포기한다', '분리한다'는 뜻이다. 참행복 선언과 불행 선언에서부터(6,20.24) 루카복음은 재물의 악의적 힘과 거짓 신뢰를 공개했다. 어리석은 부자의 비유 마지막에서는 하느님 앞에서의 부와 자신을 위한 세상의 부를 대치시켰다. 그리고 세상 걱정에 대한 권고를 마무리하는 부분에서 자신의 재물을 팔아 자선을 베푸는 것(재물을 떠나는 것)과 하느님 나라를 찾는 것을 연결하였다. 지금 이 대목에서도 루카복음이 일관성 있게 말하고 있는 것은, 예수님의 제자가 되는(26.27.33절) 능력은 인간적 측면에서 재물의 힘의 포기, 출신(혈연)의 힘의 포기에 달려 있다. 사실 여기서 우리가 어려움을 겪는 이유는 주석의 측면이 아니라 신학적 · 도덕적 측면에서 구체적인 실행과 관련되어 있다.

34-35절

"소금은 좋은 것이다. 그러나 소금이 제 맛을 잃으면 무엇으로 다시 짜게 하겠느냐?" 루카는 이야기 중인 주제의 결론처럼 34-35절을 배

열했다. 34절은 33절에서 그랬던 것처럼 운(οὖν, 그래서)을 사용하여, 이어지는 내용을 앞 문장에 연결한다. 33절이 이제 더 이상 세상이 아니라 온전히 예수님께 속할 필요성을 강조하였다면, 34-35절은 제자로서 계속 살지 못하게 하는 위험에 대해 말한다. "소금은 좋은 것이다." 제자가 된다는 것은 좋은 일이다. 그런데 제자가 되는 것만으로 충분하지 않고, 제자 됨을 유지하는, 곧 일상에서 제자의 삶을 지속하는 것이 필요하다. 소금이 짠맛을 잃으면 더 이상 소금이 아니다. 제자가 예수님이 말씀하신 제자 됨을 지키지 않으면 제자일 수가 없다. 본인이 제자 됨의 본분을 더 이상 실행하지 않아 제자 됨을 유지하지 않을 경우 그를 제자라고 말할 수 있는 요소는 더 이상 없다.

제자라면서 가족이나 자신의 목숨에 연연하고, 자신의 십자가를 지지 않으며, 재화에 의존하며 그것을 보존하려 애쓰고 매여 있을 때 그 제자가 하느님 나라를 위해, 복음 선포를 위해 무엇을 할 수 있겠는가? 하느님 나라를 위해서도 자기 구원을 위해서도 그가 할 수 있는 사명이란 없다. "땅에도 거름에도 쓸모가 없어 밖에 내던져 버린다."

35ㄴ절에 이 구절의 마지막 명령형 문장이 나온다. "들을 귀 있는 사람은 들어라." 주의 깊게 들어야 함을 촉구하시는 말씀이다. 한번 큰 결정을 내리고 뒤를 돌아보는 것(루카 9,62 참조)과 불평하는 것은 아무런 쓸모가 없다. 만일 주님의 제자가 되기를 원한다면 자기 십자가를 지고 주님을 따르는 것이 필요하다. 즉 자신의 환난, 고통, 심

지어 자신의 몸까지 지고 가는 것이고, 이것이 십자가다. 부모, 자녀, 친척은 하느님 때문에 버려질 것이다.

5) 잃었다 찾는 내용의 비유들 15,1-32

예수님께서 예루살렘 여정 중에 당신을 따라오는 군중들에게 제자 됨에 대하여 가르침을 주셨다. 그런데 세리들과 죄인들이 예수님께 가까이 모여드니, 바리사이들과 율법학자들이 투덜거린다. 이에 예수님께서 그들에게 비유를 들어 말씀하신다. 하느님은 죄인이 회개하고 돌아오는 것을 기뻐하신다고 거듭거듭 말씀하신다. 잃어버린 것이 초미의 관심 대상이 되는 것과 그것을 찾았을 때의 특별한 기쁨을 강조하며 하느님께서 죄인을 기다리고 부르고 계심을 알려준다. 또한 세상살이에 지혜로운 집사처럼 하느님 나라와 관련해서 빛의 자녀들이 지혜롭고 성실하기를 촉구하신다.

(1) 되찾은 양의 비유(15,1-7)

1절

"세리들과 죄인들이 모두 예수님의 말씀을 들으려고 가까이 모여들고 있었다." '세리와 죄인들이'라는 두 단어가 함께 나타나는 곳은 루카 5,30과 7,34이다. 예수님께서 그들과 함께 먹고 마시는 것과 그들과 친구라고 비난받는 맥락에 나타난다. 복음서에서 그들은 불경건하고 부도덕한 자들을 대표하는 사람으로 나타난다. 이곳에는 세리가 복수 형태로 나타나 '세리들과 죄인들'이라고 한다. 1절은 그들이 주어가 되어 "모두 예수님의 말씀을 들으려고 가까이 모여들고 있었다"라고 표현한다. 그 자체로 이 주어에 속하는 사람들은 아무 문제가 없고, 하느님 나라를 선포하는 예수님께 이끌려 가까이 다가오는 믿는 이들이다. 5,29에도 비슷한 문장이 있었다. "레위가 자기 집에서 예수님께 큰 잔치를 베풀었는데, 세리들과 다른 사람들이 큰 무리를 지어 함께 식탁에 앉았다." 레위가 예수님께 잔치를 베풀어드린 주체로 나타나는데 그 자체로는 참 보기 좋고 훌륭한 행실이다.

2절

"그러자 바리사이들과 율법학자들이, '저 사람은 죄인들을 받아들이고 또 그들과 함께 음식을 먹는군' 하고 투덜거렸다." 그런데 그들을 오로지 당대의 사회적 · 종교적 신분과 처지의 관점에서만 바라보는 이들이 있다. 바로 바리사이들과 율법학자들이다. 그들은 예수님께서 세리들과 죄인들을 받아들이고 그들과 함께 음식을 드신다고 투덜거리며 예수님을 비난한다.

루카의 고유 구절인 1-2절은 예수님께서 공생활 동안 하셨던 일을 기억하는데, 여기서는 무엇보다도 루카 복음사가의 신학적 성찰을 반영한다. 역사적 예수님은 죄인들에게 환영을 받으셨는데(5,29-32), 여기서도 마찬가지다. 루카는 마태오(9,11)와 마르코(2,16)에 공통으로 나온 '음식을 함께 드신다'는 지적은 둘째 자리에 놓고, 무엇보다도 그들이 예수님의 말씀을 들으려고 가까이 모여들고, 예수님은 그들을 받아들이고 계시다는 사실을 강조한다. 그리고 이 그룹에 대치되는 다른 그룹이 등장하는데, 그 그룹은 투덜거리고 있다. 그들의 불평을 통해 예수님께서 하시는 일이 명시적으로 정의되었다. "저 사람은 죄인들을 받아들이고 또 그들과 함께 음식을 먹는군."

3절

그러자 "예수님께서 그들에게 이 비유를 말씀하셨다." '그들에게'(프로스 아우투스 πρὸς αὐτοὺς)에서 '그들'이란 아마도 말씀을 들으려고 예수님 가까이 모여든 모든 사람, 곧 세리들과 죄인들, 바리사이들과 율법학자들이다. 여기서 바리사이들과 율법학자들이 다른 이들과 함께 직접 가르침을 받고 그들을 향해 비유가 공개적으로 주어진다. 그래서 세 개의 비유에는 공통으로 그들을 위한 자리가 마련되어 있다. 비유에 나타나는 등장인물은 공통적으로 셋인데, 세리들과 죄인들을 표상하는 '잃어버린 무엇 혹은 그', 예수님을 표상하는 '잃은 것을 찾아다니는 주인 혹은 아버지', 그리고 바리사이와 율법학자들을 표상하는 '함께 기뻐하자고 초대받는 이웃 혹은 큰아들'이다.

4절

잃은 양과 그 양을 찾아다니는 어떤 남자(안트로포스 ἄνθρωπος) 이야기를 하신다. 양 백 마리가 있는데 한 마리를 잃었다. "아흔아홉 마리를 광야에 놓아둔 채 잃은 양을 찾을 때까지 뒤쫓아 가지 않느냐?" 이 비유는 팔레스티나 들판에서 양을 치면서 양 아흔아홉 마리를 위험하게 둔 채 한 마리를 찾아 나선다는 이야기가 아니다. 지금 청중은 그 땅에 속한 사람들이니 예수님의 말씀을 납득하는 정황이었을 것이다. 목자들이 양 떼를 몰고 풀이 있는 들판을 찾아다니며 야영을 하고 양을 쳤으니, 저녁이면 양들을 들판에 임시로 만든 보호소(혹은 간이 보호 장소)에 넣고 지켰을 것이다. 아마도 양들을 들여보내면서 수를 세었기에 한 마리가 빈 것을 알아챘으리라고 추정해볼 수 있다. 아무튼 양 아흔아홉 마리의 안전은 염려하지 말자. 잃은 양이 있다는 것, 그리고 목자는 잃은 양을 찾아 나선다는 것이 요점이다.

팔레스티나에서 양들은 시력이 아주 약하기에 홀로 떨어지면 목자를 찾아오기가 힘들다. 목자가 나서서 찾아 데리고 와야 한다. 시력이 약한 대신 청력은 발달하여 목자가 휘파람 소리나, 평상시 양들에게 들려주던 소리를 내면 양은 그것을 듣고 쏜살같이 뛰어온다. 양들은 자기 목자의 목소리를 알아듣는다(요한 10,3-4). 비유에서 예수님이 던진 이 질문, 곧 "잃은 양을 찾을 때까지 뒤쫓아 가지 않느냐?"에는 청중이 모두 그렇다고 긍정적으로 대답할 수 있는 상황이 전제되어 있다. '찾을 때까지 간다'(포레우에타이 πορεύεται)에는 가다 동사의 현재형과 시간을 나타내는 접속사 '~까지'(헤오스 ἕως)를 이용하여 현실적으로 끈질지게 찾아다니는 것을 묘사하였다.

5-6절

"그러다가 양을 찾으면 기뻐하며 어깨에 메고…." 잃었던 양을 찾았을 때의 정황을 이야기한다. 양을 찾으면 기뻐하며 어깨에 멘다. 우선 찾아내서 기쁘고, 이제 얼른 양 떼가 있는 곳으로 돌아와야 하기도 하고, 양도 헤매느라 지치기도 했을 터이니 어깨에 둘러메고 돌아오는 것이다. 잃었다가 찾은 양에 대한 기쁨과 그 양을 소중하게 대하는 목자의 모습이 그려진다.

그리고 집에 갔을 때, 양을 잃었었는데 찾아서 기쁘다고 말하며 기쁨을 나눈다. '잃었던 내 양'을 찾았다고 강조한다. 이야기를 듣는 이들은 그가 잃은 양을 찾아서 다행이라고, 정말 잘 찾았노라고 공감하며 함께 기뻐할 것이다. 여기서 목자의 기쁨이 주의를 끄는데, 그는 자신의 잃은 양을 찾은 기쁨을 친구들과 이웃들과 공유하고 싶어 한다. 함께 기뻐하는 것이 강조된다.

7절

"내가 너희에게 말한다." 예수님께서 바리사이들과 율법학자들에게 말씀하신다. "이와 같이 하늘에서는, 회개할 필요가 없는 의인 아흔아홉보다 회개하는 죄인 한 사람 때문에 더 기뻐할 것이다." 비유에서 목자가 잃었던 양을 찾아서 기뻐하는 것처럼, 하늘에서도 잃은 것을 찾았을 때 '이와 같이' 기뻐한다고 한다. 하늘에서의 기쁨은, 이 세상이 찾는 기쁨의 이유와 어느 정도 다르다. 하늘은 '죄인'을 잠시 잃은 사람으로 인식한다. 그 잃은 사람을 찾게 되는 것은 그가 회개할 때이다. 그러니까 죄인이 회개하도록 기회를 주며 돕고 이끄는 것은 하늘이 잃은 사람을 찾아 나서는 것과 같다.

예수님은 자신들이 의인임을 자처하며 죄인들을 경멸하는 바리사이들과 율법학자들에게 "회개할 필요가 없는 의인 아흔아홉보다 회개하는 죄인 한 사람 때문에 더 기뻐할 것이다"라고 하신다. '더 기뻐한다'는 말씀이 하늘에서는 의인이 소중하지 않고, 회개한 죄인만 소중하다는 의미는 아니다. 잃었기 때문에 죄인에게 관심을 기울이게 되고, 되찾았기 때문에 기쁘다는 뜻이다. 또한 그들의 우월감이 균형을 이루도록 하는 상대적인 표현이기도 하다. 그리스어 문장에서 7절의 앞부분은 간단하다. 원문 그대로 직역하면 '이와 같이 회개한 죄인 하나 때문에 하늘에 기쁨이 있을 것이다'이다. 그리고 비교를 표시하는 접속사(에 ἤ)로 시작하는 종속절이 첨가된 문장 구조에서도 볼 수 있는 내용이다. 사실 바리사이와 율법학자들을 포함한 우리 모두가 회개할 필요가 있는 사람이라는 점에서 7ㄱ절은 '나 자신'에 대한, '바리사이와 율법학자들'에 대한 선언이기도 한다.

7ㄱ절	이와 같이 기쁨이 하늘에 있을 것이다. 회개한 죄인 하나 때문에
	후토스카라 엔 토 우라노 에스타이 에피 헤니 하마르톨로 메타노운티
	οὕτως χαρὰ ἐν τῷ οὐρανῷ ἔσται ἐπὶ ἑνὶ ἁμαρτωλῷ μετανοοῦντι
7ㄴ절	~ 보다(than) 아흔아홉 의인 회개할 필요가 없는
	에 에피 에네네콘타 엔네아 디카이오스 호이티네스 우 크레이안 에쿠신 메타노이아스
	ἢ ἐπὶ ἐνενήκοντα ἐννέα δικαίοις οἵτινες οὐ χρείαν ἔχουσιν μετανοίας

(2) 되찾은 은전의 비유 15,8-10

이 비유 이야기는 루카에만 있는 이야기로 같은 메시지를 반복하여 전하며 강조하는 역할을 한다. 겨자씨와 누룩의 비유에서 남녀 균형을 맞추었던 것처럼, 여기도 잃어버린 양의 비유에 어떤 남자가 등장하고, 잃어버린 은전의 비유에는 어떤 여자가 등장한다.

8-9절

어떤 부인이 그리스 은전(드라크마) 열 개를 가지고 있었는데 한 개를 잃었다. 그녀가 열 드라크마를 가지고 있었다는 표현은 그것의 크기와 상관없이 그녀가 가진 돈의 전부임을 가리킨다. 현금이 흔하게 유통되던 시절도 아니고, 여인이 경제력을 가져 현금을 쉽사리 소유할 수 있는 상황도 아닌 때의 이야기다. 그녀에게는 한 드라크마도 매우 소중하다. 집 안에서 찾는데, 등불도 켜고 구석구석 집 안을 쓸며 '그것을 찾을 때까지' 샅샅이 뒤진다. 여기서도 끈기 있고 꼼꼼하게 찾고 있음을 보여준다. 그러다가 찾게 되면 주변의 여인네들(친구들 τὰς φίλας도 여성 복수, 이웃들 γείτονας도 여성 복수형)에게 알리며 "나와 함께 기뻐해주십시오. 잃었던 은전을 찾았습니다" 하고 말한다. 예수님께서 하신 질문은 긍정적인 대답을 전제로 한 것이고, 가난한 여인네들의 환경에서 충분히 공감할 수 있는 정황이다.

10절

예수님은 여기서도 내가 '너희에게' 말한다고 하시는데, "저 사람은 죄인들을 받아들이고 또 그들과 함께 음식을 먹는군" 하고 투덜거렸던 바리사이들과 율법학자들을 향한 비유임이 확인된다. 7ㄴ절처럼 여기서도 "이와 같이 회개하는 죄인 한 사람 때문에 하느님의 천사들이 기뻐한다"라고 밝히신다.

10절	있다(된다) 기쁨이 하나님의 천사들 앞에 회개한 죄인 하나 때문에
	기네타이 카라 에노피온 톤 앙겔론 투 테우 에피 에니 하마르톨로 메타노운티
	γίνεται χαρὰ ἐνώπιον τῶν ἀγγέλων τοῦ θεοῦ ἐπὶ ἑνὶ ἁμαρτωλῷ μετανοοῦντι.

여기서는 7절과 달리 비교하는 종속절이 없다. 10절에서 7절의 방점이 앞부분에 있음을 확인할 수 있다. 7절에는 에이미 동사의 미래형이 쓰였는데, 10절에는 '~이다, ~되다'라는 뜻의 기노마이(γίνομαι)가 현재형으로 쓰였다. 죄인이 회개한 사실을 가리키는 메타노운티(μετανοοῦντι)도 현재 분사형이다. 땅에서 이뤄지는 회개와 그것 때문에 하늘에 있게 되는 기쁨이 동시적으로 표현되었다. 죄인이 회개하는 일이 얼마나 소중하고 중요한 일인지가 더욱 드러난다.

알.가.유.소.12 》 화폐단위

1드라크마

2드라크마

10드라크마

루카 15,8-10의 되찾은 은전의 비유에 나오는 은전(silver coin)은 드라크마를 가리킨다. 드라크마(δραχμή)는 고대 그리스 시대부터 사용하던 은화인데, 1드라크마의 무게는 도시 국가마다 차이가 있었는데, 아테네의 1드라크마는 약 4.3그램이었다. 대략 1드라크마=6obols(οβολός), 2드라크마=1스타테르(στατήρ), 70드라크마=1미나, 나중에 100드라크마=1미나(μνά)였다. 6,000드라크마=1탈렌트(τάλαντον)에 해당하였다. 요세푸스에 의하면 헤로데 대왕이 자기 병사 각각에게 지불한 금액을 백오십 드라크마라고 전한다(유다 전쟁사 1권 16장 3 §308). 마르쿠스 안토니우스는 자기 병사들에게 백 드라크마의 선물을 주었는데, 군사들이 그를 인색하다고 여겼다고 한다(아피아노스, 로마사, 내전, 3, 7, 43). 그 시기에는 한 드라크마로 숫양 한 마리를 구매할 수 있었다. 이것이 숙련된 노동자의 하루 임금에 해당했으리라 추정한다(출처: "Greek drachma", Wikipedia The Free Encyclopedia).

(3) 되찾은 아들의 비유 15,11-32

11절

"어떤 사람에게 아들이 둘 있었다." 예수님께서 '죄인이 회개한다'는 동일한 주제의 비유 하나를 또 말씀하신다. 이번 비유에는 어떤 아버지가 두 아들과 함께 등장한다.

12절

두 아들 중 작은아들의 행실이 먼저 이야기된다. 그는 처음에 자기 부친에게 자기 몫의 재산을 달라고 한다. "재산 가운데에서 저에게 돌아올 몫을 주십시오." 아들은 '자신에게 돌아올 몫'이라고 말한다. 일반적으로 유산 분배는 부친 사망 시에 이뤄지는데, 벌써 자기 몫을 주장하는 것은 상당한 불효이다. 그리스어 원문은 더 거칠다. 2인칭 단수 명령형 동사로 '제게 주세요'(도스 모이 δός μοι)라고 표현한다. 그랬더니 아버지는 아들들에게 가산을 나누어주었다. 아들이 둘이니 큰아들, 작은아들에게 미리 재산을 나누어준 것이다.

12절	파테르, 도스 모이 토 에피발론 메로스 테스 우시아스
	πάτερ, δός μοι τὸ ἐπιβάλλον μέρος τῆς οὐσίας.
	아버지, 주세요 저에게 돌아올 몫을 재산에서

13-16절

이 절들에서 작은아들의 행실이 단계적으로 나타나며 점점 더 나빠지는 상황이 전해진다. 먼저 "며칠 뒤에 작은아들은 자기 것을 모두 챙겨서 먼 고장으로 떠났다." 재산을 챙겨서 아버지 곁을 떠나는데, 아주 멀리 간다. 그리고는 거기서 방종한 생활을 한다. 그렇게 하려고 애초에 아버지한테 재산을 달라고 하고, 멀리 떨어진 곳으로 옮긴 것이다. 아버지나 가족이 참견하거나 간섭할 수 없는 곳으로 간 것이다. 그리고 재산을 다 써버리고 빈털터리가 된다. 게다가 그 고장에 심한 기근까지 덮치니, 몹시 곤궁해진 그는 생계유지를 위해 그 고장 주민(폴리테스 πολίτης)을 찾아가서 사정을 한다. 그 주민은 그에게 노동을 시키는데, 자기 소유의 들로 보내어 돼지를 치게 한다. 여기서 돼지를 치는 일이 가리키는 바는 그의 인생이 밑바닥까지 추락했음을 뜻한다. 유다인이 혐오하고 먹지도 않는 돼지를 쳐야 겨우 연명이라도 하니 말이다. 또한 그가 아버지를 떠나 향한 곳이 이방인 지역이라는 것도 암시한다. 아직 임금을 받기 전이어서 그런지 당장 끼니를 때울 방도조차 없었다는 점에서 그가 겪는 곤궁의 극치가 드러난다. "그는 돼지들이 먹는 열매 꼬투리로라도 배를 채우기를 간절히 바랐지만, 아무도 주지 않았다." 돼지 밥조차도 얻을 수가 없었다니, 완전히 빈털터리인 상태에서의 굶주림도 그렇지만, 그 누구도 그에게 관심을 기울이는 이 없이 인심도 다 잃은 최악의 모양새다.

17-19절

그제야 그는 '제정신이 들었다'(에이스 헤아우톤 데 엘톤 εἰς ἑαυτὸν δὲ ἐλθὼν)고 성경은 전한다. 그리스어 그대로는 '자기 자신에게로 돌아간' 그라는 것이다. '자신에게로 돌아간다'는 것은 종교적 · 철학적 의미를 지닌다. 그리스적 유다교와 초기 그리스도교에서 이 단계의 결정적인 목표지는 '하느님께로 돌아감'이다. 그는 제정신이 들어 스스로에게 말한다. 그러니까 일단 자신에게 돌아가 자기 자신과의 대화가 시작된 것이다.

"내 아버지의 그 많은 품팔이꾼들은 먹을 것이 남아도는데, 나는 여기에서 굶어 죽는구나"(17절). 그가 제일 먼저 자각한 것은 아버지의 집이고, 이어서 아버지의 품팔이꾼과 이곳에 있는 자신의 상태를 비교한 것이다. 아버지의 집에서는 품팔이들에게도 식량이 충분하건만, 자신은 이곳에서 굶어 죽게 생겼다는 것을 인식한다. '망가지다, 파괴되다, 죽다'는 뜻의 아폴뤼미(ἀπόλλυμι)의 직설법 현재형 동사를 사용하여 그가 자신의 현재 상태를 명확히 인식하고 있음을 드러낸다.

이제 작은아들이 '아버지의 집'이라는 되돌아갈 방향이자 새로운 방향의 실마리를 인식하게 되니, 그에게서 내적 여정이 진행된다. 그는 일어나서 아버지께 가야겠다고 자신에게 말한다. "일어나 아버지께 가서 이렇게 말씀드려야지"(아나스타스 포레우소마이 프로스 톤 파테라 무 ἀναστὰς πορεύσομαι πρὸς τὸν πατέρα μου: 18ㄱ절). 그는 아버지를 '나의 아버지'라고 지칭하여 관계 회복의 실마리를 발견하고, '일어난다'는 단어를 사용한다. 아나스타스(ἀναστὰς)는 '일어나다'라는 뜻의 아니스테미(ἀνίστημι)의 원과거 분사로, 일어나서 내 아버지께 가겠다는 의지를 드러냄과 동시에 죽음으로부터 일어남도 암시한다. 아나스타스는 그가 죽게 되었다는 아폴뤼미 동사와 짝을 이루며 더 충만한 의미를 드러낸다. 나중에 그의 아버지는 나의 이 아들이 '죽었다가 다시 살아났다'고 말할 것이다(15,24.32 참조).

다음 단계로 그는 아버지께 드릴 말을 생각한다. "아버지, 제가 하늘과 아버지께 죄를 지었습니다." 그는 이제 자신이 죄인임을 안다. 그리고 아버지께 돌아가 죄를 고백하겠다고 마음먹는다. '하늘과 아버지께' 양쪽에 죄를 지었다는 표현은 구별되는 두 가지 행동을 가리키는 것이 아니라, 한 사람이 하나의 행동으로 사람도 해치고 하느님도 거스르는 것을 뜻하는 성경 관용구다. 계명이나 규정을 특별히 명기하지는 않았지만 그의 행실은 하느님의 계명을 저버렸고 아버지에게도 큰 불효가 되는 행위였다. 그의 말은 자기 성찰로 말미암은 자기 인식에서 나왔다. "저는 아버지의 아들이라고 불릴 자격이 없습니다. 저를 아버지의 품팔이꾼 가운데 하나로 삼아주십시오"(19절). 그는 자신이 법적으로 부친에게 요구할 권리가 하나도 없음을 알고 인정한다. 그리고 그 집에서 품팔이꾼의 하나로 머물게 되기를 청한다. 품팔이꾼(미스티오이 μίσθιοι)은 일일 노동자나 고용 노동자를 가리킨다. 이렇게까지 제정신으로 바르게 생각한 후에 그는 일어나 아버지에게로 나아가기 시작한다.

20-21절

“그리하여 그는 일어나 아버지에게로 갔다”(카이 아나스타스 엘텐 프로스 톤 파테라 헤아우투 καὶ ἀναστὰς ἦλθεν πρὸς τὸν πατέρα ἑαυτοῦ)(20ㄱ절). 그의 실제 행동이 시작되었다. ‘그가 일어나 그의 아버지에게로 왔다.’ 아주 단순하지만 무척 의미 깊은 문장이다. 사실상 그는 “왔다”(엘텐). 이제 방향이 완전히 바뀌었다. 그는 이제 아버지 편에서 보인다. 먼 곳에 있으며 생각할 때는 ‘아버지께 가야겠다. 길을 떠나야겠다’(πορεύσομαι, ‘가다’ 동사의 미래형)였는데, 어느덧 ‘왔다’(ἦλθεν, ‘오다’ 동사의 원과거)가 되었다. 이제 그는 아버지 고장, 아버지 집에서 보일 것이고, 아버지 쪽에서 그를 볼 수 있다.

“그가 아직도 멀리 떨어져 있을 때에 아버지가 그를 보고 가엾은 마음이 들었다”(20ㄴ절). 아버지 집에 채 도착하지도 않았지만 이미 멀리서 아버지가 그를 본다. 돌아오는 아들의 모습을 보고 아버지의 마음이 움직여 가엾은 마음(에스플랑크니스테 ἐσπλαγχνίσθη)이 들었다. ‘연민을 느끼다. 동정심을 갖다’라는 뜻의 동사(스플랑크니조마이)가 원과거 수동형으로 나타나 아버지 마음이 움직여진 것을 드러낸다. 그러니 “달려가 아들의 목을 껴안고 입을 맞추었다”(20ㄷ절). 아버지가 달려 나가 아들을 맞아들인다. 아들은 자신을 맞아들이는 아버지에게 뉘우친 대로 말씀드린다. “아버지, 제가 하늘과 아버지께 죄를 지었습니다. 저는 아버지의 아들이라고 불릴 자격이 없습니다"(21절).

22-24절

"그러나 아버지는 종들에게 일렀다. '어서 가장 좋은 옷을 가져다 입히고 손에 반지를 끼우고 발에 신발을 신겨주어라'"(22절). 12절에서 아들들에게 재산을 분배해주었지만 여전히 아버지의 재화가 남아 있다는 것을 전제로 하고 내용을 본다. 아버지는 자신에게 아버지의 아들 자격이 없다는 작은아들의 고백을 거절한다. 그리고는 서둘러서 아들을 복귀시키는 지시를 내린다.

제일 첫 지시가 스톨렌 텐 프로텐(στολὴν τὴν πρώτην)을 가져다가 입히라는 것이다. 스톨레(στολή)는 긴 옷(긴 겉옷: 마르 12,38; 묵시 6,11; 7,9; 22,14)인데, 여기서 긴 옷(스톨렌)을 수식하는 목적격으로 쓰인 프로토스(πρῶτος)가 무슨 뜻인지 살펴보아야 한다. 프로토스를 글자 그대로 시간상 '먼저'라고 이해할 경우, 버리지 않고 보관해두었던 '아들'의 옷을 가져다 입히라는 것이다. 반면에 이 단어를 품질 면에서 첫자리 곧 최상품이라는 의미로도 볼 수 있는데, 그렇다면 영예로운 손님을 위해 비축해둔 제일 좋은 옷을 가져다 입히라는 뜻이다. 이 두 가지를 두고 학자들의 의견이 분분하다. 우리말 《성경》을 포함하여 많은 현대 번역본이 후자를 선택하였는데, 일부 학자들은 전자가 더 합당하다고 본다.

이어지는 지시는 손에 반지를 끼우고 신발을 신기라는 것인데, 이

해석이 앞의 것을 해석하는 데 연관성이 있을 수 있다. 반지는 손님에게 선물로 제공되는 것이라기보다 권력이나 소속의 상징이다. 아버지는 아들을 다시 가족의 일원으로 들이는 데 열심이다. 이 화합은 큰 잔치로 경축된다. 아들을 준비시키며 아버지는 식솔들에게 잔치 준비를 하라고 말한다. "그리고 살진 송아지를 끌어다가 잡아라. 먹고 즐기자."

결정적인 것은 이어지는 아버지의 선언이다. "나의 이 아들은 죽었다가 다시 살아났고 내가 잃었다가 도로 찾았다"(24절). 이것이 아버지가 아들을 환대하며 새로이 가족의 일원으로 맞아들이며 잔치까지 벌이는 이유다. '나의 이 아들'은 내가 잃었던 아들이고, 죽었던 아들인데 지금 이렇게 뉘우치고 돌아왔으니, 다시 찾은 아들이고, 살아난 아들이라고 한다. '잃었다가'에 공통으로 쓰인 아폴뤼미(ἀπόλλυμι) 동사의 완료형 분사에서 아버지가 그를 완전히 잃었다고 여겼음을 알 수 있다. 그런데 그가 돌아왔다. '다시 살아났고'에 쓰인 아네제센(ἀνέζησεν)은 '삶으로 다시 오다'라는 아나자오(ἀναζάω) 동사의 원과거 능동태이다. '도로 찾았다'에 쓰인 그리스어는 헤우레테(εὑρέθη)로 '찾다, 발견하다' 동사(헤우리스코 εὑρίσκω)의 원과거 수동태이다(반면에 6절과 9절에서는 헤우리스코 동사의 직설법 원과거 능동태인 헤우론 εὗρον을 사용하였다). 이 두 동사의 형태를 보면 작은아들이 자발적으로 돌아온 모습이 강조되어 있는데 이것이 요점이다. 잃어버린 양과 잃어버린 은전은 스스로 돌아올 수 없지만 사람은 자기 스스로 돌아와야 한다. 세 번째 비유가 앞선 두 비유와 다른 점은 아버지가 아들을 찾아 나서지 않는다는 것이다. 왜냐하면 아들 스스로 아버지를 떠났기 때문이다. 아버지는 그렇게 가버린 아들을 뒤쫓지 않는다. 그런다고 찾아지지 않기 때문이다. 그랬던 아들이 돌아오니 아버지가 그를 찾아낸 것이 아니라 찾아진 것이다. 수동태가 드러내는 진실이다.

이것은 32절에서 아버지가 큰아들에게 말할 때도 똑같이 사용되어 강조될 것이다. 단지 24절의 '나의 이 아들'이 32절에서는 '너의 저 아우'로 나오고, 다시 살아났다는 것을 표현할 때 24절에는 '삶으로 다시 오다'라는 뜻의 아나자오 동사를, 32절에는 '살다'라는 뜻의 자오(ζάω) 동사를 사용했다는 것이 다르다. 그러나 두 동사 다 직설법 원과거 능동태인 것은 같고, '찾다'라는 뜻의 헤우리스코 동사는 직설법 원과거 수동태 헤우레테가 두 곳에 다 사용되어 작은아들이 스스로 돌아온 것이 강조되었다.

<table>
<tr><td rowspan="3">24절</td><td>호티 후토스 호 휘오스 무 네크로스 엔 카이 아네제센,
엔 아폴로로스 카이 헤우레테</td></tr>
<tr><td>ὅτι οὗτος ὁ υἱός μου νεκρὸς ἦν καὶ ἀνέζησεν,
ἦν ἀπολωλὼς καὶ εὑρέθη.</td></tr>
<tr><td>나의 이 아들은 죽었다가 다시 살아났고
내가 잃었다가 도로 찾았다.</td></tr>
</table>

32절	호티 호 아델포스 수 후토스 네크로스 엔 카이 에제센, 카이 아폴로로스 카이 헤우레테
	ὅτι ὁ ἀδελφός σου οὗτος νεκρὸς ἦν καὶ ἔζησεν, καὶ ἀπολωλὼς καὶ εὑρέθη.
	너의 저 아우는 죽었다가 다시 살아났고 내가 잃었다가 되찾았다.

죄를 지었음을 알고 뉘우치며 아버지에게로 돌아온 것이 회개다. 그래서 이 비유에서는 앞의 비유 7절과 10절에서 회개하는 죄인 한 사람 때문에, 하늘이 기뻐하고 하느님의 천사들이 기뻐한다는 말이 없다. 대신 작은아들을 도로 찾았으니 지금 여기서 함께 먹고 즐기자며 잔치를 벌인다.

여기까지는 앞의 비유와 맥락을 같이한다. 이제 다른 상황이 다시 전개된다. 11절 비유 첫 시작에 "어떤 사람에게 아들이 둘 있었다"라고 하였다. 이제까지 한 아들의 이야기를 하였고, 아직 다른 아들의 이야기가 남아 있다.

25-27절

"그때에 큰아들은 들에 나가 있었다. 그가 집에 가까이 이르러 노래하며 춤추는 소리를 들었다." 큰아들은 집 근처에 와서 집 안에서 나는 흥겨운 잔치 소리를 듣는다. 그런데 큰아들은 얼른 집으로 들어가 알아보지 않고, 하인 하나를 불러내어 무슨 일인지를 알아본다.

하인이 그에게 전하는 말은 간략하다. "아우님이 오셨습니다. 아우님이 몸성히 돌아오셨다고 하여 아버님이 살진 송아지를 잡으셨습니다"(27절). '왔다, 있다' 동사(헤코 ἥκω)의 직설법 현재 헤케이(ἥκει)를 사용하여 '당신의 형제가 왔다'는 사실 하나를 알리고, 두 번째 절은 '건강 상태가 좋은 그를'(휘기아이논타 아우톤 ὑγιαίνοντα αὐτὸν) '맞아들이게 되었다고'(아펠라벤 ἀπέλαβεν), '당신의 아버지가 살진 송아지를 잡았다'는 사실을 알려준다. 아버지가 살진 송아지를 잡은 이유는 너의 형제가 건강하게 돌아왔기 때문이라는 것이다. 이것이 하인이 알고 있는 사실로 그는 아마도 아버지와 아들 사이의 일을 다 알지 못할 것이다. 그리고 집 나갔던 아들이 건강하게 돌아왔으니, 아버지가 송아지를 잡을 만큼 기쁠 것이라고 여겼을지도 모른다.

28절

그러나 큰아들의 경우는 다르다. "큰아들은 화가 나서 들어가려고도 하지 않았다." 그는 아버지의 작은아들이 어떻게 집을 떠났고, 떠나간 뒤 소식 한 번 없이 방탕하게 살면서 재산을 탕진한 것을 알고 있다. 큰아들 생각에 그런 짓을 한 작은아들은 그렇게 쉽게 집에 들일 수 없다. 더구나 건강하게 돌아왔다고 노래와 춤을 곁들인 잔치라니 너무도 화가 나서 집에 들어가기가 싫다. '안 들어갔다'가 아니라 '들어가기를 원치 않았다'(욱 에텔렌 에이셀테인 οὐκ ἤθελεν εἰσελθεῖν)라고 하여 '원하다, 바라다'라는 뜻의 조동사인 텔로(θέλω)의 미완료 시제와 함께 '들어가다' 동사를 써서 집에 들어가려고 하지 않는 상태가 지속되고 있음을 표현했다. 큰아들은 아버지의 처사에 화를 내며 집에 안 들어가는 것으로 밖에서 항의를 하고 있는 셈이다. 잔치 음식 냄새와 풍악 소리로 가득한 집에 발을 들이지 않는다.

"그래서 아버지가 나와 그를 타이르자"(28ㄴ절). 여기서 '타이른다'로 옮겨진 파레칼레이(παρεκάλει)는 '말하는 이가 있는 곳에 와서 합류하도록 청하다'라는 뜻의 파라칼레오(παρακαλέω) 동사의 미완료 시제이다. 이로써 그의 아버지가 반복해서 큰아들이 잔치에 참여하도록 계속 타일렀다는 것을 표현한다. 또 하나 유의할 점은 앞의 두 비유에서는 찾아 나서는 주인의 능동적인 행동이 강조되었는데, 작은아들의 경우에는 아버지가 집에서 능동적으로 받아들이는 것이 묘사되었다. 그런데 여기 아버지한테 골을 내면서 집에 들어오고 싶어 하지도 않는 큰아들의 경우, 그를 위해 아버지가 밖으로 나와 기뻐하는 아버지한테 돌아오도록 큰아들을 달래고 있다. 이것 역시 또 하나의 찾아 나서는 행위일 수 있다. 아버지는 찾아 나와서 그를 계속 달래고 있다. 아마도 집에 데리고 들어갈 때까지 그렇지 않겠는가?

이 모습은 잃어버린 양을 찾을 때까지 뒤쫓는 것과 같고, 잃어버린 은전을 발견할 때까지 샅샅이 뒤지는 것과 같다. 사실 작은아들은 제정신을 차리고 뉘우치고 스스로 아버지 집으로 돌아왔다. 지금 비유 이야기들의 흐름 안에서 사실상 주인공인 잃어버린 아들은 큰아들이다. 작은아들인 세리들과 죄인들은 죄인임을 알고 뉘우치며 이미 "모두 예수님의 말씀을 들으려고 가까이 모여들고 있었다." 바리사이들과 율법 교사들은 죄인들을 받아들인 예수님께 투덜대며 화를 내고 합류하기를 거부하고 있지 않는가? 그들의 항변이 큰아들의 목소리로 들려온다.

29-30절

"보십시오, 저는 여러 해 동안 종처럼 아버지를 섬기며 아버지의 명을 한 번도 어기지 않았습니다. 이러한 저에게 아버지는 친구들과 즐기라고 염소 한 마리 주신 적이 없습니다." 큰아들은 '종으로서 섬기다'라는 뜻의 둘레오(δουλεύω) 동사를 현재 시제로 사용하여 오랫동안 그리고 지금도 종처럼 일하며 당신을 섬긴다고 이야기한다. 게다가 "(동생은 당신을 엄청 크게 거스르고 집을 나갔었지만, 저는) 당신의 명을 결코(οὐδέποτε=never) 어긴 적이 없는데, '저에게는'(에모이 ἐμοὶ) 결코(우데포테 οὐδέποτε=never), 친구들과 즐기라고(29ㄴ절) 염소 한 마리(살진 송아지는 고사하고) 주신 적이 없습니다. 이 얼마나 야박한 처사입니까! 그런데 당신의 재산을 창녀들과 함께 들어먹은 '당신의 이 아들'(호테 데 호 휘오스 수 후토스 ὅτε δὲ ὁ υἱός σου οὗτος)이 오니까, 그에게는 살진 송아지를 잡아주십니다. 이것은 너무 부당한 거 아닙니까!" 하는 생각에 큰아들은 화가 잔뜩 나 있고 아버지를 도저히 이해할 수가 없다, 아니 이해하려 하지 않는다. 큰아들의 주된 관심은 아버지의 처사, 작은아들에 대한 처사이다. 작은아들은 그에게 상대가 되지 않는다. 그는 동생을 상대하지 않는다. 바리사이들과 율법학자들은 예수님께서 죄인들에게 잘해주시는 것이 못마땅하다. 그들은 죄인들을 상대하지 않는다. 그들은 지금 예수님께 화가 나 있다.

31-32절

"그러자 아버지가 그에게 일렀다. '얘야, 너는 늘 나와 함께 있고 내 것이 다 네 것이다'"(31절). 아버지는 큰아들이 29절에서 야속하다고 말한 부분에 대해 먼저 대답해주신다. 우데포테를 두 번이나 반복 사용하며 자신의 충실함과 억울함을 호소한 큰아들의 마음을 헤아려준다. 아주 다정하게 '아이야'(테크논 τέκνον) 하고 부르고는, '너는'(수 σὺ) '늘'(판토테 πάντοτε) '나와 함께'(메테무 μετ' ἐμοῦ) 있으니(에이 εἶ 직설법 현재), '나의 모든 것이'(판타 타 에마 πάντα τὰ ἐμὰ) '너의 것이다'(사 에스틴 σά ἐστιν)라고 말해준다. 우데포테(결코, 한 번도)를 상쇄하고도 남는 어감으로 판토테 판타(모든 순간, 모두)를 강조하며, '염소 한 마리 살진 송아지 한 마리가 대수냐, 나의 모든 것이 너의 것이다'라고 선언해주신다. '송아지 한 마리 잡은 잔치 한 번의 가치와는 비교도 안 되게 큰 가치를 지닌 것이 다 네 것'이라고 일깨워준다. '너는 늘 나와 함께 있는 것이다. 저 아이는 이제 겨우 함께 있기 시작한 것이니 결코 비교되지 않는다.' 큰아들은 순종을 강조하였는데, 여기서 아버지는 늘 아버지 집에 충실하게 머무른 큰아들의 삶의 가치를 인정하며 일깨워준다. 예수님은 율법을 실행하며 살려고 애쓴 이들의 삶의 가치를 결코 평가 절하하지 않으신다. 이 비유에서 아버지는 분명히 그것을 견고하고 가치 있는 것으로 평가해주고 그에 대한 보상을 확고하게 자리매김해준다.

이어서 큰아들에게 함께하기를 권유하는 초대의 말이 이어진다. 작은아들, 아니 그의 아우를 위해 잔치를 연 이유를 들려준다. "너의 저 아우는 죽었다가 다시 살아났고 내가 잃었다가 되찾았다. 그러니 즐기고 기뻐해야 한다"(32절). 그리스어 본문에서는 즐기고 기뻐해야 한다는 문장이 앞에 나온다. '즐거워하고 기뻐해야 해, 왜냐하면….' 이런 식으로 구성된 문장이다. '즐거워하다'라는 뜻의 에우프라이노(εὐφραίνω) 동사와 '기뻐하다'는 뜻의 카이로(χαίρω) 동사가 모두 원과거 수동태 부정형으로 조동사 데이(δεῖ)와 함께 나타나, 필연성을 표시하는 동시에 지금의 잔치가 한시적인 일임을 드러낸다. 그리고 잔치의 이유를 명확히 들려주는데, 작은아들 곧 그의 동생의 처지를 명확히 인식하게 하는 것이다. 너의 동생이 그냥 돌아왔기 때문이 아니라 자기가 한 일이 잘못된 일, 곧 하늘과 아버지에게 죄를 지은 일임을 알고 있고, 그것을 뉘우치며 아들이라고 불릴 자격이 없다고 말할 정도로 자신이 이 집에 아무런 지분이 없음을 인식하며 돌아왔다. 그러니 너의 저 동생은 죽었다가 살아난 것이고, 잃었다가 다시 찾아진 것과 같다고 설명해준다.

사실 이 비유 이야기는 바리사이들과 율법학자들에게 예수님께서 무척 친절하고 자상하게 그들의 충실을 인정해주며 들려주신 말씀이다. 잃어버린 양이나 은전도 찾을 때까지 애를 쓰는데, 하물며 그보다 훨씬 더 소중한 아들이야 찾는 게 오죽하겠느냐는 것이고, 그래서 돌아오면 너무도 즐겁고 기쁜 일이라고 가르쳐주신다. 그리고 너희가 늘 아버지의 뜻 안에, 충실하게 순종하며 머무른다면 아버지의 것을 다 누릴 수 있다고 단언하신다. 또한 잃었던 작은아들을 도로 찾은 아버지의 기쁨까지도 충분히 함께 누릴 수 있는 것이다. 일하면서도 아버지와 함께 있었듯이 아버지의 기쁨에도 함께하는 것이 늘 함께 있는 것이 아니겠는가? 예수님의 자비로운 구원 활동에 불만을 품는 그들은 예수님의 가르침을 듣고 함께 기뻐하러 아버지의 집으로 들어가야 한다. 곧 회개해야 한다. 예수님은 잃어버린 그들을 찾고 싶어 하신다. 루카복음서에서 독자는 예수님께서 기회가 될 때마다 바리사이들과 율법학자들에게 가르침을 전하시며 그들이 회개하도록 공을 들이시는 모습을 자주 보게 된다.

6) 재물 사용 16,1-31

(1) 재물의 사용 16,1-13

바리사이들과 율법학자들을 향한 가르침이었던 15장의 비유들에서 재물에 관한 이야기가 소재로 나타났었다. 이제 16장에서 소유한 재물을 다루는 적절한 태도를 가르치시는데, 제자들에게도 말씀하신다. 예루살렘을 향한 여정 중에 펼쳐지는 이 이야기 역시 루카 복음사가의 고유한 편집 부분인데 비유 두 개를 중심으로 한 가르침이다.

① 약은 집사의 비유(16,1-8)

1절

“어떤 부자가 집사를 두었는데, 이 집사가 자기의 재산을 낭비한다는 말을 듣고….” 비유가 시작되는데 집사를 둔 사람의 이야기가 아니라, 어느 주인 밑에서 집사로 일하는 사람의 이야기다. 시작은 주인이 그의 비리를 알게 되는 장면이다. 주인은 그 집사가 자기의 재산을 낭비한다는 정보를 얻는다.

2절

그는 집사를 불러 말한다. “자네 소문이 들리는데 무슨 소린가? 집사 일을 청산하게." 먼저 주인은 집사에게 재산을 낭비한다는 소문을 들었음을 알리며 이것이 무슨 소리냐고 질문한다(2ㄱ절). 그리고 바로 말한다. "집사 일을 청산하게"(아포도스 톤 로곤 테스 오이코노미아스 수 ἀπόδος τὸν λόγον τῆς οἰκονομίας σου: 2ㄴ절). 여기서 아포도스(ἀπόδος)는 아포디도미(ἀποδίδωμι)의 원과거 명령형인데 '계약 또는 기타 의무를 충족시키다'라는 뜻이 있다. 하지만 바로 이어서 톤 로곤(τὸν λόγον)을 동반하여 의미는 '계좌를 제출하다', 그러니까 결산 보고를 하라는 뜻이다. '집사 일의 회계 보고를 하라'고 하고는 이어서 해고 통보까지 한다. "자네는 더 이상 집사 노릇을 할 수 없네"(2ㄷ절). 그러니까 회계 보고서를 보고 비리를 저질렀는지 밝히겠다는 말이 아니고 해고할 테니 그간의 일을 마무리하고 결산서를 제출하라는 말이다. 비리가 발견되면 감옥에 갈 수도 있는 상황이다.

3-4절

집사가 부당하다고 생각하지 않으니 소문은 진실인가 보다. 본문은 집사가 주인의 재산을 어떻게 낭비했는지 밝히지 않으며, 해고 통보를 들어도 집사는 변호하거나 항의하지도 않는다. 이런 일은 이 비유를 통해 말하고자 하는 메시지에 중요한 요소가 아닌 듯하다. 이야기는 이 일에 대처한 집사의 행동에 초점을 모은다. "그러자 집사는 속으로 말하였다. '주인이 내게서 집사 자리를 빼앗으려고 하니 어떻게 하지? 땅을 파자니 힘에 부치고 빌어먹자니 창피한 노릇이다'"(3절).

이제 집사를 못하게 되었음을 인정하고 그다음 일을 도모한다. 자신은 노동을 하기에는 근력이 부족하고, 빌어먹자니 창피한 노릇이라고 생각한다.

그래서 궁리 끝에 속으로 이렇게 말한다. '옳지, 이렇게 하자. 내가 집사 자리에서 밀려나면 사람들이 나를 저희 집으로 맞아들이게 해야지'(4절). '옳지 이렇게 하자'(엑논 티 포이에소 ἔγνων τί ποιήσω)는 원문을 직역하면 '무엇을 할 것인지 알았다'이다. 그가 알게 된 것, 찾아낸 방법은 '집사 자리에서 물러났을 때, 사람들이 나를 집으로 맞아들이도록 하는 일'이다. 직장을 잃었을 때, 누군가가 자기를 받아들여 부양하게 하겠다는 방법을 생각해낸다. 이 방법은 사실 도덕적으로 문제가 있다. 하지만 비유는 이것에도 관심을 기울이지 않고 다만 그가 자신에게 유리한 것을 찾아내 실행하는 것에 초점을 맞춘다.

5-7절

그는 주인에게 빚진 사람들을 하나씩 불러 얼마를 빚졌는지를 묻고는 일부를 탕감해주고 문서를 작성하게 한다. 기름 백 항아리에서 항아리로 번역된 '바토스'(βάτος)는 액체 단위인데, 페르시아 임금 아르타크세르크세스가 유프라테스 서부 지방의 모든 재무관에게 에즈라 사제가 요청하는 것은 무엇이든지 어김없이 해주라고 명령할 때 나온 단위를 통해 그 값어치를 생각해볼 수 있다. "은은 백 탈렌트까지, 밀은 백 코르까지, 포도주는 백 밧까지, 기름도 백 밧까지, 소금은 제한 없이 주어라"(에즈 7,22). 히브리어로 포도주와 기름에 쓰인 단위 백 밧(בַּת)이 그리스어로 백 바토스이다. 기름 백 밧은 대규모의 올리브나무 단지에서 1년간 거두는 소출에 해당한다. 대략 기름 약 사백오십 리터로, 노동자의 오백 내지 육백 일의 임금에 해당되는 값어치다. 그런가 하면 밀 백 섬에서 '섬'에 쓰인 히브리어 단위 코르(כֹּר)는 에즈라기에 '백 코르'라고 나와 있는데, 칠십인역에서 그것을 코로스(κόρος)라고 번역하였고, 여기 루카복음에도 코로스로 쓰였다. '백 코로스'는 거의 809,371㎡(8,814,053평)에 해당하는 토지를 빌려주고 소출의 절반을 소작료로 받은 것에 해당한다. 여기서 집사가 다루고 있는 것은 대규모의 사업 거래임을 알 수 있다.

5-6절	내 주인에게 얼마를 빚졌소?	기름 백 항아리요.	당신의 빚 문서를 받으시오. 그리고 얼른 앉아 쉰이라고 적으시오.
7절	당신은 얼마를 빚졌소?	밀 백 섬이오.	당신의 빚 문서를 받아 여든이라고 적으시오.

이 집사는 주인의 신뢰를 받고 재산을 관리하며 적절한 권리를 행사하는 대리인이었기에, 거래인과 토지를 소작농에게 대여하거나, 수확물을 담보로 대출한다거나, 빚 관리, 거래 장부 기록 등의 상거래 시 주인의 이름으로 행동할 수 있었다. "당신의 빚 문서를 받으시오. 그리고 얼른 앉아 쉰이라고 적으시오" 하는 이유는 채무자가 직접 작

성한 문서라야 법적 효력이 있기 때문이다. 이 권한을 이용하여 자신을 위한 일을 도모하는데, 채권자로서 관대하게 채무를 일부 탕감해주는 역할을 한다. 이자를 받아 수수료를 챙기지 않고, 자신의 몫으로 돌아올 것을 활용하여 혜택을 주었다는 측면이 있을 수 있으나, 원금을 삭감해주며 자신의 미래 이득을 챙겼으니 그는 주인의 재산에 손해를 끼치고, 주인의 재산을 악용한 것이다.

혜택을 보는 이는 채무자들이다. 집사는 이들이 멀지 않은 날 자신이 집사 직분에서 해고되었을 때 관대하게 대접하리라는 계산을 한 것이다. 그가 주인의 재산으로 불의하게 자신을 위한 대비책을 세우고, 상대가 그 대가를 치를 것이라는 계산을 하며 그것을 실행하는 것을 보면, 평상시에도 그렇게 불의하게 재산 관리를 했을 것이라고 쉽게 추정할 수 있다.

8절

"주인은 그 불의한 집사를 칭찬하였다. 그가 영리하게 대처하였기 때문이다." 비유는 '불의한 집사'라는 표현을 통해, 그 집사가 불의한 행동을 했다는 것을 주인이 알았다는 것, 무엇보다도 그 일이 불의하다는 것을 명확히 밝힌다. 그 주인이 그 일에서 드러난 집사의 수완을 칭찬했다는 것이 그 불의를 알고도 묵인했다는 말은 아니다. 주인이 그 일 처리에 대해 어떤 처결을 내릴 것인지는 또 다른 사안이다. 다만 여기의 관건은 주인이 집사의 불의함을 칭찬한 것이 아니라, 집사가 자기 미래의 안전을 도모하기 위해 영리하게 행동했다고 인정한 것이다.

"사실 이 세상의 자녀들이 저희끼리 거래하는 데에는 빛의 자녀들보다 영리하다." 집사는 자신의 상황을 파악하고 영악하게 스스로 살길을 찾아 행동하였다. 여기서 관건은 위기 가운데서도 찾을 수 있는 기회를 알아차리고 포착하여 자신을 돌보는 데 쓸 만큼 영리했다는 점이다. 비유의 핵심은 자기 미래를 대비하는 영리함에 있다. 빛의 자녀들, 예수님의 제자들이 어려움에 처할 때 참된 자기 구원을 찾아 나설 만큼 영리해지라는 말씀이다. 여기서 예수님은 한정된 상황에서 세상의 자녀들을 빛의 자녀들의 본보기로 제시하신 것이다.

② 재물 사용(16,9-13)

9절

"내가 너희에게 말한다. 불의한 재물로 친구들을 만들어라." 이 절은 앞의 비유와 연결되며 재물 사용에 대한 이야기로 넘어간다. "그래서 재물이 없어질 때에 그들이 너희를 영원한 거처로 맞아들이게 하여라." 불의한 재물이라고 불리는 소유 재산을 지혜롭게 활용하여, 가난한 이들을 도우라는 말씀이다. '그래서 재물이 없어질 때에'를 나타내는 그리스어 문장은 목적을 나타내는 히나(ἵνα) 접속사 문장인데, 여기에 적합한 가정법 동사 두 개가 사용되었다. '끝나다, 죽다'의 의미를 가진 엑레이포(ἐκλείπω)와 '받아들이다'라는 뜻의 데코마이(δέχομαι)다. 그러니 첫 구절의 의미는 단순하다. '끝났을 때, 너희를 맞아들이도록'이다. 그런데 여기서 유의해서 볼 것은 '무엇이 끝나는가'이다. 목적어가 드러나지 않는다. 앞 절을 감안할 때는 '무언가가 끝나는 것'이 재물이 떨어졌을 때라고 생각할 수도 있으나, 뒷 절에서 '맞아들이다'라는 동사에 동반된 '영원한 거처로'를 감안하여 볼 때는 재물이 그와는 완전히 상관없게 되는 '죽었을 때'를 재물이 끝났을 때로 여길 수도 있다. '엑레이포'가 죽는다는 의미를 지니는 것은 사전에서도 확인된다(GLNT 3 "ἐκλείπω", p. 306). 사람은 죽을 때 아무것도 가지고 갈 수 없다. 사람이 죽을 때에 재물은 그에게서 영원히 끝난다(루카 12,20 참조).

'그들(친구들)이 너희를 맞아들이게 하여라'에서 그 친구들은 확실하게 영원한 거처에 먼저 들어간 이들임을 암시한다. 16,19-31에 제시된 라자로와 더불어 14,13에 제시된 "가난한 이들, 장애인들, 다리 저는 이들, 눈먼 이들"을 생각할 수 있다. 이미 14,14에 그들은 재물이 없어서 너에게 보답할 수 없기 때문에 의인들이 부활할 때에 하느님 나라에서 보답을 받을 것이니 행복하다고 말씀하신 것과 맥을 같이한다.

그런데 불의한 재물이란 무엇이며 재물을 불의하다고 표현한 까닭은 무엇인지 살펴본다. '불의한 재물'(마모나 테스 아디키아스 μαμωνᾶ τῆς ἀδικίας)에서 마모나스(μαμωνᾶς)는 간단히 재물, 부를 가리킨다. 여기에 붙은 수식어가 '불의한'이라는 형용사 아디키아스(ἀδικίας)이다. 마모나스는 본래 중립적인 의미로 '돈'이란 개념이다. '돈'은 현재 세상 제도에서 사용되는 것으로 '잃어버린 은전의 비유'나 '가난한 과부의 헌금'(21,2-3) 이야기에서도 볼 수 있듯이 그 자체로는 가치중립적이다. 루카복음서에서 재물은 틀림없이 악한 방식으로 얻어진다거나 '돈'은 근본적으로 나쁘다거나 하는 규명은 없다. 그런데 초기 그리스도교가 돈에 대해 취한 다양한 비판적 태도 때문에 신약성경에서 이 단어는 일반적으로 부정적 의미로 나타난다. '불의한 재물'이란 악한 방식으로 습득되었다는 것인데, 이 표현은 세상의 악한 구조와 제도 속에서 활동하는 가운데 얻어졌다는 의미일 수 있다. 그래서 여기서는 재물의 사용법이 관건이 된다.

10-12절

이제 10-12절은 돈의 사용에 대해 말한다. "아주 작은 일에 성실한 사람은 큰일에도 성실하고, 아주 작은 일에 불의한 사람은 큰일에도 불의하다." 10절은 누구나 쉽게 이해할 수 있는 보편적 격언이다. 이것을 바탕으로 재물을 다루는 일에 대해 이야기한다. '작은 일'에 '불의한 재물'이 '큰일'에 '참된 것'이 적용되어 같은 논리로 이야기된다. 11절에서 '불의한 재물을 다루는 일'은 의로운 재물을 다루는 일에 대조되는 개념으로 사용되지 않았다. 재물 자체가 불의해서 잘 다뤄야 한다는 뜻이 아니라, '재물을 다루는 일' 자체에 대해 말한다. "그러니 너희가 불의한 재물을 다루는 데에 성실하지 못하면"이란 '물질적인 재물을 다루는 데에 성실하지 못하면'이란 말이다. 이것은 누구에게나 해당되지만 특히 공적 자금을 관리하는 사람에게 적용되는 말이다. 누가 너희에게 '참된 것'(알레티노스 ἀληθινός), 참된 가치를 지닌 것을 맡기겠느냐? 여기서 '누가'는 하느님을 가리킨다. 하느님만이 물질적인 가치를 넘는 것으로 거래하실 수 있다.

"또 너희가 남의 것을 다루는 데에 성실하지 못하면, 누가 너희에게 너희의 몫을 내주겠느냐?" 여기서 남의 것과 너희의 것이 무엇인지를 밝혀야 하는데, 그 일은 쉽지 않다. 대부분의 학자들이 여기서 세상적인 것과 영적인 것을 대립시킨다. 즉 '남의 것'은 어떤 의미에서 밖의 것, 외적이고 물리적인 것을 가리키고, '너희의 것'은 가장 내밀한 소유, 곧 영적인 것을 가리킨다고 본다. 그 맥락에서라면 창조된 이 세상 만물은 하느님의 것이니, 하느님께서 세상에 맡기신 것을 사람이 성실하게 관리하지 못한다면, 하느님 나라에서 자신의 이름으로 있는 자신의 것(루카 12,33-34: "너희의 보물"; 12,21 참조)을 누가 받을 수 있겠는가 하는 뜻으로 해석할 수 있다. 이제 우리는 여기서 돈, 곧 재물은 본질적으로 '남의 것'이고 이 세상에서 '잠시 맡아 관리하는 것'이라는 가르침과, 그 일에 성실했을(피스토스 πιστός) 때 하늘에서 내 몫을 받을 수 있다는 가르침을 알아들을 수 있다.

13절

"어떠한 종도 두 주인을 섬길 수 없다. 한쪽은 미워하고 다른 쪽은 사랑하며, 한쪽은 떠받들고 다른 쪽은 업신여기게 된다." 여기 나오는 '종'(오이케테스 οἰκέτης)은 주인집에서 가사를 맡은 종이다(사도 10,7: '집종'). 비유적으로 이 용어는 이 세상에서 모든 믿는 이나, 어떠한 일이든 그리스도교 공동체에서 책임을 맡은 이들을 가리킨다. 근원적인 것으로 말씀하시는 루카복음서의 주인이신 예수님은 확고하고도 놀라운 이원론으로 사람들의 마음을 두드리신다. 당대의 유다이즘에 의하면 승계법 혹은 우선권에 따라 종이 두 주인에게 속할 수 있었다. 또 당대 라삐들은 지상이나 천상을 묵상하면서, 대부분의 사람들이 인간 주인 하나, 신적 주인 하나 이렇게 두 명의 주인을 모시고 있다고 농담했다. 예수님께서 하신 말씀은 이런 문화적 맥락에서 이해해야 하며, 여기에는 계명의 기능이 있다. 히브리어나 아람어는 '선호하다'나 '우선적으로 선택하다'라는 뜻을 표현하는 데 '사랑하다'와 '미워하다' 단어를 사용한다. 예수님은 하느님 편을 선택하도록 초대한다. 이것은 개인적인 선택의 문제이다.

"너희는 하느님과 재물을 함께 섬길 수 없다." 더 나아가 재물은 사람을 매이게 하고, 사람은 재물을 얻기 위해 또 얻은 후에는 더 얻기 위해 자신을 팔아넘기는 속성을 지니고 있다는 것을 알려준다. 이에 맘몬 곧 재물은 인격화 · 신격화되며 인간은 그에 휘둘리게 된다. 사람에게 주인이 둘일 수 없다. 어느 한쪽을 최고의 주인으로 섬기기 마련이다. 다른 쪽은 상대적으로 섬기는 쪽보다 못한 대우를 받게 된다. 더구나 하느님과 맘몬을 함께 섬길 수는 없다. 하느님을 섬기는 데 기준이 되는 가치를 추구하는 삶과, 맘몬을 좇는 데 따르는 가치를 추구하는 삶은 정반대로 가기 마련이다. 예수님은 분명하게 말씀하신다. "너희는 하느님과 재물을 함께 섬길 수 없다."

(2) 율법과 하느님 나라의 복음 16,14-18

14절

"돈을 좋아하는 바리사이들이 이 모든 말씀을 듣고 예수님을 비웃었다." 제자들 곁에 있던 다른 이들, 바리사이들의 반응이 이야기된다. 그들이 이 모든 말씀, 곧 하느님을 섬기는 것과 재물을 섬기는 것이 양립할 수 없다는 말씀을 듣고 그분을 비웃는다. 그래서 바로 이들에게 15-31절의 말씀이 잇따라 주어진다.

필라르구로스(φιλάργυρος)는 '돈을 좋아하는, 인색한, 탐욕스러운'의 뜻을 지닌 형용사다. 비슷하게 사용된 곳으로 "사람들은 자신과 돈만 사랑하고(φιλάργυρος) 허풍을 떨고 오만하며"(2티모 3,2)가 있다. 동사 '돈을 좋아하다, 인색하다, 탐욕스럽다'라는 뜻의 필라르구레오(φιλαργυρέω)가 쓰인 곳은 "시몬의 군사들은 돈을 좋아한 나머지, 탑에 있는 어떤 자들에게 매수를 당하여, 칠만 드라크마를 받고 몇 사람을 빠져나가게 하였다"(2마카 10,20)이다. 이 형용사는 바리사이들의 사회적 · 심리적 실제를 드러내고자 하기보다 본문에서 진행되는 논쟁의 강도를 아주 의미심장하게 드러내기 위해 쓰였다. 여기서 이를 지적하는 이유도 이 장의 주제를 한층 분명하게 설명하기 위해서다.

10-13절의 '재물'에 관한 예수님의 말씀은 창조주의 세계와 피조물의 세계를 마주 놓고 제시한 강한 도전이다. 하느님과 일치해야 했던 바리사이들은 오히려 인간의 눈에 좋아 보이는 것을 선택했다. 그러니 예수님의 말씀을 수긍하고 자신들의 죄를 인정할 수가 없어 오히려 예수님을 무시하고 비웃는 것으로 공격한다.

15절

하느님은 사람의 마음을 아는 분이시다. 하느님은 '마음을 아신다'(기노스코 타스 카르디아스 γινώσκω τὰς καρδίας)는 증언은 신약성경(사도 1,24; 15,8)과 구약성경(1사무 16,7; 1열왕 8,39; 1역대 28,9; 시편 7,10; 잠언 21,2; 24,12)에 계속 나온다. 예수님은 당신의 말씀을 비웃으며 자신들의 세속적 선택을 정당화하고 스스로 의롭다고 하는 바리사이들이 하느님 앞에 혐오스럽다고 알려주신다. "너희는 사람들 앞에서 스스로 의롭다고 하는 자들이다. 그러나 하느님께서는 너희 마음을 아신다. 사실 사람들에게 높이 평가되는 것이 하느님 앞에서는 혐오스러운 것이다." '하느님 앞에 혐오스럽다'에 사용된 단어 브델루그마(βδέλυγμα)는 아주 강한 말로 칠십인역에서 '혐오, 역겨움'으로 사용되었고(창세 43,32; 이사 1,13), 우상의 표지를 가리키기도 한다(마태 24,15; 마르 13,14; 참조 다니 9,27; 11,31). 이 부분을 종말론적인 관점에서 보지 않는다면 이 심판은 예수님의 관찰에서 나오는 것이다. 중간 길은 없고 미지근한 이들을 위한 자리는 없다. 구원의 유일한 길은 겸손과 자비다. 겸손은 스스로를 작게 생각하는 것(루카1,48; 18,9-14)이고, 자비는 가난한 이(도움이 필요한 이웃)들에게 베푸는 것(10,30-37; 16,19-31)이다. 믿음으로 이 두 가지 행동을 하는 이들이 하느님의 기준으로 드높여지는 이들이다.

16-17절

"율법과 예언자들의 시대는 요한까지다. 그 뒤로는 하느님 나라의 복음이 전해지고 있는데, 모두 이 나라에 들어가려고 힘을 쓴다"(16절). 이 말씀은 갑자기 현재의 문맥을 뚝 자르는 느낌을 준다. 루카복음서 전체 맥락에서 다루는 시대 구분이 등장했기 때문이다. 루카는 구원사의 시대를 셋으로 나누어 율법과 예언자들의 시대(루카 16,16), 예수님의 공생활 시대(루카 4,21), 성령으로 인한 교회 시대의 시작(루카 24,36 혹은 사도 2,1)을 이야기한다. 3,20에서 요한은 감옥에 갇히며 외치는 임무를 마감하게 되고, 4,14에서부터 예수님께서 사명을 시작하신다. 현재의 문맥이 자리한 시대는 '하느님 나라의 복음이 전해지는' 시기로 예수님께서 직접 선포, 전파하시는 중이다.

16절의 첫 문장("율법과 예언자들의 시대는 요한까지다")은 16절의 뒷 부분 ㄴ, ㄷ절을 말하기 위한 전제이다. 16절의 강조점은 ㄷ에 있는데, 현재의 문맥에서 지금 이 순간의 상황을 묘사하고 있다. "모두 이 나라에 들어가려고 힘을 쓴다." 하느님 나라에 관한 가르침이 본격적으로 진행되고 있었다. 예수님께서는 하느님 나라를 여러 가지 표상과 비유로 표현하여 가르치고 계셨는데, 16장에서는 '영원한 거처', '하느님 나라에서 너희의 몫'을 차지하라는 말씀으로 하느님 나라에 들어갈 수 있는 길을 가르치시는 중이시다.

그런데 바리사이들이 '재물과 하느님'을 함께 섬길 수 없다(13절)는 말씀, 곧 '재물과 하느님 나라'를 함께 획득할 수는 없다는 말씀에 예수님을 비웃었다(14절). 이에 그들의 마음과 행동이 하느님 앞에 혐오스러울 수 있음을 말씀하셨다(15절). 이에 예수님께서는 주님을 사랑하고 이웃을 사랑하라는 율법을 말하던 시대가 마감되고 지금은 예수님 당신의 시대이고, 당신이 전하고 계시는 하느님 나라 복음은 이미 율법에서 이야기되었으며, 당신의 가르침과 온전히 일치한다고 말씀하신다. 상황이 이러하다면 지금 예수님의 말씀을 비웃는 바리사이들은 사실상 그들의 율법을 비웃은 것이다. 이는 잠시 후에 이어질 부자와 라자로의 비유에서 아브라함이 하는 말과도 부합할 것이다("그들에게는 모세와 예언자들이 있으니 그들의 말을 들어야 한다"; "그들이 모세와 예언자들의 말을 듣지 않으면, 죽은 이들 가운데에서 누가 다시 살아나도 믿지 않을 것이다"). 예수님은 이어서 계속 말씀하신다. 율법은 완전히 다 이루어질 것이다. "율법에서 한 획이 빠지는 것보다 하늘과 땅이 사라지는 것이 더 쉽다"(17절).

18절

이 구절은 글자 그대로 율법의 한 예를 든 것이 아니다. 왜냐하면 이미 모세 율법에서 규정한 것을 넘어서는 내용으로 예수님께서 말씀하시기 때문이다. "아내를 버리고 다른 여자와 혼인하는 자는 누구나 간음하는 것이다. 남편에게 버림받은 여자와 혼인하는 자도 간음하는 것이다." 이 말씀은 신명 24,1-4을 바탕으로 병행 구절인 마태 5,32; 19,9이 '불륜을 저지른 경우를 제외하고'라며 조건을 붙인 것보다 더 엄격하게 이혼을 금지하며, 또 다른 병행 구절인 마르 10,11-12과는 문맥이 아주 상이하다. 이 구절의 의미는 간결하고 명확하다. 다른 이와 재혼하기 위해 하는 이혼은 다 간음이라고 하신다. 당대 유다이즘의 이혼에 대한 가르침에서, 불륜의 경우 이혼을 허락하는 샴마이 학파나, 남편이 다른 여자가 더 매력적인 것을 발견하거나 아내가 빵을 잘못 굽기만 해도 이혼을 허락했던 힐렐 학파를 생각해보면, 당대 유다인들의 이혼 개념이 상당히 느슨해져 있던 것을 확인할 수 있다. 예수님의 말씀은 그러한 이혼 관행을 완전히 거스르며 율법의 완성을 가르치신다.

루카는 예수님께서 모세의 율법과 하느님 나라 복음의 연관성을 가르치시는 맥락에 바리사이들 사이에서 열렬하게 토론되고 적용되고 있는 이혼 문제를 한 예로 제시하였다. 그동안 안식일 법에 대해서는 이미 여러 경우에 이야기되었고, 실제 생활과 밀접하게 연관된 재물 문제도 다루었으니, 중요한 실생활인 혼인 생활의 문제를 예로 든 듯하다. 여기서 메시지의 핵심은 율법을 대하는 태도에 있다. 바리사이들이 율법과 예언서를 최고의 가치 기준으로 삼고 있기 때문이다.

이어지는 부자와 라자로의 비유가 재물과 하느님 나라의 관계에 대한 실제를 가르칠 뿐만 아니라, 율법과 예언서의 말씀을 듣는 것과 지금 하느님 나라의 선포를 듣는 것의 관계도 보여주며 복합적인 메시지를 전달하고 있는 데서도 이 점이 확인된다.

(3) 부자와 라자로의 비유 16,19-31

① 부자와 라자로의 삶(16,19-21)

19절

예수님께서 한 부자 이야기를 들려주신다. "어떤 부자가 있었는데, 그는 자주색 옷과 고운 아마포 옷을 입고 날마다 즐겁고 호화롭게 살았다." 재물을 갈망하는 이들이 선망할 만하게 그는 상당한 재력을 갖춘 이들만 누릴 수 있는 호화로운 삶을 살았다. 성경은 그의 삶이 '날마다' 즐겁고 호화로웠다고 한다. 자주색 옷과 아마포 옷을 매일 차려입고 매일 잔치를 열어 손님들이 오가는, 즐겁고 빛나는 삶의 날들이었다. 람프로스(λαμπρῶς)는 '밝은, 빛나는, 화려한'의 뜻이 있다. 날마다 빛나게(화려하게) 즐기면서('기뻐다'는 에우프라이노 εὐφραίνω의 현재 수동태 분사), 자주색 옷과 아마포 옷을 입었다. '말쑥하게 차려입다'라는 뜻의 엔디두스코(ἐνδιδύσκω)의 미완료형이 쓰여, 그렇게 차려입던 것이 습관, 일상이었음을 드러낸다. 종속절에 나온 '날마다'라는 부사도 이와 일치한다.

20-21절

이어지는 절에서 그 부자와는 완전히 대조적인 가난한 이가 소개된다. 라자로라는 이름으로 알려져 있는 그는 부잣집 대문 앞에 종기투성이의 몸으로 누워 있었다(에베블레토 ἐβέβλητο). 에베블레토는 발로(βάλλω) 동사의 수동태 과거완료형으로, '힘 있는 동작을 통해 한 장소에서 다른 장소로 움직이게 한다'가 기본 뜻인데, 수동태는 종종 몸져누웠거나 지체 부자유로 고통받는 자를 묘사할 때 사용한다. 단어의 의미를 생각해보면, 그렇게 아프고 약한 사람을 사람들이 그 대문 앞에 데려다놓은 것이다. 게다가 그는 그 집의 개만도 못하게 굶주리고 약한 처지다. "개들까지 와서 그의 종기를 핥곤 하였다." 건강한 몸에 자주색 아마포 옷을 입고 날마다 즐겁게 빛나고 있는 사람과는 너무도 대조적인 모습이다.

② 부자와 라자로의 죽음과 그 이후(16,22-26)

22절

세월이 얼마나 흘렀는지 그렇게 살다가 라자로는 죽었다. 또 그렇게 살다가 부자도 죽었다. 삶의 조건은 달랐으나 둘 다 공통적으로 죽음을 맞이한다. 예수님은 이렇게 표현하신다. "그 가난한 이가 죽자 천사들이 그를 아브라함 곁으로 데려갔다." 이 표현은 세상에서 사람들이 제대로 그의 장사를 지내주지 않았다는 뜻으로 볼 수 있기도 하나, 좀 더 두드러지는 것은 그가 천사들에게 인도되어 아브라함의 품에 들어갔다는 내용이다. 반면에 부자는 "부자도 죽어 묻혔다"라고만 표현한다. 아마도 화려한 장례용품과 예절로 장사를 지냈을 것이다.

23-24절

죽음 이후의 삶이 묘사되어 있다. 부자는 저승에서 고통을 받고 있다. 부자가 눈을 드니 라자로는 멀리 높은 곳에 아브라함 곁에 있다. 게다가 부자는 불길 속에서 고초를 겪고 있다. 지상의 삶 이후 이제는 두 사람의 처지가 정반대로 대조된다.

부자가 멀리 있는 그들에게 들리도록 소리를 질러 아브라함을 부르며 자비를 청한다. "'아브라함 할아버지, 저에게 자비를 베풀어주십시오." 그는 아브라함이 성조로서 자비를 베풀어주리라 믿으며 청하는데, 차마 아브라함에게 직접 와달라고 청하지는 못하고 라자로를 보내달라고 부탁한다. 그는 생전에 라자로에게 전혀 자비를 베풀지 않았는데도, 라자로를 심부름꾼으로 쓰려 한다. "그 손가락 끝에 물을 찍어 제 혀를 식히게 해주십시오." 단수 형태로 쓴 손가락과 물은, 겨우 '손가락 끝의 물 한 방울'이라도 아쉽고 간절할 정도로 불길 속에서 매우 심한 뜨거움과 갈증을 느끼며 고초를 겪고 있는 그의 처지를 드러낸다. 물론 물 한 방울만 달라는 의미는 아니다. 고통받다(오두나오 ὀδυνάω) 동사는 현재형 수동태(오두노마이 ὀδυνῶμαι)가 사용되어 그가 받고 있는 고통을 생생하게 드러낸다. '제가 불길 속에서 고통받고 있습니다.'

25-26절

아브라함이 대답한다. 첫 두 단어가 '얘야, 기억하여라'(테크논 므네스테티 τέκνον, μνήσθητι)이다. 아브라함의 동정과 연민은 '얘야'라고 부르는 것이 전부일 수밖에 없다. 그 외에 더 해줄 수 있는 게 없다. 아브라함은 그가 고통받는 이유를 이해하도록 말해준다. '기억하여라, 너는 살아 있는 동안에 좋은 것들을 받았고 라자로는 나쁜 것들을 받았음을.' 부자는 인정할 수밖에 없다. 살아 있는 동안 그는 좋은 것들을 누렸고, 라자로는 정말 힘들고 비참한 삶을 살았다는 것을.

다만 새로운 것이 있다면, 그 삶이 '받은 것이었다'는 진실을 인식하는 것이다. 아페라베스(ἀπέλαβες)는 '원천으로부터 무엇인가를 받다'를 뜻하는 아포람바노(ἀπολαμβάνω)의 원과거다. 그가 누린 그 즐겁고 빛나는 날들을 가능케 했던 것, '너의 좋은 것, 유익이 되는 것들'(타 아가타 수 τὰ ἀγαθά σου)은 받은 것이었다. 그의 것이 아니었다. 살아 있는 동안에는 그것을 받았고, 이제 '지금 여기서는'(눈 데 호데 νῦν δὲ ὧδε) 너는 고통을 받는다(수 데 오두나사이 σὺ δὲ ὀδυνᾶσαι). 반면에 라자로는 '나쁜 것을 받았음'을 기억해라. 그리스어로는 아주 짧게, '라자로는 같은 방식으로(호모이오스 ὁμοίως) 나쁜 것을(타 카카 τὰ κακά)'이라고 표현한다. 부자의 상황이 주로 표현되고, 라자로는 비교 대상으로 간략하게 서술되지만 그의 상황은 아주 명확하게 전달된다. '그도 받았던 것이다, 나쁜 것을.' 그래서 그는 지금 여기서는 '위로를 받고 있다'(파라칼레이타이 παρακαλεῖται). 심판을 받았다는 상황은 나타나지 않는다. 아브라함은 다만 현재 상황이 초래된 근거를 알려주고 있는데, 살아 있는 동안과 죽은 후가 균형을 이루어 공정을 드러내고 있을 뿐이다. 그들이 지상에서 살았던 이전의 삶은 사후에 그들이 놓이게 되는 상황의 원인이다. 또한 '불길 속에서의 고초'라는 상황에 처한 책임이 부자의 지상 삶에 있음을 말한다.

이어서 아브라함은 라자로를 보내서 도울 수 없는 사정, 곧 그들에게 절대로 불가능한 요인을 말한다. "게다가 우리와 너희 사이에는 큰 구렁이 가로놓여 있어, 여기에서 너희 쪽으로 건너가려 해도 갈 수 없고 거기에서 우리 쪽으로 건너오려 해도 올 수 없다." 그렇다. 죽은 후에는 도우려고 해도 도울 수가 없다. 부자는 자신에게 가까이 있는 라자로를 도울 수 있었으나 돕지 않았다. 부자는 자신의 집 대문을 수시로 드나들며 그 앞에 누워 있는 라자로를 접할 수 있었고 그를 도울 수 있는 재력도 있었건만, 결코 돕지 않았다. 살아 있는 동안에 한 상대적인 행동 때문에 지금 여기서 고통을 받게 되며, 둘 사이에는 절대로 넘나들 수 없는 큰 구렁이 놓이게 되었다. 이 비유에서 묘사되는 저승의 개념에 따르면, 선과 악 사이에는 파괴될 수 없는, 어떤 면에서 물리적 의미로 상상할 수 있는 뚜렷한 구렁이 있으며, 아무도 이 구렁을 건널 수 없다.

저승에서 물을 청하는 부자 16,24-26	
저승의 원리	큰 구렁 - 왕래 불가능
가르침을 주는 이	유다 종교의 근원인 아브라함
가르침	최후의 심판에서, 그리고 그 이후의 삶에서, 악으로부터 선이 영원히 분리된다.

③ 율법과 예언서(16,27-31)

27-28절

지금 여기서(저승에서) 고통받고 있는 부자는 이 사실을 살아 있는 형제들에게 알리고 싶어 한다. 자신의 다섯 형제는 이 고통스러운 곳에 오지 않도록 그가 '경고'해주고 싶은 '내용'은 무엇인가. '그들의 형제인 부자는 살아 있는 동안에 좋은 것들을 받았기에 저승에서 고초를 겪고 있고, 라자로는 나쁜 것들을 받았기에 이제 여기에서 위로를 받고 있다는 사실'이다. 그런데 그는 또 염치없게도 라자로의 도움이 필요하다. 부자가 라자로에 대해 알고 죽었다는 사실을 형제들이 알기에, 라자로가 가서 알려야 믿을 것이라고 한다. '경고하다'에 쓰인 디아마르투로마이(διαμαρτύρομαι)는 먼저 '어떤 진실에 대해 엄숙한 선언을 하다'라는 뜻과 '권위를 가지고 권하다'라는 뜻을 가진 단어이다. 부자가 이 동사를 사용하는 데에서 살아 있는 형제들에게 이 사실을 어떤 식으로 알리고 싶어 했는지 그 마음을 전해준다. 죽었으나 아브라함 곁에서 위로를 받는 라자로를 보내 (아브라함의 권위로) 이 엄청나고 엄연한 사실, 그들이 꿈에도 짐작조차 못할 이 사실을 어떻게든 알려야 되겠다는 것이다.

29–30절

그러나 놀랍게도 아브라함은 "그들에게는 모세와 예언자들이 있으니 그들의 말을 들어야 한다"라고 대답한다(29절). 이미 모세와 예언자들을 통해 경고된 내용이니, 라자로가 갈 필요 없이 '모세와 예언자들'에게 들으면 된다는 것이다. 부자는 다시 다급하게 외친다. "안 됩니다, 아브라함 할아버지!(우키, 파테르 아브라함 οὐχί, πάτερ Ἀβραάμ) 죽은 이들 가운데에서 누가 가야 그들이 회개할 것입니다"(30절). 그는 일반적인 부정어 우(οὐ)의 강화된 형태 우키(οὐχί)를 사용하여 강한 어조로 안 된다고 외친다. 또한 '그러나'에서도 일반적인 '데'(δέ)보다 강한 표현인 '알라'(ἀλλά)를 쓰면서 가정법 접속사 에안(ἐάν)을 사용하여 가정해본 것을 알린다. 가정법 접속사 에안과 연결하여 주절에 가정법 현재나 원과거를 사용하고, 결구에도 미래 가정법을 사용하였다. '~한 경우'라야만 회개가 가능할 것이라고 말한 것이다. 조건도 결과도 가정이니, 부자는 도무지 확실하지가 않은 논리로 말을 하는 중이다. 그러니까 알라는 아브라함의 말을 부정하는 것으로, '모세와 예언자들이 아니고' '죽은 이들 가운데 누군가가' 그들에게 간다면 그들이 회개할 것이라고(회개할지도 모르겠다고) 말한 것이다.

30절	알 에안 티스 아포 네크론 포레우테 프로스 아우투스 메타노에수신
	ἀλλ' ἐάν τις ἀπὸ νεκρῶν πορευθῇ πρὸς αὐτοὺς μετανοήσουσιν.
	그러나 ~경우(~하면) 죽은 이들 중 누군가 가야 그들에게 (그들이) 회개할 것이다.

31절

아브라함은 이 역시 논리적으로 불가능하다고 대답한다. 아브라함이 다시 말하는 것을 들어보자. 아브라함도 조건을 나타내는 단어를 사용하여 말한다. 먼저 일반적인 조건을 나타내는 토씨 에이(εἰ)에 '듣다' 동사의 직설법 현재를 사용하여, 부자가 확신하는 전제 조건을 말한다. "그들이 모세와 예언자들의 말을 '듣지 않으면'(욱 아쿠

우신 οὐκ ἀκούουσιν)" 하며, 그 확실한 상황에 부정적인 응답이 나온다면 그다음 가정에도 부정적일 것이라고 예상한다. 부정 접속사 우데(οὐδέ)와 가정법 접속사 에안(ἐάν) 다음에 '살아나다'라는 아니스테미(ἀνίστημι) 동사의 가정법 원과거 아나스테(ἀναστῇ)를 사용하여 "죽은 이들 가운데에서 누가 다시 살아나도"라는 조건절이 형성되었고, 이어지는 결과는 제일 처음의 확실한 직설법 현재 조건의 결과로 부정적일 수밖에 없다. 결과는 '설득하다'라는 뜻의 페이토(πείθω) 동사의 직설법 미래 수동형(페이스테손타이 πεισθήσονται)으로 표현되어, '(그들은) 설득되지 않을 것이다'라는 의미를 전한다.

31절	우데 에안 티스 엑 네크론 아나스테 페이스테손타이
	οὐδ' ἐάν τις ἐκ νεκρῶν ἀναστῇ πεισθήσονται
	~도(부정할 것이다) 죽은 이들 중 누가 살아나도 설득되지 않을 것이다.

흥미로운 것은 30절에는 "죽은 이들 가운데에서 누가 가야 그들이 회개할 것입니다"라고 하여 '죽은 이들 가운데 가야 하는 누군가'를 라자로로 암시하였는데, 31절의 "죽은 이들 가운데에서 누가 다시 살아나도"에서 '죽은 이들 가운데서 다시 살아나는 누군가'는 '예수님'을 가리키고 있다. 실제로 부활하신 예수님을 통해 복음 선포가 이어지

지만 그들은 설득되지도 않고 믿지도 않는다. 예수님의 말씀을 듣고 예수님을 비웃는 사람들이 이와 같은 이들이다(14-15절).

예수님도 모세나 예언자들처럼 이웃 사랑 없이, 율법에 순종하지 않고 행하는 것을 허용하시지 않는다. 말씀을 받아들이고 설득되는 것은 모세나 예언자의 말이나 예수님의 말씀에 달린 사안이 아니라, 그 말씀을 들은 본인이 믿는 데, 하느님을 믿고 사랑하기로 결단을 내리는 데 달려 있다.

2. 예루살렘 여정 2: 17,1-18,14

예루살렘 여정은 계속되고 있다. 예수님께서 제자들에게 주시는 가르침이 이어지는데 앞 이야기와 긴밀하게 연결되지는 않는다. 이 대목은 제자들의 삶을 다루고 있다. 예수님께서 제자들에게 그들의 공동체에서도 회개와 용서가 필요함을, 그리고 하느님 나라와 관련해서 제자들이 자신들을 어떻게 인식해야 하는지와 치유받은 이로서 취할 감사의 태도를 가르치신다. 그리고 종말론적인 하느님 나라의 도래에 대비하여 끊임없이 기도하며 항구할 것을 가르치신다. 9,51에서 시작한 루카 복음사가 고유의 대목은 18,14까지 이어진다.

1) 하느님 나라의 요구와 믿음의 응답 17,1-19

(1) 제자 공동체에서 죄를 다루는 법 17,1-6

1-3ㄱ절

"남을 죄짓게 하는 일이 일어나지 않을 수는 없다. 그러나 불행하여라, 그러한 일을 저지르는 자!"(1절). 이 구절에 쓰인 그리스어 스칸달론(σκάνδαλον)은 '남이 행동하게 하는 계기를 제공하다'라는 뜻이다. 다른 이가 '적절한 행동이나 신념에 반하여 행동하도록 만드는 일이나 상황', 간단히 '죄에 대한 유혹, 혹은 다른 이가 죄를 짓도록 하는 죄'를 말한다고 할 수 있다. 1ㄱ절은 죄를 짓게 하는 유혹거리들이 오지 않는 것(생기지 않는 것)은 불가능하다고 말한다. 이러한 단언이 의미하는 것은, 죄에 대한 유혹이 죄를 교사敎唆하거나 사역使役하는 의미라기보다는, 제자들의 일상에서 통상적으로 일어나고 또 일어날 수 있는 일이라는 뜻이다. 그런데 1ㄴ절은 '그러나 그것을 오게 하는 이는 불행하다'(플렌 우아이 디 우 에르케타이 πλὴν οὐαὶ δι' οὗ ἔρχεται)고 말한다. 올바른 행동에서 벗어나 죄를 짓게 하는 유혹거리가 생기지 않을 수 없긴 한데, 그것이 누군가를 통하여 오면 그 누군가는 불행하다는 말씀이다. 공동체에서 다른 이에게 죄지을 유혹거리를 제공하지 말라는 뜻이다.

2절에서 이 말씀은 더 구체화된다. "이 작은 이들 가운데 하나라도 죄짓게 하는 것보다, 연자매를 목에 걸고 바다에 내던져지는 편이 낫다." '남을 죄짓게 하는 일'의 대상, 곧 그 '타인'이 명시적으로 언급된 것이다. 바로 '이 작은 이들 가운데 한 명'으로, 예수님은 그들 가운데 하나라도 죄짓게 하는 것보다 연자매를 목에 걸고 바다에 내던져지는 편이 낫다고 하신다. 여기 종속절에는 '남을 몰락하게 하는 원인이 되다, 죄를 짓게 하다'라는 스칸달리조(σκανδαλίζω) 동사가 가정법 원과거형(스칸달리세 σκανδαλίσῃ)으로 쓰여, 그런 일을 할 경우에는 회복할 수 없는 판결을 받게 된다는 것이다. 그만큼 '작은 이 하나라도' 죄짓게 하는 일이 없도록 하라는 의미이다.

여기서 작은 이는 누구를 가리키는가? 루카 17,2과 병행 구절이면서 문장도 동일한 마르 9,42; 마태 18,6에는 '나를 믿는 이 작은 이들'이라고 하여 '작은 이'를 형용하는 지시대명사와 현재분사[투톤 톤 피스테우온톤 에이스 에메 τούτων τῶν πιστευόντων (εἰς ἐμέ)]가 있다. 그런데 루카 17,2에는 없다. 루카는 마르코의 문장을 편집하며 서두에 '제자들에게 이르셨다'라는 구절을 삽입했기 때문인지 '작은 이'를 수식하는 '나를 믿는 이들인'을 생략하였다. 구약과 유다교 전승에서 '작은 이들'은 연약하고, 미약하며, 고난과 학대로 시달리는 하느님의 백성을 나타낸다. 루카 본문에서 예수님께서 기꺼이 맞아들이고 찾아가시며 구원을 베푼 이들은 '비천한 이들, 굶주린 이들'(1,52-53), 가난한 이들, 병든 이들, 우는 이들, 철부지들, '스스로 의롭다고 하지 않는 이들, 사람들에게 높이 평가되지 않는 이들'(16,15), 예수님 말씀을 들으려고 그분께 가까이 오는 이들, 회개하는 죄인들이라고 볼 수 있다. 이들이 작은 이들이며 믿는 이들이니, 여기서는 아마도 공동체 사정을 말하는 것으로 추정할 수 있다.

아마도 초기 공동체에서 지도자 역할을 맡은 제자들에게 권력 남용, 자금 착복, 부부의 신의 배신, 하느님께만 드리는 봉사 소홀 등(갈라 5,19-21 참조)을 경고하시는 것이다. 믿는 이들을 그런 일에 끌어들이거나, 하느님의 능력에 의심을 품게 하거나, 지나친 분노로 남을 단죄하게 함으로써 그들을 죄짓게 할 수 있다는 것이다. 그렇게 하느니, 연자매를 목에 걸고 바다에 내던져지는 편이 낫다고 한다. 1ㄴ절 "그러나 불행하여라, 그러한 일을 저지르는 자!"는 개인적인 책임의 중대함을 드러내는 말이다. 이러한 엄중한 경고는 예방적 차원일 수 있다. 그러한 벌을 받게 하기보다는 공동체 내의 위험을 미연에 방지하려는 것이다.

"너희는 스스로 조심하여라"(3절). 그리스어 프로세케테 헤아우토이스(προσέχετε ἑαυτοῖς)는 루카가 특징적으로 쓴 구 중의 하나이다. 칠십인역 그리스어를 중시하는 경향을 지닌 루카는 '경계 상태에 있다'는 뜻의 프로세코(προσέχω) 동사를 재귀대명사 헤아우투(ἑαυτοῦ)의 여격 복수 형태와 함께 사용하였다. 비슷한 구문을 쓴 곳을 많이 발견할 수 있는데, 여러 예를 통해 그 뜻을 잘 파악할 필요가 있다. 사도 20,28: "여러분 자신과 (모든 양 떼를 잘) 보살피십시오"(προσέχετε ἑαυτοῖς, 루카 21,34; 사도 5,35 참조). 칠십인역에서는 창세 24,6: "너는 내 아들을 그곳으로 데려가는 일이 없도록 조심하여라"(πρόσεχε σεαυτῷ); 탈출 34,12: "너희가 들어가는 땅의 주민들과 계약을 맺지 않도록 조심하여라"(πρόσεχε σεαυτῷ); 신명 4,9: "너희는 오로지 조심하고 단단히 정신을 차려, 너희가 두 눈으로 본 것들을 잊지 않도록 하여라"(πρόσεχε σεαυτῷ); 신명 6,12: "너희를 이집트 땅, 종살이하던 집에서 이끌어내신 주님을 잊지 않도록 조심하여라"(πρόσεχε σεαυτῷ).

3ㄴ-4절

"네 형제가 죄를 짓거든 꾸짖고, 회개하거든 용서하여라"(3ㄴ절). 루카복음은 사람의 죄에 대한 하느님의 용서를 강조하지만, 여기서는 완전히 다른 방향에서 한 사람이 다른 사람에게 지은 죄의 용서를 강조한다. 먼저 이웃, 곧 죄를 지은 '타인'을 '네 형제'라고 하시며, "네 형제가 죄를 짓거든 꾸짖고, 회개하거든 용서하여라" 하신다. 남을 죄짓게 하는 일을 한 자에 대한 엄중한 경고와 관대한 용서가 대조를 이룬다. 사실 그런 일을 미연에 방지하려는 경고 말씀이었다. 그렇게 엄청난 일이니, 스스로 조심하여 그런 일이 없도록 하라는 것이다. 그러나 예수님께서도 "남을 죄짓게 하는 일이 일어나지 않을 수는 없다"라고 말씀하셨다. 그렇게 하여 죄를 짓는 이가 생기기 마련일 테고 그럴 경우 꾸짖어 바로잡으라는 것이다. '꾸짖다'에 사용된 동사는 에피티마오(ἐπιτιμάω)인데, '다른 사람에게 불허함을 표명하고, 책망하며 엄하게 말한다', '행동을 막거나 행동을 끝나게 하기 위해 말한다'는 뜻으로 여러 곳에 사용되었다(루카 4,39; 8,24; 9,21.42.55; 17,3; 18,15; 19,39; 23,40). 그런 행동을 하는 것을 보고만 있어서는 안 되고, 그만두도록 꾸짖으라고 명령하신다. 그리고 그 말을 듣고 뉘우쳐서 행동을 그만두면, 즉 회개하면 용서하라고 명령하신다.

그런 일이 아무리 반복될지라도 지치지 말고 용서해야 한다고 하신다. 매번 너에게 죄를 지은 이가 돌아와서 '회개합니다'(메타노오 μετανοῶ) 하면 용서하라는 것이다. "그가 너에게 하루에도 일곱 번 죄를 짓고 일곱 번 돌아와 '회개합니다' 하면, 용서해주어야 한다." 여기서 유의할 점은 죄를 지은 한 사람의 행위와 다른 이의 용서 사이에 결정적인 과정, 곧 꾸짖음과 회개가 있다는 것이다. 또 그런 일을 반복하고야 마는 사람의 약함을 받아들이라는 가르침도 새겨야 한다.

5-6절

5절을 루카의 맥락에서 위 내용과 연결하여 읽을 경우, "하루에도 일곱 번 죄를 짓고 일곱 번 돌아와 '회개합니다' 하면, 용서해주어야 한다"라는 예수님 말씀에 순종하려면 아주 강한 믿음이 필요하다고 느낄 것이다. 사도들이 믿음을 더해달라고 청하는 5-6절 가르침이 그 자체로도 의미가 있을 수 있으나, 루카복음에서 열두 제자를 가리키는 '사도들'은 1절의 '제자들'과 연결되며, 3-4절의 명령과 가르침을 따르기 위해 그들이 믿음을 더해달라고 청하는 것으로 알아들을 수 있다. 간접적으로는 예수님의 최측근이라는 사도들에게조차 쉽지 않은 일임을 암시한다.

그런데 예수님께서는 더 큰 믿음이 필요한 것이 아니라 믿음이 있기만 하면 가능한 일이라고 답하신다. 가상의 이야기를 하시는데, "너희가 겨자씨 한 알만 한 믿음이라도 있으면, 이 돌무화과나무더러 '뽑혀서 바다에 심겨라' 하더라도, 그것이 너희에게 복종할 것"이라고 하신다. 이 예는 누가 들어도 불가능한 일이다. 그런데 그런 일이 겨자씨만 하게 작은 믿음으로도 가능하다면, 하루에도 몇 번씩이나 수없이 잘못하고, 수없이 회개하고 돌아오는 형제를 용서하라는 명령에 순종할 수 있지 않겠는가 하는 것이다. 주님께서 무엇인가 힘을 더 주셔야, 믿음이라도 더해주셔야 가능하지 않겠습니까 하는 요청에 '아니다. 너희는 할 수 있다. 이미 있는 믿음으로 행하라'고 말씀해 주시는 듯하다.

(2) 해야 할 일을 했을 뿐 17,7-10

7-9절

1세기 팔레스티나와 근동 지방을 배경으로 펼쳐지는 주인과 종들의 관계 이야기이다. 종들이 온종일 밭을 갈거나 양을 치고 주인집으로 돌아왔다고 해서 주인이 종들을 먼저 식탁에 앉히고 식사하게 하지는 않는다는 사실을 예수님과 당대 청중들, 복음사가의 독자들은 알고 있다. 그러니 "들에서 돌아오는 그 종에게 '어서 와 식탁에 앉아라' 하겠느냐?"라는 질문에 모두가 아니라고 대답할 상황이다. 또한 "종이 분부를 받은 대로 하였다고 해서 주인이 그에게 고마워하겠느냐?"라는 질문에도 역시 아니라는 답이 예상된다. 이 짧은 비유가 어떤 실제를 반영하는지 살펴보자. 10절이 실마리를 제공한다.

10절

이와 같이(후토스 οὕτως) 너희도 너희가 명령받은 것을 다 했을 때, '~

라고 말하여라' 하고 알려주시는 내용이 이 비유에서 알아들어야 하는 핵심이다. "저희는 쓸모없는 종입니다. 해야 할 일을 하였을 뿐입니다." '쓸모없는'이라 번역된 아크레이오스(ἀχρεῖος)는 '쓸모없는 혹은 유익함이 없는'이라는 뜻과, '칭찬이나 감사를 받기에 합당하지 않은'(GLNT 3 "ἀχρεῖος", p.160)이라는 뜻이 있는데, 여기에는 두 번째 뜻이 더 적절해 보인다. 바로 다음에 나오는 "해야 할 일을 하였을 뿐입니다"라는 말과 조화를 이루기 때문이다. 주님께서 말씀하신 것을 했다고 해서 감사나 찬사를 받으려고 하지 마라. 주님께서 명령하신 대로 하는 것은 그저 해야 할 일을 한 것일 뿐이다. 제자들, 믿는 이들과 주님의 관계는 주인과 종의 관계와 비슷한 측면이 있다. 창조주와 피조물, 구원자와 구원받는 이의 관계를 밝히는 다양한 표현이 있는데, 주인과 종의 관계가 그중 하나이다.

일상에서 남을 죄짓게 하는 일이나 용서를 청해야 할 일이 일어나지 않을 수 없고, 용서해야 할 일도 계속 일어날 것이다. 그렇게 계속 용서하고 용서받으며 살아가야 할 것이다. 예수님을 믿고 따른다고 해서, 예수님의 제자들이라고 해서, 잘못이나 욕심 없이 남에게 걸림돌이 되지 않으면서 살 수는 없다는 것을, 루카복음서에서 예수님과 여정을 함께하는 제자들을 통해 이미 보고 있다.

그러니 실제 삶에서 말씀대로 실천하는 삶, 곧 명령하신 대로 죄짓지 않고, 회개하고 용서하며, 하루에도 일곱 번이나 용서했다고 해서 생색내지 말라는 것이다. 마치 종이 주인이 시킨 일을 다 했어도 감사나 찬사를 받지 못하고 이어서 또 다른 일을 하듯이, 말씀을 실천하며 사는 삶은 사람이 살면서 마땅히 해야 하는 행동이라는 것이다. 남을 죄짓게 하느니 연자매를 목에 걸고 바다에 내던져지는 편이 낫다는 각오로 죄를 피하며 살 때, 이 악하고 거친 세상에서 스스로 대견하다고 생각할 수도 있겠다. 또는 누군가가 자신에게 죄를 지었을 경우, 너무 힘들었지만 상대가 용서를 청하면 용서해주기도 할 것이다. 더구나 그것을 연거푸 했을 경우 스스로 대단하다는 생각이 들 수도 있겠다. 그런데 주님께서는 감사나 칭찬을 기대하지 말고 인간으로서 '해야 할 일을 했을 뿐이라고 말하라' 하신다. 그렇게 하고도 정서적인 보상도 바라지 말라는 말씀은 너무 가혹하지 않은가? '왜 나만?' 혹은 '왜 내가?' 하는 질문이 생길 수 있다. 답은 '하느님의 종이라서, 예수님의 말씀을 믿고 따르는 제자라서, 곧 주님의 종(17,10; 참조 1,38)이라서'이다. 주님 말씀에 순종하며 사는 것이 주님의 종에게는 도리이고 의무이다. 그런데 하느님, 구원자이신 주님께 충실하고 순종하며 산 이들에게 하느님 나라와 보상을 말씀해주신 다른 맥락도 있음을 기억하자. 하느님께 온전히 의탁하는 이를 지켜주시고, 백배의 결실을 약속해주시고 하느님 나라를 열어주시는 자비와 사랑도 기억해야 할 것이다.

(3) 치유해주신 자비에 대한 감사 17,11-19

나병 환자 치유 이야기를 통해, 감사와 믿음이 하느님께서 이루신 일에 대한 합당한 응답이라는 메시지를 전달한다. 치유 이야기는 감사드림과 그렇지 않음, 사마리아인과 유다인, 치유 기적과 믿음의 힘을 대조하여 보여준다.

11-14절

예수님은 여전히 예루살렘으로 가시는 중이다. "사마리아와 갈릴래아 사이를 지나가시게 되었다"(11절)라고 하는데 사마리아와 갈릴래아 사이가 지리적으로 어디를 가리키는지는 알 수 없다. 단지 16절에 사마리아인이 등장할 수 있는 자연스런 지리적 조건을 형성하기 위한 서술일 수 있다. 그 지역 어떤 마을에 들어가시는데 "나병 환자 열 사람이 그분께 마주 왔다. 그들은 멀찍이 서서 소리를 높여 말하였다. '예수님, 스승님! 저희에게 자비를 베풀어주십시오.'" 나병 환자 열이 함께 예수님을 뵈려고 의도적으로 움직인 듯하다. 게다가 환자들이니 멀찍이 서서, 예수님을 알아보고 소리 높여 말한다(12-13절). 여기에는 청원을 하는 이들의 간절함이 표현되었다.

멀리서 외치는 이들의 소리를 들으시고 예수님께서 그들을 보신다. 상황은 아주 빠르게 진행된다. 예수님은 그들이 나병 환자임을 알아보셨고, 자비를 베풀어달라고 소리치는 그들이 원하는 것이 무엇인지를 아셨기에, 바로 말씀하신다. "가서 사제들에게 너희 몸을 보여라"(14절). 사제들에게 가서 몸을 보이는 것은 피부병 환자가 완치되었음을 확인하는 절차이다(레위 13,1-46; 14,1-32 참조). 예수님은 이 말씀을 통해 그들이 믿기 시작했음을 인정해주시며 그 순간부터 치유될 것이니 온전히 믿으라고 촉구하신다. 그리고 사제에게 가서 몸을 보이라고 명령하신다. 예수님은 손을 대시거나 말씀을 하시는 전형적인 치유 선언 없이도 치유하시며 사제들에게 가서 확인을 받으라고 하신다. 사실, 아직 치유가 완전히 이루어지지 않은 상태였으나 그들은 사제들에게로 가서 몸을 보이라는 명령을 들었다.

그리고 "그들이 가는 동안에." 이 말은 그들이 예수님을 향해 오다가 방향을 돌려서 갔다는 것으로 사제가 있는 곳으로 가는 것일 수도 있고, 그저 자기네 갈 길을 계속 가는 것일 수도 있다. 그런데 만일 그 여정 동안에 몸이 깨끗해졌다면, 그것은 그들이 예수님 말씀을 믿고 몸을 돌려 가는 동안이기에 "몸이 깨끗"해진 것이다. 예수님의 말씀대로 그들이 치유되어 사제에게 갈 이유가 생겼음을 그들 스스로 자신의 몸으로 확인하게 된다. "그들이 가는 동안에 몸이 깨끗해졌다."

15-18절

모두 나병이 낫고 몸이 깨끗해졌다. 깨끗해진 몸을 확인한 이들은 신이 나서 사제에게 갔을 것이다. 악성 피부병 환자가 공동체로 복귀하려면 반드시 사제의 확인을 거쳐야 하기 때문이다. 그런데 그들 가운데 한 사람이 다른 반응을 보인다. 자기 병이 나은 것을 보고 큰 소리로 하느님을 찬양하며 예수님께로 돌아온 것이다.

예수님께서 그들을 '보시고'(ἰδὼν) 응답하셨듯이, 한 사람이 병이 나은 것을 '보고'(ἰδὼν) 응답한다. 양측에 같은 동사 형태가 쓰였는데 이돈(ἰδὼν)은 '본다'는 호라오(ὁράω) 동사의 원과거 분사이다. 같은 동사를 똑같은 형태로 사용하여 본문의 의미를 더 깊이 드러낸다. 레위기에서 '깨끗해졌다'(깨끗해지다 = 카타리조 καθαρίζω)라고 말하는 것을 신약에서는 그리스어로 치유, '나았다'(낫다 = 이아오마이 ἰάομαι)라고 표현한다. 이 사람은 자기 몸으로 두 가지 의미를 다 경험한다.

그래서 '큰 소리로 하느님을 찬양하며 돌아온다.' 여기서 돌아온다는 것은 자기가 청원을 드렸던 예수님께로 돌아온다는 것이다. 동시에 기쁨, 찬미와 관련하여 달라져서 돌아오는 것으로 생각할 수도 있다. 치유된 그 사람은 자신이 받은 치유를 내면화하고, 처음의 믿음을 강화하고 견고하게 하여 회개를 완성한다. 그는 예수님의 말씀대로 이루어졌음을 믿고 그 안에서 하느님의 힘을 본 것이다. 그래서 사제에게 가기 전에 하느님을 찬양하며 자신을 치유해준 예수님께 먼저 왔다. 여기 '찬양하며'에 쓰인 그리스어는 독사조(δοξάζω)로 하느님께 찬양을 드린다는 구절에 사용되었는데(5,25; 7,16; 18,43; 23,47) 루카의 특징적인 표현이다. '찬송하고'에는 메갈루노(μεγαλύνω)를 사용하고(1,46), '찬미하다'에는 에우로게오(εὐλογέω)를 사용하였다(1,68;

2,13.20.28; 18,43; 19,37; 24,30; 24,53).

그는 돌아와서 "예수님의 발 앞에 엎드려 감사를 드렸다." 발 앞에 얼굴을 대고 엎드려 감사를 드린다는 말은 구약의 언어로서, 신적 현존을 느끼고 경배드리는 태도이다. 그는 이 행동을 통하여 예수님께 믿음을 고백한다. 물론 아직 '경배드린다'(프로스쿠네오 προσκυνέω)라는 단어를 사용하지는 않는다. 이 동사는 부활 후 승천 이야기에 가서야 나타날 것이다(24,52). 신약에서 예수님께 '감사를 드린다'(에우카리스테오 εὐχαριστέω)는 표현은 드물게 나타나는데, 1티모 1,12("나를 굳세게 해주신 우리 주 그리스도 예수님께 감사를 드립니다")에 한 번 나온다. 감사는 주로 '하느님' 혹은 '아버지'께 드리는 것이다. '발 앞에 엎드려 감사를 드린다'는 말에는 이렇게 예수님에게서 신적 현존을 느끼며 하느님께 감사를 드린다는 이중적인 표현이 들어 있기에, 치유받은 사마리아인이 유다인과 사마리아인 사이의 장벽을 넘어서며 예수님께 온전한 믿음을 고백함이 드러났다. 그리고 이 태도를 예수님께서는 '하느님께 영광을 드리러 돌아온 행위'라고 말씀해주신다. "열 사람이 깨끗해지지 않았느냐? 그런데 아홉은 어디에 있느냐? 이 외국인 말고는 아무도 하느님께 영광을 드리러 돌아오지 않았단 말이냐?"(17-18절). 외국인이라는 단어 알로게네스(ἀλλογενής)는 신약에서 단 한 번 여기에 사용되었다. 구약에서 보통 이방인이라고 할 때는 '낯선 사람'이라는 의미의 이방인 파로이코스(πάροικος)를 사용하거나(창세 23,4; 탈출 2,22 등) 이스라엘인이 아니지만 개종하여 함께 사는 다른 민족을 가리키는 이방인이라는 뜻의 프로세루토스(προσήλυτος)를 주로 사용한다(탈출 22,20; 신명 1,16; 5,14; 10,18; 1역대 22,2; 토빗 1,8; 즈카 7,10 등). 신약에서 이방인이라 할 때는 주로 크세노스(ξένος)를 쓴다(마태 27,7; 에페 2,19; 히브 11,13). 16절에 나오는 알로게네스(외국인)는 사마리아인의 믿음을 부각하는 단어이다. 사마리아인은 외국인이었지만 유다인보다 더 훌륭한 믿음을 지녔다는 것이다. 그리고 예수님은 외국인인 이 사마리아인의 태도를 보며 '그의 믿음이 구원을 가져오는 믿음'이라고 선언하신다(19절).

19절

'일어나'(아나스타스 ἀναστὰς) '가라'(포레우오우 πορεύου)는 표현과 '너의 믿음이'(헤 피스티스 수 ἡ πίστις σου) '너를 구원하였다'(세소켄 세 σέσωκέν σε)는 표현이 루카복음의 보편적인 메시지를 전달한다. 구원을 가져오는 믿음이란, 예수님 안에서 활동하시는 하느님의 구원 행위를 전제하면서, 본질적으로 하느님께 감사의 찬미를 드리며 예수님께 돌아간 사람에게서 일어나는 일이다. "네 믿음이 너를 구원하였다"라는 표현은 루카 7,50; 8,48; 18,42에도 나타난다. 여기에 '평안히 가거라' 하며 가거라(포레우오 πορεύω) 동사가 함께 쓰인 곳은 7,50과 8,48이다. 예수님은 돌아온 그를 이제 물리적 치유를 넘어 구원으로 이끄신다. 그는 믿음으로 치유된 것에 이어 구원되었다는 말씀도 듣고 삶으로 나아가게 되는 특별한 축복도 받은 것이다. 그리고 돌아온 그를

'일어나 가라'고 하시며 다시 보내신다. '가다' 동사와 '일어나다'(아니스테미 ἀνίστημι) 동사를 명령형으로 함께 쓰는 것은 히브리어 표현법을 따른 칠십인역에서 볼 수 있다. 그 영향을 받은 루카도 여러 곳에서 이렇게 썼다(루카 5,25.28; 15,18.20; 24,12.33).

예수님께 자비를 청하고 나병 치유를 받은 이들 중 오직 한 사람만이 돌아온 이야기가 이 맥락에서 전하는 메시지는, 그 사람만이 예수님을 통해 하느님을 뵙고, 예수님께서 하시는 구원 행위를 통해 하느님 나라가 실현되고 있음을 확인한다는 것이다.

예루살렘 여정 중에는 제자들과 믿는 이들이 세상에서 구원받기 위해 어떻게 살아야 하는지, 예수님께서 하느님 나라의 복음에 대해 계속 가르치실 뿐만 아니라, 예루살렘에서 하느님의 아드님이요 구원자로서 결정적으로 드러날 예수님의 신원도 좀 더 윤곽을 드러낸다. 그리고 그분은 감사받으셔야 마땅한 분이다. 예수님은 사실 당신을 섬기라거나 당신에게 감사하라고 하시지 않았다. 자비와 사랑으로 자신을 내주며 하느님의 사랑과 구원을 선포하실 뿐이다. 예수님께서 당신이 행하시는 엄청난 치유와 구마와 가르침을 통한 구원 행위에서 아무것도 취하지 않으시니, 그 일에 동참하는 제자들, 사도들, 선교사들도 자신들의 수고와 헌신에 대가를 바라지 말아야 한다(루카 17,7-10). 감사를 받으셔야 하는 분은 하느님과 예수님뿐이다.

2) 하느님 나라의 현존과 사람의 아들의 도래 17,20-18,14

(1) 하느님 나라는 언제 오는가? 17,20-21

예루살렘 여정 중에 바리사이들은 제자들과 더불어 예수님과 대화하는 상대자로 자주 등장한다. 여기서 바리사이들이 예수님께 '하느님 나라가 언제 오느냐?'는 질문을 한다. 이 질문에서, 하느님의 왕권에 대한 유다인들의 인식과 하느님 나라에 대한 그들의 기다림이 드러난다. 이스라엘은 하느님의 권능이 지상에서 실현되기를 희망하고 있다. 그런데 그 실현이 지연되는 것은, 초기 그리스도교의 문제만이 아니라 유다교의 관심사이기도 했다. 지금 바리사이들은 이 시기를 문제 삼으면서 하느님의 왕권이 지상에서 언제 나타날 것인지 종말론적인 질문을 한 것이다. 루카 복음사가는 "하느님의 나라가 언제 오느냐"라는 바리사이들의 질문이 부활하신 그리스도를 믿는 신앙과 결합되어 있고, 곧 이어지는 비유(18,1-14), 엠마오로 가는 제자들의 침통함(24,21), 그리고 부활 이후 사도들의 질문(사도 1,6)과 연결된다는 것을 인식하고 있다.

바리사이들이 예수님께 비호의적인 태도를 계속 보이기는 하나(15,2; 16,14) 그분께 드린 질문에서 비난하거나 시험하려는 의도는 보이지 않는다. '질문하다'에 사용한 동사는 에페로타오(ἐπερωτάω)인데 제자들이 예수님께 질문할 때도 사용한 동사이다(8,9). "예수님께서는 바리사이들에게서 하느님의 나라가 언제 오느냐는 질문을 받으시고 그들에게 대답하셨다"(20ㄱ절). 루카는 바리사이들의 질문을 직접화법이 아니라 간접화법으로 처리하며, 예수님의 답변을 소개하는 데 초점을 맞추는데, 이는 바리사이들의 질문이 마치 제자들이 스승에게 묻는 것처럼 보이지 않도록 하기 위함인 듯하다. 20ㄱ절과 예수님 답변의 앞부분인 20ㄴ절("하느님의 나라는 눈에 보이는 모습으로 오지 않는다")은 루카복음서에만 나온다.

하느님의 나라는 언제(포테 πότε) 오느냐고 시기와 때에 관한 질문을 했는데, 예수님은 그에 대해 답하지 않으신다. 언제 올 것이냐는 질문은 부적절하다. 하느님의 오심은 죽음이 그런 것처럼 모든 생명에게 한결같다. 요점은 시기에 있지 않고, 회심에 있다. 하느님의 나라는 장소가 아니고 다스림이다.

첫 답변의 내용은 "하느님의 나라는 눈에 보이는 모습으로 오지 않는다"이다. '눈에 보이는 모습으로', 메타 파라테레세오스(μετὰ παρατηρήσεως)에서 메타는 '~와 함께'라는 전치사이고, 파라테레시스는 '무엇인가를 주의 깊게 보는 행위, 혹은 주시하는 행위'를 뜻하는 명사다. 주시하거나 관찰할 수 있는 모습으로 오지 않으니, 사실 언제 오는지 알 수가 없을 것이다. 그러하니 당연히 누군가가 눈으로 보고 "'보라, 여기에 있다', 또는 '저기에 있다' 하고 말하지도 않을 것이다"(21절). '말하지 않을 것이다'라는 미래 동사가 사용되었는데, 이어지는 문장은 이미 현재(~이다 ἐστιν)이다. '보라, 하느님의 나라는 너희 가운데에 있다'(이두 가르 헤 바실레이아 투 테우 엔토스 휘몬 에스틴 ἰδοὺ γὰρ ἡ βασιλεία τοῦ θεοῦ ἐντὸς ὑμῶν ἐστιν). 엔토스는 본디 장소를 나타내는 부사인데 여기서 2인칭 복수 인칭대명사 '너희'(ὑμῶν)와 현재 시제 '~이다'(ἐστιν) 동사와 함께 쓰였기 때문에, 엔토스 휘몬(ἐντὸς ὑμῶν)을 어떻게 해석할지가 관건이다. 먼저 '엔토스 휘몬'을 '너희 안에'로 보면, 하느님 나라는 마음 안에 보이지 않는 힘으로 존재한다는 해석이 가능하다. 오리게네스 같은 초기 교부들은 이렇게 보았고 일부 학자들이 이 의견을 따른다. 그런데 하느님 나라를 내적 실재나 사람의 내적 상태로 제시하는 경우를 루카복음서의 다른 곳에서는 찾아볼 수 없다. 또 다른 해석은, 우리말 번역을 비롯한 현대 다른 대부분의 번역처럼 '엔토스 휘몬'을 '너희 가운데'로 보는 것이다. 예수님께서 그들 가운데 계시기에, 하느님 나라는 예수님 존재와 활동에 현존한다는 것이다. 예수님에 의해 선포된 하느님 나라는 실제이다. 순전히 내면적인 인식의 문제가 아니라 예수님의 치유와 악마 추방, 백성의 회심에 의해 실제로 표현된다. 그래서 그들에게는 하느님 나라가 이미 도달했고, 베풀어졌다. 예수님의 말씀과 하느님의 현존과 당신의 백성 사이를 말하는 구약의 신학과 연결하여 이해하기도 한다. Françios Bovon의 견해를 요약하면, 신명 30,11-14은 하느님의 계명이 숨겨져 있지도 않고, 하늘에 있는 것도 아니고 바다 건너편 저쪽에 있는 것도 아니라고 선언한다. 탈출 17,7에 의하면 이스라엘인들은 마싸와 므리바에서 하느님의 현존을 의심하면서 죄를 지었다. 탈출 34,9에서 모세는 하느님께서 목이 뻣뻣한 백성 가운데에 현존하시면서 함께해주시기를 청한다. 스바 3,14-20에서는 딸 시온이 "이스라엘 임금 주님께서 네 한가운데에 계시니"(15절), "승리의 용사께서 네 한가운데에 계시다"(17절)라고 하며 그 때문에 마음껏 즐거워하고 기뻐할 수 있다고 노래한다. 그러니 루카는 17,21에서 묵시적 계산과 의심과 의혹의 표현들로부터 백성 가운데 계신 하느님의 현존으로, 믿음을 현실화하는 데로 주의를 돌리도록 이끈다.

21절을 로마 10,5-13에 비추어서 보기도 한다. 로마 10,5-13은 하느님의 말씀, 그리스도의 현존과 믿음에서 오는 의로움은 우리에게서 멀리 있지 않고, 우리의 입과 마음에 있다고 말한다. 하느님 나라가 우리에게 오심은 예수님 안에서 실현되고(루카 11,20 참조: "내가 하느님의 손가락으로 마귀들을 쫓아내는 것이면, 하느님의 나라가 이미 너희에게 와 있는 것이다"), 오늘 사도들의 설교 안에서 이뤄진다(루카 10,9 참조: "'하느님의 나라가 여러분에게 가까이 왔습니다' 하고 말하여라").

그래서 하느님 나라는 단지 묵시적 범주에서만 말할 수 있는 것이 아니다. 하느님 나라와 사람의 아들, 하느님 나라의 도래와 사람의 아들의 종말론적 오심은 구별되어야 한다. 그 부분은 이어지는 22-37절에서 이야기된다. 물론 두 실재는 연결되어 있으나, 그들 사이, 즉 아드님의 오심과 그분의 마지막 도래 사이, 지금 신중하게 현존하는 그 나라와 시간의 마지막에 강렬하게 드러날 그 나라 사이에는 긴장이 존재한다. 루카 17,21은 이어지는 구절들이 사람의 아들의 도래를 잘 표현하도록 지금의 현존을 강조한다.

(2) 사람의 아들의 날 17,22-37

22-37절은 하느님 나라는 언제 오는가에 대한 바리사이들의 질문(20-21절)과 연결되는 말씀이다. 예수님께서는 제자들에게, 하느님 나라의 현존을 자연스럽게 사람의 아들의 도래와 연관 지어 설명한다. 하느님 나라는 현재와 연결되고, 사람의 아들의 도래는 미래와 연결된다. 둘 사이에는 연속성이 있는 동시에 구별이 있다. 예수님이 선포하신 하느님 나라는 '여기 있다', '저기 있다'고 말할 필요가 없다. 예수님의 권능의 행위 안에서 드러났기 때문이다. 사람의 아들의 오심은 여기, 또는 저기로 갈 필요가 없는데 그의 오심은 하늘 전체에 퍼지는 번개처럼 갑작스럽고 명확할 것이기 때문이다.

22-23절

"예수님께서 제자들에게 이르셨다"(22절). 여기서 청중이 '제자들'로 바뀐 것에는 큰 의미가 없다. 제자들은 예루살렘 여정 중에 늘 예수님 곁에 있었기에 20-21절 장면에도 있었으나 바리사이들에게 초점이 맞춰지며 생략되었고, 이제 제자들을 향한 가르침이 이어짐을 표시할 뿐이다. 바리사이들이 하느님 나라의 오심에 대해 알고 싶어 했던 것처럼 제자들은 종말을 기대하고 있었을 것이다. 그리스도인의 희망이 유다적인 희망과 완전히 구별되게 따로 형성된 것은 아니다. 하지만 하느님 나라는 하느님의 통치가 두드러지게 표현되어, 사람의 아들이 산 이와 죽은 이들의 심판관으로서 봉사할 때인 마지막 때와 완전히 동일하게 드러나지는 않는다.

"너희가 사람의 아들의 날을 하루라도 보려고 갈망할 때가 오겠지만 보지 못할 것이다"(22절). 루카의 독자들에게 '사람의 아들의 날'은 아직 미래이다. 예수님 공생활 후 세월이 흐른 당대는 역사적으로 활동하시는 예수님과 함께하며 제자들이 경험했던 것들은 이제 없는 날들이기에, 루카의 독자들이 사람의 아들의 날을 보려고 갈망하는 때가 왔지만 보지 못한다. 그들이 오래 살지 못한다거나 그날이 절대 오지 않으리라는 말이 아니라, 그들 소망에 맞춰 도래하지 않는다는 의미이다.

사람의 아들(호 휘오스 투 안트로푸 ὁ υἱὸς τοῦ ἀνθρώπου)은 성경 외의 문헌들에서 호격이나 묵시적 인물, 혹은 '나', '그'의 대용어로 사용된 예가 없다. 이 그리스어 단어를 다니 7,13의 '사람의 아들' 즉 히브리어 '바르 에나스'(בַּר אֱנָשׁ)와 연결하려는 시도가 있었는데, 이는 '이스라엘의 거룩한 이들' 곧 복수 인물을 가리키는 상징이었다. 이 집합적 의미가 점차 개인의 호칭으로 발전되어 갔다(에녹 1서 46,2-4; 48,2 등). 그리고 신약성경으로 발전해가는 과정에서는 과도기적으로 묵시적 인물을 가리키는 말로 사용되었다. 신약성경의 네 복음서에서 이 말은 대부분 예수님께서 자신을 지칭하는 데에 사용된다. 문제는 복음사가들이 적용한 단어인지, 예수님 스스로 사용하신 단어인지를 밝히는 것이다. 혹자는 예수님께서 총칭적 의미에서 '바르 에나스'를 사용하셨는데, 초기 전승에서 이것을 호칭적 의미로 이해하여 그분에게 적용했다고 추정한다. 복음서들에서 이 호칭을 이미 사용하고 있기에 루카 고유의 작업으로 볼 수는 없다. 루카는 항상 관사를 붙여 사용하며, 영광 가운데 오시는, 혹은 심판하러 오시는 예수님을 지칭할 때 미래적 의미로 사용한다.

요약하면 예수님의 인간적 상황이나 활동과 관련하여 적용된 이 호칭은 그분의 인성을 표현하기에 그분의 수난에 부합하는 호칭이다. 그런데 영광에 싸여 혹은 심판을 위해 오시는 분으로 묘사할 때는 이 인간적 요소는 넘어선다. 사실 다니 7,13과 연결되는 단어라면 이 호칭에는 하늘의 인물이라는 배경이 들어 있다.

"그러나 너희는 나서지도 말고 따라가지도 마라"(23ㄴ절). 거짓 예언자들이 사람의 아들의 오심과 현존에 대해 선언하는 것을 믿지 마라. 이 경고는 아마도 초기 교회에서 아주 중요한 것이었기에 마르 13,21-23과 어록의 원전(루카 17,23; 마태 24,26)에도 들어갔을 것이라고 본다. 그래서 '나서지도 말고'로 번역된 '메 아펠테테'(μὴ ἀπέλθητε)에서 원과거 명령형으로 쓰인 '떠나다'(아페르코마이 ἀπέρχομαι)는 자기가 있는 그 자리를 떠나지 말라는 사실을 강조하는 말이며, 이어지는 '따라가지도 마라'는 환상이나 가짜 뒤를 따라가지 말라는 뜻이다.

24-25절

“번개가 치면 하늘 이쪽 끝에서 하늘 저쪽 끝까지 비추는 것처럼, 사람의 아들도 자기의 날에 그러할 것이다”에서 ‘자기의 날에’는 네스틀레 알란트가 편집한 그리스어 신약성경(NTG: *Novum Testamentum Graece*) 28판과 GNT 5판에서 괄호 안에 들어 있다. [ἔσται ὁ υἱὸς τοῦ ἀνθρώπου (ἐν τῇ ἡμέρᾳ αὐτοῦ)]. 시나이 사본, 알렉산드리아 사본에는 기록되어 있으나, 파피루스 75와 바티칸 사본, 베자 사본과 고대 역본들에 생략되어 있기 때문에 괄호 안에 넣은 것이다. 아마도 ‘주님의 날’이라는 구약의 관용구를 인자에게 적용한 것이 아닌가 추측한다. ‘번개가 치면 하늘 이쪽 끝에서 하늘 저쪽 끝까지 비추는 것처럼, 사람의 아들도 그러할 것이다.’ 이 표현은 사람의 아들의 오심이 지닌 보편성과 가시성을 분명히 드러내고 있다.

그런데 선행되어야 하는 일이 있다. “그러나 그는 먼저 많은 고난을 겪고 이 세대에게 배척을 받아야 한다”(25절)는 것이다. 말씀하시는 예수님이 당신이 미래에 올 사람의 아들임을 드러내며 동시에 아직 남은 여정을 보여주신다. 그분의 수난과 죽음은 표징의 역할을 할 것이다. 25절은 부재 요소를 강화하는 역할을 하기에 부활은 언급되지 않는다. 이 절은 이렇게 역사적 예수님께서 겪으실 일을 말하며, 그것이 미래에 있을 사람의 아들의 도래를 예고하고 준비한다는 사실을 밝힌다. 예수님께서 죽음과 부활을 통과하여 하느님 오른편에 앉으시기까지 모든 과정은 제자들에게 유익한 것이다(사도 2,33 참조).

제자들은 이 부재 시기 동안에 열망하고 있는 사람의 아들의 도래를 기다리며 믿음으로 굳건하게 견디며 살아야 한다.

26-33절

이 부분은 추가적인 경고성 말씀으로 두 가지 예가 소개된다. 노아의 때와 롯의 때를 상기시키면서 사람의 아들이 오시는 날에도 그러한 심판이 있을 것이라고 경고한다. "사람의 아들이 나타나는 날에도 그와 똑같을 것이다"(30절). 여기서 '그와 똑같을 것이다'가 가리키는 것은 '홍수가 닥쳐 그들을 모두 멸망시켰다'는 것(27절), '불과 유황이 쏟아져 그들을 모두 멸망시켰다'는 것(29절)으로 틀림없이 '심판'이 있다는 것이다. 그렇기에 아무도 이 땅에 소유물이나 재산을 지키지 못할 뿐더러 자신의 생명도 보존하지 못하며 심판을 받을 것이다.

"제 목숨을 보존하려고 애쓰는 사람은 목숨을 잃고, 목숨을 잃는 사람은 목숨을 살릴 것이다"(33절). 예수님은 심판을 경고하시면서 또한 생명을 보존할 수 있는 길을 알려주신다. 이것은 예수님께서 모든 사람에게 당신 뒤를 따르려면 취해야 하는 태도로 일러주신 바와도 같은 말씀이다. "정녕 자기 목숨을 구하려는 사람은 목숨을 잃을 것이고, 나 때문에 자기 목숨을 잃는 그 사람은 목숨을 구할 것이다"(9,24).

하느님의 마지막 방문에 어떻게 응답할 것인가에 대한 가르침은 현재 방문하셨을 때 요청된 것과 같다. 제자 직분에 불린 이들은 소유와 쾌락, 혼인, 장례 등으로 뒤돌아보지 않고 떠나야 하듯이, 그때에도 목숨을 위해 소유를 위해, 뒤돌아볼 수 없다. 롯의 아내는 잃게 되는 재물을 돌아보았을 때 목숨을 잃었다고 말씀하신다. 사람의 아들의 날에 있을 부르심은 노아의 때, 롯의 때에 있었던 하나님의 부르심과 같다. 노아의 날에도 롯의 날에도 그 일이 있을 것이라고 노아와 롯을 통해 충분히 예고되었던 것을 감안하면 사람의 아들도 사람들이 충분히 준비할 수 있도록 예고하실 것이다.

34-36절

"하나는 데려가고 하나는 버려둘 것이다." 이 말만으로는 드러내고자 하는 뜻이 분명하지 않다. 각각 멸망으로부터 데려가고, 자기 운명이나 심판에 버려둠을 의미할 수 있으나, 심판을 위해 데려가거나 구원을 위해 남겨둔다는 뜻으로도 볼 수 있다. 그런데 31절을 보면, '데려가는' 쪽이 구원받는 쪽이라고 이해할 수 있다. 그들이 살던 방이나 집으로 세간살이나 재산을 가지러 돌아가지 말고, 뒤를 돌아다보지 말라고 하기 때문이다. 그리고 구약성경에서 노아가 살던 곳을 떠나 방주로 들어가 살아남고, 롯이 멸망의 도시로부터 도망나와 살아남은 것을 생각하면 남는 쪽이 아니라 하나님께서 데려가는 쪽이 구원받을 것이라는 사실이 더 분명해진다.

37절

제자들은 예수님께 묻는다. "주님, 어디에서 말입니까?" 바리사이들은 '언제'를 질문했는데, 제자들은 '어디'를 질문한다. 이 질문에 예수님께서 다음과 같이 답하신다. "시체가 있는 곳에 독수리들도 모여든다." 이 격언은 예수님의 심정을 표현한다. 마태오에도 같은 격언이 나타나지만 문맥은 다르다. 독수리들은 주검이 있는 곳에 반드시 나타날 것이며 인자의 날에도 독수리들이 나타날 것이라는 뜻인지, 아니면 주검이 독수리들의 눈에 띄듯 그날 역시 눈에 띌 것이라는 이야기인지 모호하다. 현재의 맥락과 루카 21,27("그때에 '사람의 아들이' 권능과 큰 영광을 떨치며 '구름을 타고 오는 것을' 사람들이 볼 것이다")을 근거로 이해하여, 구원받은 이들이 사람의 아들에게로 모여드는 것을 나타낸다고 보기도 한다. 그래서 루카는 "시체가 있는 곳에"라는 그리스어 문장에 '호푸 토 소마'(ὅπου τὸ σῶμα)라고 하여 마태오의 주검(πτῶμα 프토마) 대신에 근본적으로 몸을 가리키는 소마(σῶμα)를 사용하였을 것이다. 물론 당시 문화권에서 소마가 시신을 가리키는 데도 사용되긴 하였다. 루카 23-24장은 십자가에서 돌아가신 예수님의 몸을 지칭할 때 소마를 사용하는데(23,52.55; 24,3.23), 여기에도 돌아가신 예수님의 몸을 가리킬 때 프토마보다는 소마를 사용함으로써 생기는 뉘앙스의 차이는 있다.

(3) 과부와 불의한 재판관의 비유: 항구한 기도 18,1-8

루카는 예수님께서 기도하시는 모습을 간간이 소개해왔다(3,21; 5,26; 6,12; 9,18.28; 11,1). 기도를 가르쳐달라는 제자들에게 기도의 내용을 가르쳐주기도 하셨다(11,2-4). 그리고 기도하는 태도에 대해서도 가르침을 주셨다(11,5-8). 여기서는 현존하는 하느님 나라를 살며 사람의 아들의 날의 도래를 기다리는 이들에게 알려주시는 삶의 태도가 기도이다. 곧 하느님과 어떻게 지속적으로 소통을 하고 살아야 하는지를 가르쳐주시는 것이다.

① 비유의 뜻(18,1)

이 대목은 1절에서 이미 비유의 의미를 제시하고 시작한다. "예수님께서는 낙심하지 말고 끊임없이 기도해야 한다는 뜻으로 제자들에게 비유를 말씀하셨다." 제자들은 하느님이 자녀들의 기도에 기꺼이 응답하신다고 믿고 기도해야 한다. 그런데 여기서는 즉각 눈에 보이게 이루어지지 않는 듯한 기도에 대한 올바른 태도를 말씀하신다. 절대로 지치지 말고, 그만두지 말고 끝까지 기도하라고 격려하시며 비유를 들려주신다.

② 과부의 청(18,2-3)

2절

어떤 고을에 사는 재판관이 소개된다. 그는 "하느님도 두려워하지 않고 사람도 대수롭지 않게 여기는 한 재판관"이었다고 한다. 이스라엘 사람들은 온 마음으로 하느님을 섬기며 하느님의 계명과 규정에 따라 살라는 부르심을 받았다. 그렇기에 재판관이라면 하느님께서 명령하신 대로 백성에게 공정한 재판을 해주어야 한다. 그가 하느님을 두려워하지 않는다는 것은 그들의 전승에 따라 재판하는 모습을 기대할 수 없다는 뜻이다. 또한 사람도 두려워하지 않는다는 것은 인정이나 평판에 개의치 않는 안하무인이라는 뜻이니 한없이 고약하고 가혹한 재판관을 가리킨다.

3절

이어지는 절에서는 그 고을에 사는 과부가 소개되는데 그는 법의 도움을 받아 해결해야 할 사안을 가져온다. "그는 줄곧 그 재판관에게 가서, '저와 저의 적대자 사이에 올바른 판결을 내려주십시오' 하고 졸랐다." 과부라는 사실, 그리고 줄곧 재판관에게 가서 졸랐다는 사실에서 그녀의 절박한 사정이 읽힌다. 절박하기에 절대로 포기못하고 끈질기게 매달리고 있다.

③ 재판관의 응답(18,4-5)

"재판관은 한동안 들어주려고 하지 않다가"(4절)라는 구절은 판결을 내릴 의지가 없는 재판관의 태도를 전해준다. 너무 하찮은 송사라서 그랬는지, 자신에게 이득이 없어서였는지, 까다로운 사안이라 그랬는지, 이유는 알 수가 없다. 다만 여기서는 재판관이 하느님도 두려워하지 않는 데다가, 과부의 처지를 헤아릴 동정심도 없는 사람이니 송사를 마냥 미루고 못 본 척하는 태도를 취했다는 사실만을 알 수 있다. 놀라운 것은 본인이 자신은 그런 사람이라고 인정하고 있다는 점이다(4절). 그랬던 재판관은 과부가 줄곧 졸라대니까, 귀찮아서 판결을 내려야겠다는 생각을 한다. "저 과부가 나를 이토록 귀찮게 하니 그에게는 올바른 판결을 내려주어야겠다. 그렇게 하지 않으면 끝까지 찾아와서 나를 괴롭힐 것이다." 그것을 면하기 위해서 올바른 판결을 내려야겠다고 말하니, 그야말로 자신이 재판관이라는 사실 하나밖에는 인식하지 않는 불의한 재판관이다. 성경이 알려준 최악의 평가는 하느님도 두려워하지 않고 사람도 대수롭지 않게 여기는 불의한 사람이다. 아무튼 그래서 그가 올바른 판결을 내리기로 결정을 한다. 과부의 송사를 해결해주기로 한 것이다.

④ 올바른 판결(18,6-8)

주님께서는 "이 불의한 재판관이 하는 말을 새겨들어라" 하시며 비유의 결론을 풀이해주신다. 이 비유의 핵심은 불의한 재판관까지 움직이게 한 과부의 끈질긴 태도이다. 끈질긴 청이 이뤄내는 것이 무엇인지 비유를 통해 보여주신 후에 이렇게 말씀하신다. “하느님께서 당신께 선택된 이들이 밤낮으로 부르짖는데 그들에게 올바른 판결을 내려 주지 않으신 채, 그들을 두고 미적거리시겠느냐?” 기도를 들으시는 분이 하느님이고 기도하는 이들은 그분이 선택한 사람들이고, 게다가 밤낮으로 부르짖기까지 하는데 어떻게 올바른 판결을 내리지 않을 수 있겠는가 하시며 반드시 올바른 판결을 내리신다고 말씀해 주신다.

그런데 여기서 유의할 것은 기도의 방향이 ‘올바른 판결’이라는 사실이다. 비유에 등장한 주요 인물은 재판관이었고, 과부의 요청은 자신과 적대자 사이에 올바른 판결을 내려달라는 것이었다. 6-8절에서도 올바른 판결이란 단어가 두 번이나 반복하여 사용되었지만, 3절과 5절에도 두 번이나 등장했다. 3절 “올바른 판결을 내려주십시오”라고 번역된 엑디케손(Ἐκδίκησόν)은 ‘누군가에게 정의를 구하다’라는 엑디케오(ἐκδικέω)의 원과거 명령형이다. 5절 “올바른 판결을 내려주어야겠다”는 엑디케오의 미래형인 엑디케소(ἐκδικήσω)이다. 7절과 8절은 ‘올바른 판결을 내려주지 않으신 채’에 명사를, 엑디케시스(ἐκδίκησις) ‘행하다’에 동사 포이에오(ποιέω)를 사용하여 표현하였다. 다만 포이에오 동사를 7절에서는 가정법 원과거형으로, 8절에서는 직설법 미래형으로 사용하였다. 엑디케시스(ἐκδίκησις)의 기본 의미는 ‘복수 혹은 처벌’인데, 여기서는 ‘정의를 이루다, 정의를 내리다’라는 뜻으로 사용되었다.

3절	올바른 판결을 내려주십시오.	Ἐκδίκησόν
5절	올바른 판결을 내려주어야겠다.	ἐκδικήσω
7절	올바른 판결을 내려주지 않으신 채	ποιήσῃ τὴν ἐκδίκησιν
8절	올바른 판결을 내려주실 것이다.	ποιήσει τὴν ἐκδίκησιν

제자들은 지금 현존하는 하느님 나라를 살고 있으나 사람의 아들의 날이 오기까지는 시간 속에 많은 일이 지나야 한다. 그리고 그날이 오기 전에 사람의 아들은 먼저 많은 고난을 겪고 이 세대에게 배척을 받을 것이다. 제자들도 많은 일을 겪을 것인데 낙심하지 말고 끊임없이 기도하며(1절) 살아야 한다. 주님께 선택된 그들이 밤낮으로 정의가 이뤄지기를 부르짖을 것이고, 하느님께서는 그들에게 반드시 지체없이 정의를 내려주실 것이다. 그러니 지치지 않고 낙심하지 말고 끊임없이 해야 하는 이 기도는 심판과, 또 종말 준비와 연관된다. 밤낮으로 정의를 구하는 기도를 바친다는 것은 고난과 박해 상황 속에 있음을 암시한다.

"그러나 사람의 아들이 올 때 이 세상에서 믿음을 찾아볼 수 있겠느냐?"(8ㄴ절). 사람의 아들이 올 때 이 일이 이뤄지겠지만 그때까지 과연 밤낮으로 하느님께 부르짖는 이들이 있겠느냐는 질문이다. 믿음을 찾아볼 수 있을지 의문의 여지는 있을지라도, 하느님께서는 반드시 올바른 판결을 내려주시고 정의를 이루시리라는 사실은 확실하고 틀림없다는 뜻이다.

(4) 바리사이와 세리의 비유: 겸손한 기도 18,9-14

① 비유의 대상(18,9)

"예수님께서는 또 스스로 의롭다고 자신하며 다른 사람들을 업신여기는 자들에게 이 비유를 말씀하셨다." 예수님이 직접 가르치신 대상, "스스로 의롭다고 자신하며 다른 사람들을 업신여기는 자들"은 누구일까? 제자들 가운데 일부를 가리키는가? 아니면 비유에 나오는 것처럼 바리사이들을 지칭하시는가? 그동안 예수님께서 가르침을 주실 때 항상 대상을 명시한 것을 생각하면, 여기 이 대상은 아마도 제자들 그룹과 바리사이와 율법학자 그룹 중 어느 쪽에든 속할 수 있는 이들로 보는 것이 타당하다. 사실 17,7-10에서 사도들에게 겸손한 태도를 취하라고 가르치신 적이 있다. "'종이 분부를 받은 대로 하였다고 해서 주인이 그에게 고마워하겠느냐? 이와 같이 너희도 분부를 받은 대로 다 하고 나서, '저희는 쓸모없는 종입니다. 해야 할 일을 하였을 뿐입니다' 하고 말하여라"(17,9-10).

② 비유(18,10-13)

10절

"두 사람이 기도하러 성전에 올라갔다. 한 사람은 바리사이였고 다른 사람은 세리였다." 비유의 요소가 이 구절 안에 다 들어 있다. 성전이라는 특별한 장소와 바리사이와 세리라는 등장인물 두 사람이다. 성전은 이스라엘 사람들이 하느님 앞에 나서는 장소이다. 여기서는 예루살렘 성전산에 지어진 성전(히에론 ἱερόν)에 올라간 것이다. 예루살렘 거리인 티로페온 길을 통해 남서쪽에서 가든, 사자문을 거쳐 동북쪽에서 가든 성전 구역으로 가려면 올라가야 한다. 히에론으로 올라가 그 넓은 구역에 어디에 그들이 있는지는 밝히지 않는다. 등장인물도 개인 누구가 아닌, 종교 사회적 신원으로 소개한다. 열심히 성실하게 율법을 실천하며 살아가는 바리사이 한 사람, 그리고 이미 직업군으로 율법 밖의 사람이며 죄인 취급을 받는 세리 한 사람이다. 둘 다 유다인이니 주님께 기도하러 성전에 올라간다.

11-12절

먼저 바리사이가 소개된다. 그의 자세와 그가 바친 기도의 내용을 말해준다. "바리사이는 꼿꼿이 서서 혼잣말로 이렇게 기도하였다." '꼿꼿이 서서'라는 표현은 그리스어로 '있다, 서다'라는 히스테미(ἵστημι) 동사의 수동태 원과거 분사 스타테이스(σταθεὶς)이다. 이것은 우선 서 있는 자세를 가리키는데, 프로스 헤아우톤(πρὸς ἑαυτὸν)이라는 전치사구와 결합된 것을 유의해서 볼 필요가 있다. 이 '프로스 헤아우톤'은 직역하면 '자기 자신으로, 자신을 향하여, 혼자'라고 해석할 수 있는데, '서 있는' 것을 수식하는지, '기도했다'를 수식하는지 분명치가 않다. 전자라면 '꼿꼿이 서서'라는 표현이 적절하고, 후자라면 '혼잣말'로 기도했다는 뜻으로 볼 수 있다. 물론 바리사이는 "오 하느님!" 하고 하느님을 부르며 기도를 시작하기는 한다. 그런데 무엇을 수식하든 이 '프로스 헤아우톤'이 가리키는 것은 분명하다. 자기 자신이다. 바리사이의 시선은 자신을 향해 있고, 자신을 바라보며 자신에 대해 말하고 있다.

"저는 일주일에 두 번 단식하고 모든 소득의 십일조를 바칩니다." 또는 자기 자신을 중심으로 잡고 서 있어 자기가 기준이 되어 말하는 중이다. '오 하느님'을 부르고 하느님께 감사를 드리니 말은 하느님을 향해 있으나 그의 기도 내용은 지상 사람들 사이에, 세상에 위치해 있다. "제가 다른 사람들, 강도 짓을 하는 자나 불의를 저지르는 자나 간음을 하는 자와 같지 않고 저 세리와도 같지 않으니, 하느님께 감사드립니다." 바리사이의 말은 자기 자신에 관한 말들이다. 즉 그는 칭찬할 만한 일들을 많이 했다. 이 사람은 하느님 앞에서 자신의 의로움에 강한 확신을 가지고 있다. 그는 자기의 행위를 판단하고 자기의 삶이 하느님을 기쁘게 해드린다고 여기며 동시에 다른 유다인, 곧 저 세리는 하느님 앞에서 실패했다고 멸시한다.

13절

세리의 자세는 이와는 아주 대조적이다. 그도 서 있다. 바리사이에게 적용된 것과 같은 동사인 '있다, 서다'라는 히스테미(ἵστημι) 동사가 완료형 분사 에스토스(ἑστὼς)로 쓰였고, '멀리'라는 부사 마크로텐(μακρόθεν)이 함께 쓰인 점이 조금 다르다. 이어서 그의 자세가 소개되는데, "하늘을 향하여 눈을 들 엄두도 내지 못하고 가슴을 치며"라고 한다. 하늘을 향해 눈을 둘 엄두도 못 냈다면 눈만 아래로 내리깔 수도 있으나, 일반적으로는 머리가 좀 아래로 숙여지기 마련이다. '꼿꼿이 서서'와는 정말 대조적인 모습이 아닐 수 없다. 그리고 그는 자기 가슴을 친다. 가슴을 치는 행동에는 자신의 행실에 대한 아픔과 뉘우침이 들어 있다. 이미 행동이 많은 것을 표현하고 있다. 세리가 서 있는 위치나 자세는 자신이 하느님 앞에 내세울 것도 없고, 합당하지 못함을 인식하고 있음을 보여준다. '하느님 저는 당신 앞에 나와 서기에도 합당하지 못합니다. 그러나 죄인이라도 주님 앞에 나오지 않을 수는 없습니다.' 이것이 세리가 하느님 앞에서 취한 자세이다. 그의 말은 더욱 전형적인 참회의 기도 형태이다. "오, 하느님! 이 죄인을 불쌍히 여겨주십시오."

③ **의로움**(18,14)

예수님께서 이 둘을 두고 결론을 내리신다. "내가 너희에게 말한다. 그 바리사이가 아니라 이 세리가 의롭게 되어 집으로 돌아갔다. 누구든지 자신을 높이는 이는 낮아지고 자신을 낮추는 이는 높아질 것이다." 예수님의 말씀을 통해 우리는 바리사이가 자기 자신의 죄스러움과 용서를 청할 필요를 인식하는 데 부족했다는 것을 알게 된다. 그는 다른 이들을 멸시하면서 스스로 의롭다고 해서는 안 되었다. 다른 이들에 대한 멸시와 하느님에 대한 순종은 양립할 수 없다. 그는 성전에 올라와 하느님 앞에 나아온 목적을 이루지 못했다.

바리사이가 율법을 실천한 행위 자체가 잘못되었다고 말하는 것이 아니다. 하느님을 공경하고, 그분 말씀에 따라 이루어지는 고귀한 행위들에 어떤 흠을 잡는 것이 아니다. 그러나 스스로 의롭다고 자신하고 다른 사람들을 업신여기는 것은 하느님 앞에 결코 용납되지 않는다는 사실을 예수님은 분명히 말씀하신다.

3. 예루살렘 여정 3: 18,15-19,27

루카의 편집 구조대로 예루살렘 입성(19,28) 전까지 예수님의 여정은 계속되지만, 루카의 고유 자료를 대폭 삽입한 9,51-18,14은 마무리되고 다시 마르코 자료가 사용된다(18,15-19,27).

18,15-17의 어린이 축복 사건은 마르 10,13-16; 마태 19,13-15에 병행 기사가 있다. 루카의 사료인 마르코복음서에 이미 이 두 이야기, 어린이들을 축복하시는 이야기와 영원한 생명에 대해 알아보러 온 부자 이야기는 나란히 대조되어 나타나 예수님 따름에 대한 메시지를 전한다. 그리고 수난의 마지막 예고와도 연결되는데, 루카도 이 맥락을 유지한다. 우리는 루카가 마르코의 사료를 받아들여 기본 메시지를 유지하면서도 자신의 복음 구성의 목적에 맞게 변경하고 조화시키는 부분에 주의를 기울여 메시지를 파악하고자 한다.

1) 하느님 나라의 특성 18,15-34

(1) 어린이와 하느님 나라 18,15-17

18,15-17은 아이들을 축복하시는 예수님의 모습을 통해 하느님 나라에 관해 알려준다. 어린이가 지닌 특성이 앞에 나오는 '자신을 낮추는 것'(14절)과 뒤에 나오는 '물질에 대한 의존을 포기하는 것'(18-30절)을 연결하는 기능을 한다. 그리고 이 모든 것은 하느님 나라의 한 요소가 된다.

15절

"사람들이 아이들까지 예수님께 데리고 와서 그들을 쓰다듬어달라고 하였다. 그러자 제자들이 사람들을 꾸짖었다." 마르코는 어린이들(파이디온 παιδίον)이라고 하는데 루카는 유아(브레포스 βρέφος)라고 좀 더 어린아이를 가리키는 용어를 쓴다. '데리고 와서'는 '가져오다'라는 뜻의 프로스페로(προσφέρω)의 직설법 미완료형을 써서, 사람들이 예수님께 쓰다듬어달라고 아이를 안고 오는 일이 잦았고 반복적이었다는 것을 드러낸다. 제자들은 아이나 어린이들은 예수님과 특별히 볼 일이 없고, 아이들을 예수님께 만져달라는 일은 중요한 일이 아니라고 여겨 스승님을 성가시게 하지 말라고 한 것으로 보인다.

16-17절

"예수님께서는 그 아이들을 가까이 불러놓고 이르셨다." 원문을 직역하면, '그러자 예수님께서는 그들을 가까이 불러놓고 이르셨다'이다. 여기서 '그들을'(αὐτὰ)이 중성 3인칭 복수이니 브레포스(유아)의 복수인 '어린아이들'을 가리킨다. 그러나 이어지는 문장에서는 마르코 그대로 '파이디온'(παιδίον)을 사용한다. "어린이들이 나에게 오는 것을 막지 말고 그냥 놓아두어라. 사실 하느님의 나라는 이 어린이들과 같은 사람들의 것이다." 예수님은 아이들이 당신에게로 다가오게 하시며 막지 말라고 하신다. 우선 예수님은 당신에게 다가오는 인간 존재를 거부하신 적이 없으시고 누구든 가까이하셨다. 성인 남녀들은 살아온 인생과 함께 예수님께 나아와 치유를 받고 말씀을 듣고 한다. 그리고 때로 예수님은 그들에게 손을 얹어주신다. 아이들은 자의가 아니라 부모가 데려온 것이다. 부모들은 자신의 아이들이 아직 말은 못 알아들을지라도 예수님의 손길이 자기 아이들에게도 닿기를 바라는 마음으로 아이들을 데려온 것이다. 예수님께서는 아이들에게 손을 얹어주신다. 아이들은 부모의 손에 온전히 의존되어 부모가 베푸는 사랑을 받고 예수님께서 주시는 사랑과 축복의 손길을 온전히 다 받는다.

"사실 하느님의 나라는 이와 같은 사람들의 것이다"(τῶν γὰρ τοιούτων ἐστὶν ἡ βασιλεία τοῦ θεοῦ)에서 토이우톤(τοιούτων)은 '이와 같은, 그런 종류의'라는 뜻을 가진 토이우토스(τοιοῦτος)의 대명사적 형용사의 중성 복수 속격이니, 16ㄴ절에서 언급하신 중성 명사 파이디온(παιδίον = 어린이)을 받는 것이 확인된다. 그러니 하느님의 나라는 어린이와 같은 사람들의 것이다. 어린이들의 것이라 하지 않고, 어린이와 같은 사람들의 것이라고 하셨다. 부모에게 안겨 와서 앞에 계신 예수님께서 주시는 사랑에 온전히 열려 있고, 주시는 대로 받고 응답하는 아이들의 모습을 본다. 이 말씀은 사람의 내적 사정에 대해 말하지 않고 하느님 나라를 대하는 태도가 어떠해야 하는지 밝힌다.

예수님은 이 사실을 17절에서 다시 명확하게 말씀하신다. "내가 진실로 너희에게 말한다. 어린이와 같이 하느님의 나라를 받아들이지 않는 자는 결코 그곳에 들어가지 못한다." 관건은 하느님 나라를 받아들이는 태도이다. 어린이와 같이 하느님 나라를 받아들여야 하느님 나라에 들어갈 수 있다. 데코마이(δέχομαι)는 기본 뜻이 '받다'인데, 루카 2,28에 시메온이 아기를 두 팔에 '받고'(받아 안고)라고 할 때도 같은 단어가 쓰였다. 또한 '누군가를 받아들이는, 환영하는'의 뜻이 여기 18,17에 적용된다. 루카 16,4에서 불의한 집사가 미래에 자기를 '맞아들이게 해야지'라고 할 때의 그런 맞아들임이다(루카 9,5.11; 10,8.10 참조).

어린이와 같이 받아들이는 이들에게 하느님 나라를 주신다는 예수님의 말씀은 큰 자비를 드러내는 사랑이다. 믿음과 신뢰로 달려드는 이들에게 하느님 나라를 허락해주신다는 엄청난 선언이다. 입장 조건이 간단하고 쉽다. '믿음이 너를 구원하였다'와 쌍벽을 이루는 신뢰로 기꺼이 받아들이는 이들에게 하느님 나라를 약속하신다. 이 어린이와 같이 예수님께 다가오고, 예수님을 맞아들이는 이들은 복음서 곳곳에서 소개된다. 예수님 말씀을 들으려고 예수님 주변으로 가까이 다가오는 세리와 죄인들, 예수님께 믿음으로 청하러 다가오는 병자들, 가난한 이들이 그들이다.

(2) 재물과 하느님 나라 18,18-30

18-19절

"어떤 권력가가 예수님께, '선하신 스승님, 제가 무엇을 해야 영원한 생명을 받을 수 있습니까?' 하고 물었다." 무엇을 해야 영원한 생명을 받을 수 있느냐는 질문, 영원한 생명을 얻는 방법에 대한 질문은 루카복음에서 이 구절이 두 번째이다. 10,25에서 어떤 율법 교사가 예수님을 시험하기 위하여 같은 질문을 했었다. 그때 예수님은 율법에 무엇이라고 쓰여 있는지 되물으셨고, 그가 '하느님 사랑과 이웃 사랑'에 대한 성경 본문으로 대답하자 옳게 대답했다고 수긍해주시며 그에게 그렇게 행하라고 답하셨다(10,25-28). '영생'에 대한 주제는 '하느님 앞의 의로움', '하느님 나라에 들어감'이라는 주제와 같은 맥락에 있는 것으로 앞의 이야기와 연결된다.

여기서 질문한 사람은 아르콘(ἄρχων), 곧 지도자급에 속하여 유다에서 행정적 권위를 지닌 사람으로 '권력가'라고 번역되었다. 위 이야기와 하느님 나라와 영생이라는 주제로 연결되는 상황에서 아르콘이라는 단어는 '어린이와 같이 하느님 나라를 받아들이는 사람'을 표상했던 '어린아이'(브레포스), '어린이'(파이디온)와는 아주 대조적인 인물을 가리키는데, 이런 사람이 예수님 앞에 등장했다. 그는 예수님께 '선하신 선생님'(디다스칼레 아가테 Διδάσκαλε ἀγαθέ) 하고 부른다. 그런데 예수님은 이 호칭에 호감을 보이지 않으신다. "어찌하여 나를 선하다고 하느냐? 하느님 한 분 외에는 아무도 선하지 않다"(19절)라고 하시며 그가 적절한 언어를 사용하지 못했다고 책망하신다. 그리고 형용사 '선한'을 절대적 의미로 사용하여 이 특성은 오직 하느님께만 적용할 수 있다고 말씀하신다. 예수님은 그와 대화하시면서도, 그가 하느님을 직면하도록 하신다. 그 질문에 대한 답은 율법의 해석에 달린 것이 아니라 유일하게 선하신 하느님께 달려 있기 때문이다. 예수님은 이런 방식으로 율법의 바른 해석과 관련하여 유다이즘 내에서 당신 고유의 특이성을 보이신다. 예수님은 이미 많이 존재하는 율법 전문가나 해석자가 되기를 원치 않으신다. 그분의 하느님께는 이제 말에만 머물러 있을 위험이 있는 해석자가 아니라 행동하는 예언자가 필요하기 때문이다.

20-21절

"너는 계명들을 알고 있지 않느냐? '간음해서는 안 된다. 살인해서는 안 된다. 도둑질해서는 안 된다. 거짓 증언을 해서는 안 된다. 아버지와 어머니를 공경하여라'"(20절). 예수님은 십계명 중에서 하느님께 드리는 경외로 요약되는 앞의 세 계명 다음에 오는 다섯 계명을 열거하신다. "그가 예수님께 '그런 것들은 제가 어려서부터 다 지켜왔습니다' 하고 대답하였다"(21절). 초기 그리스도인들은 율법을 준수하는 것이 가능하다는 것과 이 순종은 생명에 이르게 한다는 것을 대부분 믿고 의심하지 않았는데, 이것은 유다교에 기반을 둔 것이다. 유다인들은 어려서부터, 그러니까 바르 미츠바 행사(일종의 성인식) 이후 율법을 준수할 의무가 생기고부터는 일반적으로 다들 율법을 지키며 살기에 이 권력가의 대답은 진정성이 있다. 그 사람은 기본적인 것들은 어려서부터 다 해왔는데 영원한 생명을 받기 위해 무엇을 더 해야 하는지 묻는 것이다. "제가 무엇을 해야 영원한 생명을 받을 수 있습니까?" 그가 무엇을 기대하며 질문을 했는지는 알 수 없으나 예수님의 답변에 만족하지 못한 것은 알 수 있다. "그런 것들은 제가 어려서부터 다 지켜왔습니다." 처음에 "제가 무엇을 해야 영원한 생명을 받을 수 있습니까?"라고 질문을 할 때 그는 하느님께 직접 연결되는 엄청난 경배 같은 대단한 무엇을 기대했는지도 모른다. 그런데 예수님께서 주신 답변은 사람들과 관련된 계명이었다. 세상에서 사람들과 살아가는 삶의 태도를 말씀하셨다. 그래서 그가 제가 어려서부터 다 지켜온 그런 것 말고 다른 것을 알려달라는 암시를 하자, 예수님은 여전히 세상에서 사람들과 관련된 것을 제시하신다.

22-23절

"예수님께서는 이 말을 들으시고 그에게 이르셨다. '너에게 아직 모자란 것이 하나 있다. 가진 것을 다 팔아 가난한 이들에게 나누어주어라. 그러면 네가 하늘에서 보물을 차지하게 될 것이다. 그리고 와서 나를 따라라'"(22절). 예수님은 율법을 다 지켜 당당한 그에게 다시 말씀을 주셨는데, 세 가지 요점이 있다. 먼저 그의 상태는 모자람이 있다는 것을 지적하시고, 바로 그가 해야 할 행동을 알려주신다. '가진 것을 다 팔아 가난한 이들에게 나누어주어라. 그러면 네가 하늘에서 보물을 차지하게 될 것이다.' 이 말씀에서 알 수 있듯이 그에게 모자란 것 하나는 '하늘에 그가 차지할 보물이 없다'는 것이다. 하늘에서 차지하게 될 보물은 그가 가진 것을 다 팔아서 가난한 이들을 돕는 것으로 이제 마련해야 한다. 권력가가 어려서부터 다 지켰다는 계명은 금지 조항이다. 한마디로 나쁜 행동을 하지 않았고 몸가짐을 조심하여 남에게 해를 끼치지 않았다는 것이다. 그리고 혈육인 부모를 공경하였다. 그렇다면 그가 '한 것'은 무엇인가? 그는 이웃을 위해 무엇을 하였는가? 이웃에게 해를 끼치지 않는 소극적인 방식도 매우 중요하지만, 이웃을 사랑하고 적극적으로 가난한 이웃을 돕는 행위가 필요하다. 그가 영원한 생명을 추구하고 있기 때문이다. 그가 영원한 생명을 얻고 하느님을 섬기는 길을 찾고 있다면, 재물을 포기해야 한다. 하느님과 재물을 함께 섬길 수는 없기 때문이다(루카 16,13 참조). 예수님은 그에게 그런 후에 "나를 따라라" 하고 말씀하신다.

"그는 이 말씀을 듣고 매우 슬퍼하였다. 그가 큰 부자였기 때문이다"(23절). 그 권력가는 그렇게 실제적인 교훈을 기대하지 않았던 듯하다. 결국 큰 슬픔에 빠져 자기 의지를 표현하지 못한 채 있는데, 이 슬픔은 그의 갈등을 드러낸다. 영원한 생명을 받고 싶은데, 재물을 자신에게서 다 없애는 것은 너무도 큰 상실이기에 슬프다. 여기서 처음에 권력가가 예수님께 '선하신 선생님'이라고 불렀을 때, '하느님 한 분 외에는 아무도 선하지 않다'고 하시며 제동을 거신 이유를 생각해보자. 이 사람은 처음에 영원한 생명과 선함에 대한 갈망을 드러냈고 예수님은 그것이 하느님을 향한 것임을 알려주셨다. 그리고 이제 선하신 하느님과의 관계에 대해 마음을 정하도록 요청받는다. 그의 질문과 추구는 하느님을 향한 것이므로, 가진 모든 것을 거는 도전이 필요하다는 말씀을 하신 것이다.

24-27절

"예수님께서는 그가 매우 슬퍼하는 것을 보고 말씀하셨다. '재물을 많이 가진 자들이 하느님 나라에 들어가기는 참으로 어렵다! 부자가 하느님 나라에 들어가는 것보다 낙타가 바늘귀로 들어가는 것이 더 쉽다.'" 예수님께서 하신 말씀은 지금 예수님 눈앞에서 벌어지고 있는 사실을 보시며(Ιδὼν '보다' 동사의 원과거 분사) 말씀하시는 것이다. 그가 '몹시 슬퍼한다'는 이 사실은 23절(페리뤼포스 에게네테 περίλυπος ἐγενήθη)과 24절(페리뤼폰 게노메논 περίλυπον γενόμενον)에 두 번이나 표현되어 강조되었다. 페리뤼포스(περίλυπος)는 '아주 깊게 슬픈, 극심한 비탄, 심하게 괴로운'을 뜻한다. 예수님께서 겟세마니에서 "내 마음이 너무 괴로워 죽을 지경이다"라고 하실 때 '너무 괴로워'(Περίλυπός ἐστιν)에 쓰인 단어(마태 26,38; 마르 14,34)이고, 또 헤로데가 헤로디아의 청을 듣고 한 표현인 "몹시 괴로웠지만"(περίλυπος γενόμενος)과 같은 말이다(마르 6,26). 선하신 예수님께 영생을 얻는 방법을 듣기 원했던 그 사람은 예수님의 답변을 듣고 너무도 괴로워한다. 이에 예수님께서 '재물을 많이 가진 자들이 하느님 나라에 들어가기는 참으로 어렵다'라고 하신 것이다.

마르코는 예수님 답변에 그가 '울상이 되어 슬퍼하며' 떠나갔다고 표현하고, 마태오는 '슬퍼하며' 떠나갔다고 말한다. 그리고 그러한 행동의 이유를 마르코와 마태오 둘 다 '그가 많은 재물을 가지고 있었기 때문'이라고 표현한다. 루카는 그의 반응을 뤼페오(λυπέω 슬퍼하다)보다는 훨씬 강도가 센 단어 페리뤼포스(περίλυπος)를 사용하였다. 그가 부자라는 표현에도 '엔 가르 플루시오스 스포드라'(ἦν γὰρ πλούσιος σφόδρα')라고 해서 그는 스포드라(엄청나게, 더없이, 몹시, 매우) 플루시오스(부유한) 하다고 말한다. 대단한 부와 극심한 고뇌가 대조된다.

마르 10,22	ὁ δὲ στυγνάσας ἐπὶ τῷ λόγῳ ἀπῆλθεν λυπούμενος· ἦν γὰρ ἔχων κτήματα πολλά.
	그러 나 그는 이 말씀 때문에 울상이 되어 슬퍼하며 떠나갔다. 그가 많은 재물을 가지고 있었기 때문이다.

마태 19,22	ἀκούσας δὲ ὁ νεανίσκος τὸν λόγον ἀπῆλθεν λυπούμενος· ἦν γὰρ ἔχων κτήματα πολλά.
	그러나 그 젊은이는 이 말씀을 듣고 슬퍼하며 떠나갔다. 그가 많은 재물을 가지고 있었기 때문이다.
루카 18,23	ὁ δὲ ἀκούσας ταῦτα περίλυπος ἐγενήθη· ἦν γὰρ πλούσιος σφόδρα.
	그는 이 말씀을 듣고 매우 슬퍼하였다. 그가 큰 부자였기 때문이다.

루카에서 특이한 점은 다른 공관복음서와 달리 '그가 떠나갔다'(ἀπῆλθεν)는 표현을 하지 않는다는 것이다. 열린 결말이다. '페리뤼포스'(περίλυπος) 단어가 사용된 다른 부분에서, 헤로데가 몹시 괴로워도 결국 행동을 하고야 말았고, 예수님께서 너무 괴로우셨어도 결국 그 잔을 받아 마신 것을 생각하면, 이 부자도 무엇인가 행동하는 결단을 내리는 것으로 귀결되어야 할 것 같다. 그러니 그렇게나 슬프고 힘들어도 예수님 말씀을 따르게 되기를 바라는 결말일 가능성도 있다고 본다. 사실 사도행전에 의하면 신자들이 재물을 팔아서 내놓고 필요한 만큼 나누어 받곤 하였다는 사례가 있다(사도 4,34-37). 그리고 예수님도 가능성을 말씀하고 계시다. 부자가 너무 슬퍼하는 모습에서 큰 어려움을 보셨고, 그 어려움을 인정하고 수긍하시면서 실은 가능하다고 말씀해주고 계시다. 그는 큰 부자이기에 너무도 슬프지만, 그가 하느님을 선택하면 가능한 일이 된다.

사람들은 예수님 말씀에서 '참으로 어렵다'는 사실보다 '불가능하다'로 결론을 내리고 "그러면 누가 구원받을 수 있는가?" 하고 말하지만(26절), 예수님께서는 가능하다는 말씀을 하신다. "사람에게는 불가능한 것이라도 하느님께는 가능하다"(27절). 가진 모든 것을 포기하는 것은 진정으로 쉬운 일이 아니다. 그러나 불가능한 일은 아니다. 참으로 어렵겠지만, 마치 낙타가 바늘귀로 들어가는 것처럼, 아니 그보다 더 어렵겠지만 가능한 일이라고 하신다. '하느님께는 가능하다'는 그리스어로 두나타 파라 토 테오 에스틴(δυνατὰ παρὰ τῷ θεῷ ἐστιν)이다. 여기사 전치사 파라(παρὰ)는 기본적으로 '함께'(with)라는 의미를 지니는데, 세 가지 경우로 세분해서 사용된다. 파라(παρὰ) 다음에 명사의 소유격이 오면 '~에서, ~의 측면에서'로, 여격이 오면 '~ 옆에, 가까이에'로, 목적격이 오면 '~ 공간의 측면에'라는 뜻으로 해석할 수 있다. 27절에서는 테오스(θεός 하느님)가 여격(테오 θεῷ)으로 쓰였으니, 하느님 옆에서, 즉 하느님 가까이에서는 가능하다는 의미로 볼 수 있다. 그가 하느님과 맺는 관계에서는, 곧 그가 하느님을 섬기기로 결단을 내리면, '하느님 곁에서 그에게 가능하게 된다'는 말씀이다. 루카 1,34-37에서 마리아가 "어떻게 그런 일이 있을 수 있겠습니까?" 하였을 때, 천사가 "하느님께는 불가능한 일이 없다"라고 답한다. 여기에서는 파라 투 테우 판 레마(παρὰ τοῦ θεοῦ πᾶν ῥῆμα)라고 하여 파라 다음에 소유격이 쓰였다. 하느님의 측면에서는, 곧 '하느님께는 모든 말씀이 불가능하지 않다'가 된다. 이어지는 구절에서 그런 예가 하나 소개된다.

28-30절

그때 베드로가 "보시다시피 저희는 가진 것을 버리고 스승님을 따랐습니다" 하고 말하였다(28절). 베드로가 말하는 '우리'는 예수님을 따라나선 제자들을 가리킨다. '우리의 것을 버리고 당신을 따랐다'고 하는데, 루카복음서 앞부분에 이미 기록된 대로이다. 베드로, 안드레아, 야고보와 요한의 경우, "그들은 배를 저어다 뭍에 대어놓은 다음, 모든 것을 버리고 예수님을 따랐다"(루카 5,11). 레위의 경우 "그러자 레위는 모든 것을 버려둔 채 일어나 그분을 따랐다"(5,28). 베드로의 말은 예수님의 말씀이 실제로 일부 사람들에 의해 실행되었다는 구체적인 증거로 제시된다. 물론 그들이 엄청난 부자는 아니었지만, 26절에서 "재물을 많이 가진 자들이 하느님 나라에 들어가기는 참으로 어렵다!"라는 말을 들은 사람들이 하느님 나라에 들어가는 사람은 거의 없을 듯이 "그러면 누가 구원받을 수 있는가?" 하고 말했기 때문이다. 그래서 '가진 모든 것을 버리고 예수님을 따른 사람들이 있다'고 베드로가 말하는 것이다.

예수님께서 그러한 그들에게 말씀하신다. "내가 진실로 너희에게 말한다. 누구든지 하느님의 나라 때문에 집이나 아내, 형제나 부모나 자녀를 버린 사람은, 현세에서 여러 곱절로 되받을 것이고 내세에서는 영원한 생명을 받을 것이다"(29-30절). 현세에서도 버린 것에 대한 보상을 받을 것이고, 내세에서는 영원한 생명을 받을 것이다. 그 권력가가 예수님께 와서 얻고 싶어 질문했던 '영원한 생명'을 받을 것이라고 말씀해주신다.

(3) 수난과 부활 예고 18,31-34

31절

"보다시피 우리는 예루살렘으로 올라가고 있다. 이제 사람의 아들에 관하여 예언자들이 기록한 모든 일이 이루어질 것이다." 9,51에서 '하늘에 올라가실 때가 차자, 예수님께서는 예루살렘으로 가시려고 마음을 굳히시고' 시작한 예루살렘 여정이 거의 막바지에 다다르는데, "예수님께서 열두 제자를 데리고 가시며 이르신다." 열두 제자에게 예루살렘을 향한 여정 중이라는 사실을 확인시키며, 그 예루살렘에서 "예언자들이 기록한 모든 일이 이루어질 것"이라고 하신다. '예언자들이 기록한'이라는 말은 토라와 다윗의 시편과 예언서들을 암시한다. 곧 예수님께 일어날 수난과 부활 사건이 성경적 토대 위에서 이루어지는 일이라는 뜻이다. 이렇게 예수님은 일어날 수난과 부활에 대해 그 근본 의미를 열두 제자에게 가르치신다. 후반부로 가면서, 루카는 예수님의 일은 성경에 기록된 일이 이루어진 것이라고 반복하여 강조할 것이다.

32-33절

예루살렘으로 가는 길목에 있는 큰 도시 예리코에 다다르기 전, 예수님은 당신이 겪으실 운명을 자세히 말씀하신다. 먼저 "사람의 아들은 다른 민족 사람들에게 넘겨질 터인데, 그들은 사람의 아들을 조롱하고 모욕하며 침 뱉을 것이다"(32절). 상당히 구체적으로 당신이 겪으실 일을 말씀하신다. 다른 민족 사람들에게 넘겨져 조롱과 모욕을 받고, 사람들이 당신에게 침까지 뱉을 것이라고 하신다. 33ㄱ절에서는 매를 맞고 죽임을 당할 것이라고 하신다. 그분이 겪으실 수난의 과정이 세부적으로 묘사되고 있다. 33ㄴ절에서는 "사흘 만에 다시 살아날 것이다"라고 하시며 부활 예고도 하신다. 이 모든 것이 "사람의 아들에 관하여 예언자들이 기록한 모든 일"이고 다 이루어질 것이라고 하신다. 이 결정적인 예고에 이르기 전에 여러 번 암시가 있었다(9,31.51; 13,33; 17,25).

18,31	우리는 예루살렘으로 올라가고 있다. 이제 사람의 아들에 관하여 예언자들이 기록한 모든 일이 이루어질 것이다.
암시	영광에 싸여 나타난 그들은 예수님께서 예루살렘에서 이루실 일, 곧 세상을 떠나실 일을 말하고 있었다(9,31 참조).
	하늘에 올라가실 때가 차자, 예수님께서는 예루살렘으로 가시려고 마음을 굳히셨다(9,51 참조).

18,32	사람의 아들은 다른 민족 사람들에게 넘겨질 터인데, 그들은 사람의 아들을 조롱하고 모욕하며 침 뱉을 것이다.
암시	그러나 그는 먼저 많은 고난을 겪고 이 세대에게 배척을 받아야 한다(17,25 참조).
18,33ㄱ	또 채찍질하고 나서 그를 죽일 것이다.
암시	그러나 오늘도 내일도 그다음 날도 내 길을 계속 가야 한다. 예언자는 예루살렘이 아닌 다른 곳에서 죽을 수 없기 때문이다 (13,33 참조).
18,33ㄴ	그러나 사람의 아들은 사흘 만에 다시 살아날 것이다.

34절

"제자들은 이 말씀 가운데 아무것도 깨닫지 못하였다. 이 말씀의 뜻이 그들에게 감추어져 있어서, 말씀하신 것을 알아듣지 못하였던 것이다." '아무것도', 하나도 깨달을 수가 없었던 '이 말씀'(토 레마 투토 τὸ ῥῆμα τοῦτο)이라는 용어는 보통 하느님에 의해 발음된 문장을 나타내기 위해 사용된다. 2,50에서처럼 여기서도 성서적 무게를 지니는 예수님의 말씀을 가리킨다. 그 뜻이 밝혀질 필요가 있는 이 말씀이 열두 제자에게 감춰져 있어 제자들은 하나도 알아듣지 못한다. 말하자면 그 뜻이 아직은 봉인되어 있어서 알아듣지 못한 것이다.

인간적 견지에서 보자면, 스승이고 주님이며 구원자이신 예수님이 그동안 보이신 행동과 가르침으로 인한 권위와 품위 등을 아는 제자들에게는 상상조차 하기 어려운 일이었을 것이다. 다른 민족에게 넘기다니, 누가 왜 어떻게 유다인인 예수님을 다른 민족에게 넘기는지 짐작조차 못했을 것이고, 그들이 예수님을 조롱하고 모욕하고 침을 뱉고 때리기까지 하다니, 모든 말씀이 너무도 비현실적이라서 깨달을 수 없었을 것이다. 살해된다는 것도 이해하기 어려운데, 사흘만에 부활한다고 말씀하시니 어안이 벙벙했을 것이다. 사실 예수님의 이런 말씀을 알아듣는 사람이 더 이상할 듯하다. 그동안 예수님과 함께 지내면서 그분을 체험한 바로는 그분이 사람들에게 그런 일을 당한다는 것은 불가능해 보이는 결말이었을 것이다.

2) 사람의 아들 18,35-19,27

이 대목은 예수님께서 제자들과 함께 시작한 예루살렘 여정의 막바지로 예루살렘 입성 바로 전까지를 이야기한다. 여기서 다윗의 자손이란 칭호가 등장하며 왕권 이야기가 다뤄지기 시작하는데, 왕과 관련된 범주들은 중요하다. 예수님께서 행하신 갖가지 일과 가르침은 메시아를 임금으로 여기며 기대했던 생각들을 재정의한다.

(1) 다윗의 자손 18,35-43

35-36절

"예수님께서 예리코에 가까이 이르셨을 때의 일이다." 예루살렘으로 향한 여정에서 처음으로 구체적인 지명이 언급된다. 이곳에 다다랐다는 것은 이제 예루살렘에 거의 다 왔으며, 예루살렘으로 들어가기 전에 벌어진 마지막 사건들을 이야기한다는 의미를 내포한다.

"어떤 눈먼 이가 길가에 앉아 구걸하고 있다가, 군중이 지나가는 소리를 듣고 무슨 일이냐고 물었다." 예리코는 오아시스 지역으로 구약시대부터 오랫동안 사람들이 거주하는 제법 큰 도시이고, 또한 팔레스티나 남북을 잇는 요르단 길과 또한 요르단강의 동서 지방인 페레아와 유다를 잇는 교통 요충지이기도 하기에 오가는 사람이 많았을 것이다. '길가에'(파라 텐 호돈 παρὰ τὴν ὁδὸν)라는 표현에서 길(호도스)은 14,23에서 말했듯이 도시 안에 있는 길들과는 구분되어, 한 장소에서 다른 장소를 잇는 길을 가리키니 다른 고을, 혹은 마을과 예리코를 잇는 길을 말한다. 예리코로 들어가는 길목에 앉아서 구걸하는 어떤 눈먼 이가 군중이 지나가는 소리를 듣게 된다. 그가 무슨 일이냐고 묻는다. 보통 때와는 다른 상황을 인식한 것이다. '티 에이에 투토'(τί εἴη τοῦτο)에서 흥미로운 것은 에이에(εἴη)가 '이다, 있다'를 뜻하는 에이미(εἰμί) 동사의 기원형 현재형이라는 사실이다. '이게 무슨 일일까요?', 이 길에 군중이 지나가는 소리가 들리다니 '무슨 일이 생긴 것일까요?' 하는데 무엇인가 일어나리라는 기대에 찬 질문이라고 볼 수 있다.

37-39절

"나자렛 사람 예수님께서 지나가신다"(38절). 이것이 그가 들은 응답이다. 나자렛 예수가 지나간다는 말은, 그분과 함께 그를 따르는 사람들, 그에게 은혜를 입은 사람들, 자비를 입고 싶은 사람들 등 많은 군중이 지나가는 소리가 들리는 이유를 설명해준다. 이어지는 그의 외침에서 그 역시 나자렛 예수에 대한 말을 익히 들어 알고 있음을 짐작할 수 있다. 그가 "예수님, 다윗의 자손이시여, 저에게 자비를 베풀어주십시오" 하고 부르짖는다. '부르짖었다'고 한다. 보아오(βοάω) 동사는 '큰 소리 지르다, 외치다'라는 뜻이다. 그는 명확하게 제일 먼저 '예수님'(Ιησοῦ)을 부른다. 그리고 연이어 '다윗의 자손'(휘에 다비드 υἱὲ Δαυίδ)이라고 외치며 자비를 베풀어달라고 청한다(엘레에손 메 ἐλέησόν με). 앞서 가던 이들이 그에게 잠자코 있으라고 꾸짖었다는 것을 보면 어지간히 크고 시끄럽게 외친 듯하다. 그는 아랑곳하지 않고 필사적으로 더욱 큰 소리로 외쳤다. "다윗의 자손이시여, 저에게 자비를 베풀어주십시오." 그는 이 기회를 놓칠 수 없다. 나자렛 예수 이야기를 많이 들었지만 눈이 안 보이는 그로서는 갈릴래아로 갈 수가 없었다. 그런데 그분이 지나간다니 어찌 그분을 놓치랴! 어떻게든 그분께 다가가야 한다. 안 보이는 시력으로 갈 수가 없으니 그가 할 수 있는 것, 큰 소리로 그분을 부른다.

예수님께서 다윗의 자손이시라는 이야기는 루카 1-2장에 주로 예수님 탄생과 관련하여 나타났다. 3장 족보에 나타난 이후, 하느님 나라를 선포하시는 공생활 중에 예수님이 다윗의 자손이라는 말은 여기 처음 나타난다. 그가 예수님을 부르는 호칭이 의미심장하다. "예수님, 다윗의 자손이시여, 저에게 자비를 베풀어주십시오." 이 청원이 하느님께가 아니라 '다윗의 자손'이라 불리는 예수님께 향했다. 이 칭호는 구약에서부터(2사무 7장) 유래하여 유다인들에게 익히 알려진 메시아 사상을 상기시킨다. 이 눈먼 이가 예수님을 메시아로 부른 것은 아마도 그분이 이스라엘을 재건할 것이라면 자신의 시력을 되찾게 해줄 수 있다고 믿었기 때문일 것이다. 눈먼 이는 예수님께서 치유 행위를 하셨다는 소식을 들었던 것이 분명하다. 예수님의 소문이 갈릴래아와 유다 지방 전역으로 퍼져나갔다고 루카는 이미 전했다(4,14.37; 5,17). 다만 새로운 것은 이 눈먼 이가 그분을 메시아로 믿었다는 점이다. 사실 놀라울 것은 없다. 이미 세례자 요한을 통해 루카는 구약의 또 다른 예언을 바탕으로 예수님이 메시아, 그리스도이심을 드러낸 바가 있다. 루카 7,19-23에서 두 번이나 "오실 분이 선생님이십니까? 아니면 저희가 다른 분을 기다려야 합니까?"라는 질문과 예수님의 답변도 들려주었다. "요한에게 가서 너희가 보고 들은 것을 전하여라. 눈먼 이들이 보고 다리 저는 이들이 제대로 걸으며, 나병 환자들이 깨끗해지고 귀먹은 이들이 들으며, 죽은 이들이 되살아나고 가난한 이들이 복음을 듣는다"(7,22). 예리코의 이 눈먼 이가 예수님을 다윗의 자손이라 부르며 치유를 청하는 데서 '오실 분'이 메시아를 가리키는 말임을 알 수 있다.

이처럼 '다윗의 자손'이란 호칭은 루카복음서의 잘 짜인 구조와 흐름 안에서 예수님이 실현하며 통합하시는 의미가 드러나도록 배치되었다. 앞으로 20,41-44의 논쟁을 거치며 그 뜻은 완성될 것이다. 물론 이 호칭은 마태오가 훨씬 더 빈번하게 사용하지만 루카는 이 호칭을 적절한 자리에 배치하여 고유한 메시지를 전달한다.

40-41절

예수님께서 걸음을 멈추시고 눈먼 이를 데려오라고 하신다. 그가 가까이 다가오자 예수님께서 그에게 물으신다. "내가 너에게 무엇을 해주기를 바라느냐?"(티 소이 텔레이스 포이에소 Τί σοι θέλεις ποιήσω;). 예수님은 다윗의 자손으로서, 메시아로서 물으신다. 무엇이든 청하는 것을 다 해주실 있는 분, 곧 신神만이 할 수 있는 질문이다. 구약에 비슷한 문장이 있다. 주 하느님께서 솔로몬 임금에게 주신 말씀이다. '(내가) 너에게 주기를 원하는 것을 청하여라'(αἴτησαί τι αἴτημα σαυτῷ 1열왕 3,5). 눈먼 이는 청원한다. "주님, 제가 다시 볼 수 있게 해주십시오"(퀴리에 히나 아나블렙소 Κύριε ἵνα ἀναβλέψω). 그는 태어날 때부터 눈먼 이는 아니다. 전에 보던 것처럼 다시 볼 수 있게 해달라고 청하는데, 다윗의 자손에 이어 '주님'이라고 고백하며 청한다. 이 대화는 신을 향한 인간의 경건한 언어로 이루어져 있다.

42-43절

예수님께서는 즉시 응답하신다. "다시 보아라. 네 믿음이 너를 구원하였다." 그리고 눈먼 이는 다시 보게 되었다. "다시 보아라" 명령하시고, 그의 믿음이 그를 구원하였다고 선언해주신다. 눈먼 이는 예수님이 다윗의 자손, 메시아, 주님임을 믿었다. 그분이 자기를 치유해주실 수 있는 분임을 믿은 것이다. 이 가난하고 눈먼 이가 시력을 되찾는 것은 4,18의 메시아적 선언의 성취이고 완성이다. 그는 다시 보게 되었고, 구원을 받았다. 예수님의 이런 치유 활동은 단순한 치유가 아니라 믿음을 통해 구원을 완성하시는 것이다. 주 하느님은 "당신 종 다윗 집안에서 우리를 위하여 힘센 구원자를 일으키셨습니다"(1,69)라는 즈카르야의 찬미가가 실현된 것이다.

눈이 멀었던 이는 다시 보게 되었고, 구원받은 기쁨과 감사로 하느님께 영광을 드리며(δοξάζων τὸν θεόν) 예수님을 따른다. 군중도 찬미를 드린다(ἔδωκεν αἶνον τῷ θεῷ). "그는 하느님을 찬양하며 예수님을 따랐다. 군중도 모두 그것을 보고 하느님께 찬미를 드렸다." 그가 예수님을 따랐다는 표현에는 제자로서 따르는 것을 뜻하는 동사인 아코루테오(ἀκολουθέω)가 사용되었고, 직설법 미완료 시제인 에콜루테이(ἠκολούθει)로 표현되어 지속성의 의미가 들어 있으니, 그는 그날 한 번 뒤따른 것이 아니고 제자들처럼 계속 예수님을 따라다녔을 것이라고 짐작할 수 있다.

(2) 잃은 이들을 찾아 구원하러 왔다 19,1-10

자캐오의 이야기는 부유한 세리를 통하여 구원이 어떻게 일어나는지 보여준다. 부유하지만 죄인으로 분류되며 살고 있던 자캐오가 기쁨으로 주님을 영접하고 그와 그의 집안에 구원이 풍성하게 내린다. 18,35-19,27은 사람의 아들에 대한 메시지가 두드러지며 동시에 구원이 주제가 된다. "주님, 구원받을 사람은 적습니까"(13,23), "그러면 누가 구원받을 수 있는가?"(18,26)라는 질문에 루카는 이 이야기들을 통하여 해답을 제시한다. 어떤 면에서는 루카복음의 이야기가 대상으로 삼는 주요 잠재 독자인 '부유하고', '죄인'인 사람이 구원에 이르게 되는 과정이 자캐오 이야기에서 조화롭게 펼쳐진다. 자캐오는 예수님을 만나 회개하고 구원을 받은 뒤 이웃 사랑으로 그 열매를 드러낸다. 자캐오는 회개와 구원에 대한 감사의 표시로, 모은 재산의 반을 가난한 이들에게 나누어주겠다고 한다.

1-3절

"예수님께서 예리코에 들어가시어 거리를 지나가고 계셨다." 예수님은 예리코 시내로 들어가셨다. 풍요로운 도시답게 징수 규모가 큰 곳인지 세관장이 거주하고, 그는 부자다. 아주 구체적으로 한 인물이 소개되었는데, 그의 이름과 사회 · 경제 상황에 이어 그의 관심사와 신체 조건이 언급된다. "그는 예수님께서 어떠한 분이신지 보려고 애썼지만 군중에 가려 볼 수가 없었다. 키가 작았기 때문이다"(3절). 눈먼 이와 달리 자캐오는 예수님이 군중과 더불어 예리코에 나타난 것을 안다. 자캐오는 많은 소문과 기적의 주인공인 그분이 어떤 사람인지 얼굴과 모습을 보고 싶은데, 키가 작아서 군중에 둘러싸인 그분을 볼 수가 없다.

4-5절

"그래서 앞질러 달려가 돌무화과나무로 올라갔다. 그곳을 지나시는 예수님을 보려는 것이었다." 어지간히 보고 싶었나 보다. 세관장이라는 자리에 오른 연륜과 지위가 있는 어른이 누군가를 보기 위하여 나무 위로 올라가는 일이 흔한 일은 아니었을 것이다. 이 모든 것을 아시는 듯, 예수님은 위를 쳐다보시며 그에게 이르셨다. "자캐오야, 얼른 내려오너라. 오늘은 내가 네 집에 머물러야 하겠다"(5절). 여기 사용된 단어들이 흥미롭다. 자캐오가 예수님을 보려고 나무 위로 올라갔는데 정작 '보았다'라는 동사는 예수님께 적용된다. 예수님께서 '위를 올려다 보신다'(아나블레포 ἀναβλέπω). 자캐오는 보기 위해 올라갔고(아나바이노 ἀναβαίνω), 예수님은 올려다보셨다.

"자캐오야, 얼른 내려오너라"(5절). 예수님은 자캐오의 이름을 불러주시고 내려오라고 하신다. '얼른'(스페우사스 σπεύσας) '내려오너라'(카타베티 κατάβηθι). 돌무화과나무가 얼마나 튼튼한지 모르니 오래 머물 곳은 아니다. 그렇다. 나무 위로 오른 것은 일시적인 목적을 위한 것이다. 그 위는 머무를 곳이 아니다. 내려와야 한다. 예수님은 올라간 곳에서 자캐오를 내려오게 하신다. "오늘은 내가 네 집에 머물러야 하겠다." 자캐오가 예수님을 보기 위해 나무 위로 올라갔는데, 예수님은 아예 자캐오 집으로 들어가주신다. 자캐오는 예수님을 볼 수 있을 뿐만 아니라 함께 있을 수 있다. '머물러야겠다'(데이 메 메이나이 δεῖ με μεῖναι). '머무르다'(메노 μένω) 동사가 '~ 할 필요가 있다'고 당위성을 드러내는 데이(δεῖ)와 함께 사용된 구문으로 자캐오에게 특별한 목적이 있음을 드러내신다.

6-8절

이 세 절에 예수님의 말씀과 행동에 대한 여러 반응이 다 나타나 있다. 우선 "자캐오는 얼른 내려와 예수님을 기쁘게 맞아들였다"(6절). 여기서 '얼른'은 그의 즉각적인 응답을 나타내며 동시에 그가 예수님의 말씀에 얼마나 기뻐했는지를 표현한다. 그가 예수님을 맞아들이니 예수님이 자캐오 집에 묵으시는 것이다. "그것을 보고 사람들은 모두 '저이가 죄인의 집에 들어가 묵는군' 하고 투덜거렸다"(7절). 들어가기에 합당하지 않은 자캐오의 집에 묵으신다고 못마땅해하는 사람들이 있다. 이것은 자캐오가 받은 자비가 얼마나 큰지를 드러내는 반응이기도 하다.

그런데 놀라운 일이 일어난다. 자캐오가 말하였다. "보십시오, 주님! 제 재산의 반을 가난한 이들에게 주겠습니다. 그리고 제가 다른 사람 것을 횡령하였다면 네 곱절로 갚겠습니다"(8절). 그가 말한 네 배의 보상이라는 규모는 그가 저지른 잘못을 훨씬 넘어서는 보상이다. 재산의 반을 가난한 이에게 준다는 것은 예수님의 가르침에 대한 응답이다. 예수님이 하신 말씀과 행동은 5절에 나타난 그대로이다. "자캐오야, 얼른 내려오너라. 오늘은 내가 네 집에 머물러야 하겠다." 예수님께서 자기 집에 머무시니, 자캐오는 시키지 않아도 스스로 자신을 돌아보고, 재물을 나누고 보상을 하겠다고 말한다. 자캐오가 '일어서서' 이 말을 했다는 것은 공개적 선언의 의미를 지닌다. 그리고 미래 시제가 아니라 현재 시제 동사로 표현한 것은 그가 틀림없이 실행할 행위임을 드러낸다.

자캐오는 예수님의 가르침을 이미 들어서 알고 있었고 물론 율법도 알고 있었다. 그는 예수님이 자신을 부르시고 찾아주셨다는 사실에 충만하여 자신이 아는 것을 행할 용기를 내고 그대로 실행한다. 사람들은 '예수님이 죄인의 집에 들어가 묵는다고 수근댄다.' 그리고 자캐오는, 죄인인 자신이 변화하면 예수님이 곤란을 겪지 않으실 수 있겠다는 생각을 했을 수 있다. 자캐오가 일어서서 한 말과 행동은 진정한 의미에서 예수님과 함께 머물렀음을 시사한다.

9절

자캐오의 이 행위에 대해 예수님께서 말씀을 내려주신다. "오늘 이 집에 구원이 내렸다. 이 사람도 아브라함의 자손이기 때문이다." 그가 말한 현재 시제에 걸맞게 '오늘'이라는 부사로 현재성을 강조하시고 그의 행동으로 '구원'되었음을 선언하신다. 그런데 '이 집에 구원이 내렸다'고 하시어 자캐오 자신뿐만 아니라 이 집, 그를 가장으로 하는 이 집안이 모두 구원을 받게 되었다고 말씀하신다. 그리고 자캐오의 신원을 회복시켜 주신다. '죄인'이라는 소리를 듣던 자캐오도 "아브라함의 자손"이라고 선언해주신다(카토티 카이 아우토스 휘오스 아브람 에스틴 καθότι καὶ αὐτὸς υἱὸς Ἀβραάμ ἐστιν·). 유다인으로서, 그의 명예 회복이 이루어졌다. 이어지는 절에서 '잃은 아들'이란 표현은 그가 본디 이스라엘 사람이고 아브라함의 후손이라는 사실을 명확하게 드러내기 위해 사용되었다.

10절

"사람의 아들은 잃은 이들을 찾아 구원하러 왔다." 자캐오의 이야기는 앞에 나왔던 레위와 세리들의 이야기(5,27-32)와는 차이가 있다. 부유한 세관장인 자캐오는 가난하거나 평범한 세리를 표상하지 않고, 부유한 죄인의 부류를 표상한다. 여기서 예수님께서 말씀하신 '잃은 이들'이란 구원이 필요한 모든 이를 일컫는다.

루카복음에서 이 단락은 예루살렘 여정 대목에 속한다. 루카는 여기서 바리사이들이 가르침을 듣고 있음을 계속 병행하여 소개하면서 부자들도 가르침의 대상으로 부각시킨다. 지금 구원이 필요한 이들은 '죄인들', 그리고 구원받기에 조건이 여의치 않고 힘든 이들인 '부자들'(18,24-25)이다. 예수님은 이 '잃은 이들'도 찾아 구원하러 오셨다(제테사이 카이 소사이 토 아폴로로스 ζητῆσαι καὶ σῶσαι τὸ ἀπολωλός). '잃은 이'를 뜻하는 그리스어 아폴로로스(ἀπολωλός)는 '파괴하다, 망치다, 시들다'라는 뜻을 지닌 아폴루미(ἀπόλλυμι)의 완료형 분사가 명사적 용법으로 쓰인 것이다. 15장의 '잃었다가 되찾는 이야기'들에서 사용된 단어와 동일하다. 이 이야기의 고유성은 구원의 관점으로 특별한 대상을 이야기하고 있다는 점이다. 소사이(σῶσαι)는 '구원하다'라는 뜻의 소조(σῴζω) 동사의 원과거 부정형이다. 찾아서(제테사이 ζητῆσαι) 구원하러 왔다며, 예수님께서 당신이 이 세상에 오신 이유와 목적을 밝히신다. "오늘은 내가 네 집에 머물러야 하겠다"라는 예수님의 말씀이 지닌 의미가 바로 그것이다.

(3) 왕권을 받고 돌아와 19,11-27

여기서도 비유 이야기가 나오는데, 앞에 나온 두 이야기와 연결되는 맥락을 인식하면 이 비유가 전하는 메시지를 좀 더 명확하게 파악할 수 있다. 첫 구절이 명시적으로 이를 드러낸다. "사람들이 이 말씀을 듣고 있을 때에 예수님께서는 비유 하나를 덧붙여 말씀하셨다"(11절).

11절

'사람들이 이 말씀을 듣고 있을 때에.' '이 말씀을'은 '이 일들'이라는 뜻을 지닌 지시대명사 후토스(οὗτος)를 목적격으로 쓴 것이다. '이 일들'이란 바로 위에서 언급된 가르침과 행위를 가리킨다. 여기에 예수님이 무엇인가를 더하신다. "예수님께서는 비유 하나를 덧붙여 말씀하셨다." '더하다'라는 뜻의 프로스티테미(προστίθημι)가 사용되었다. 이미 듣고 있는 내용을 잘 이해할 수 있도록 더 말씀하시는 것인데, 그 이유를 밝히신다. "예수님께서 예루살렘에 가까이 이르신 데다, 사람들이 하느님의 나라가 당장 나타나는 줄로 생각하고 있었기 때문이다." 왕도인 예루살렘이 가까왔다는 것, 그리고 다윗의 자손이란 용어가 등장했다는 것, 예루살렘에서 사람의 아들에게 어떤 일이 일어나리라는 것 등으로 사람들이 당장 하느님 나라가 나타나는 줄로 알고 있었다.

12절

비유는 어떤 귀족이 왕권을 받으러 먼 고장으로 간다는 설정으로 시작한다. 당시 유다 지역이 로마 제국의 속주로서 지배를 받는 통치 구조이기에, 왕권을 받으러 먼 로마까지 가야 하던 시대의 정치 상황을 배경으로 삼는다. 비유를 듣는 사람들이 이해하고 납득할 수 있는 실마리를 제공하면서 왕권 이야기를 한다. 예수님의 왕권에 대한 이야기인데 하느님께로부터 부여받는 왕권을 말하니 이해할 만한 구조이다. 왕권은 예수님이 임금의 권위를 지니고 심판하러 오실 것이라는 사실을 암시하며, 먼 고장은 예수님이 오시기까지 시일이 걸린다는 사실을 가리킨다.

13절

“그래서 그는 종 열 사람을 불러 열 미나를 나누어 주며, ‘내가 올 때까지 벌이를 하여라’ 하고 그들에게 일렀다.” 열 사람에게 공평하게 한 미나씩 주고 벌이를 하라고 한다. 이 비유에서 중요한 요점은 한 미나의 가치보다는 멀리 떠나는 귀족이 재산을 나누어주고 벌이를 하라고 했다는 사실이다. 열 명이 공평하게 분배를 받았다고 전한다. 귀족이 없는 동안 종들은 남아서 그의 재산을 운용하라는 지시를 받는다.

14절

이어지는 절은 길을 떠난 그 귀족에 속한 사람들과는 다른 부류의 사람들이 그가 왕권을 받는 것에 반대하는 의사를 표명하는 사절을 역시 보낸다고 전해준다. “그런데 그 나라 백성은 그를 미워하고 있었으므로 사절을 뒤따라 보내어, ‘저희는 이 사람이 저희 임금이 되는 것을 바라지 않습니다’ 하고 말하게 하였다.” 우리는 마카베오기에서 이런 사정의 흔적을 찾아볼 수 있다. ‘그 나라 백성’에 쓰인 그리스어는 호이 폴리사이(οἱ πολῖται)로 ‘동향의 시민’인 폴리테스(πολίτης)의 복수로(15,15에는 같은 단어가 '주민'으로 번역되었다) 그 '도시민들'을 가리킨다. 그들은 그가 그 도시의 임금으로 귀환하는 것을 바라지 않는다.

15-19절

귀족은 왕권을 받고 귀환한다. 그리고 먼저 종들의 사업 보고를 받는다. "자기가 돈을 준 종들이 벌이를 얼마나 하였는지 알아볼 생각으로 그들을 불러오라고 분부하였다"(15절). 미나를 나누어 받은 이는 열 명이었지만 16-21절에서는 그중 세 명의 보고만 전해준다. 세 사례면 충분했던 모양이다.

첫째 종은 열 배의 수익을 냈다고 보고한다. "주인님, 주인님의 한 미나로 열 미나를 벌어들였습니다"(16절). 주인은 그를 칭찬하며 포상한다. 그 성과에 따른 능력을 인정받아 포상을 받는데, 주인이 임금이 된지라 그에 걸맞게 통치권을 부여받는다. "잘하였다, 착한 종아! 네가 아주 작은 일에 성실하였으니 열 고을을 다스리는 권한을 가져라"(17절). 먼저 칭찬을 듣는다. "잘하였다, 착한 종아!"(에우게 아가테 둘레 Εὖγε, ἀγαθὲ δοῦλε). 칭찬의 근거는 "네가 아주 작은 일에 성실하였다"는 것이다. '아주 작은 일'이라 번역된 그리스어는 엘라키스토스(ἐλάχιστος)로 '작은'(미크로스 μικρός)이라는 형용사의 최상급이다. 종은 아주 작은 일, 가장 작은 일에 충실했다. 주인은 자신이 준 한 미나를 소중히 여기고 그것으로 이익을 산출해낸 것, 결실을 낸 것을 가장 작은 일에 충실한 것이라고 평가해준다. 기실 여기서 한 미나는 마태오복음에 나온 탈렌트에 비하면 한참 적은 액수이다. 일일 품삯이 대략 0.5-1드라크마인데, 한 탈렌트가 그리스 은화 단위로 육천 드라크마라면, 한 미나는 백 드라크마의 가치이다. 어쩌면 한 미나는 '벌이를 할' 사업 자금으로 운용하기에는 적은 금액이었다고 볼 수 있다. 가치가 어떠하든 주인이 한 미나를 주었다는 사실과 종들은 무상으로 은화를 받은 사실이 중요하다. 그 한 미나를 가지고 열 미나를 벌어들인 첫째 종에게 주인은 '아주 작은 일(가장 작은 일)에 성실했다'고 평가한다. 그리고 "열 고을을 다스리는 권한"을 포상으로 준다. 둘째 종도 수익을 창출했는데 다섯 배의 결과를 내었다고 보고한다. "주인님, 주인님의 한 미나로 다섯 미나를 만들었습니다"(18절). 주인은 마찬가지로 그도 포상한다. 그가 발휘한 능력에 따라 다섯 고을을 다스리도록 한다. "너도 다섯 고을을 다스려라"(19절).

비유가 전해주는 메시지는 종들이 발휘한 사업 수완이나 벌어들인 소득과 무관하다. 주인이 모든 종에게 공평하게 은화를 주었다는 사실과 종들은 받은 '한 미나'에 얼마나 충실하였는가로 포상을 받는다는 사실에서 메시지의 핵심을 알아들을 수 있다. 주인이 알고 싶었던 것은 미나를 대하는 종의 태도였다. 사실 한 미나가 전 재산도 아닐뿐더러 이것에 네 인생 전부를 걸고 매진해서 돈을 벌라고 한 것이 아니라, 여분의 것을 준 상황이라서, '가장 작은 것'이라 했을 수도 있다. 이 비유는 우리 모두에게 '공평하게' 똑같이 주어진 것에 대해 말하고 있다. 그분께 받은 것, 모두가 똑같이 받아서 보잘것없어 보이는 가장 작은 것에서 가치가 창출되기를 하느님께서는 바라신다. 이 비유는 11절에서 제시한 바와 같이 하느님 나라가 나타나고 사람의 아들이 오기까지 사람들이 행하고 있어야 하는 것과 관련되어 있다. 행할 바에 대한 가르침은 이미 모두가 들어 알고 있다. 모세의 율법을 받은 것, 회개하도록 부름 받은 것, 예수님에게서 보고 들은 모든 행적과 가르침 중 어떤 것을 실행하여 결실을 내는 것이 필요하다. 주님은 돌아오셔서 포상하실 것이다.

20-26절

그런데 다른 종은 와서 매우 다른 보고를 한다. 그는 주인이 맡긴 미나를 그대로 반납한다. "주인님, 주인님의 한 미나가 여기에 있습니다. 저는 이것을 수건에 싸서 보관해두었습니다"라고 하면서, 그렇게 행동한 이유를 주인에게 돌린다. 왜냐하면 "주인님께서 냉혹하신 분이어서 가져다 놓지 않은 것을 가져가시고 뿌리지 않은 것을 거두어 가시기에, 저는 주인님이 두려웠습니다." 주인이, '가져다 놓지 않은 것을 가져가시고 뿌리지 않은 것을 거두어가는' 무지막지한 사람이라고 말한다. 그래서 두려웠다고 한다.

먼저 이 종이 미나를 보관만 하고 아무 이윤도 내지 못한 것은 그 주인의 뜻에 반하는 것이다. 왜냐하면 떠날 때 자기 종 열 사람에게 한 미나씩을 주고 '내가 올 때까지 벌이를 하여라' 하고 내린 명령에 순종하지 않았기 때문이다. 그리고 두 번째는 주인에 대한 묘사이다. 이것은 아마도 종이 주인의 면전에서 직접 한 말이라기보다는 그가 한 말의 내용, 곧 본질을 밝힌 것이라고 본다. 비유의 내용은 실제 세계의 무엇을 가리키는가? 아마도 하느님을 까다롭거나 요구가 많은 신으로 파악하고 있는 이들이 있을 것이다. 잃어버린 아들의 비유에서 큰아들이 자기 아버지에게 불평할 때("저는 여러 해 동안 종처럼 아버지를 섬기며 아버지의 명을 한 번도 어기지 않았습니다. 이러한 저에게 아버지는 친구들과 즐기라고 염소 한 마리 주신 적이 없습니다")의 언어를 보면 짐작이 되기는 한다.

22절에서 주인이 말한다. "이 악한 종아, 나는 네 입에서 나온 말로 너를 심판한다." 그는 주인을 오해하고 악평을 하며, 주인을 핑계 삼아 의무를 소홀히 하였다. 주인은 이러한 그를 악하다고 한다. 그리고 그의 말이 맞다면, '가져다 놓지 않은 것을 가져가고 뿌리지 않은 것을 거두어가는 줄로 알고 있었다'면 은행 이자를 가져왔어야 한다고 말한다(23절). 여기서 주인이 종들이 낸 이윤에 따라 합리적으로 정확하게 계산하여 포상하는 것을 엄격하다고 말할 수도 있겠다.

실제 예수님은 미래 어느 시점엔가 돌아와 심판하실 것이며, 수익을 낸 능력에 따라 보상하실 것이라고 알려주신다. 그런데, 한 미나를 받은 종이 원금밖에 돌려주지 못해서 가진 것을 빼앗기며 내쳐지는 것이 아님을 알아야 한다. "아주 작은 일에 성실하였으니"(17절)에서 알 수 있듯이 종이 가진 것을 빼앗기고 내쳐지는 이유는 그가 맡겨진 일에 성실하지 못했기 때문이다. 한 미나로 벌이를 하였지만 수익을 내지 못하거나, 원금마저 잃는 지경일지라도 그것을 잃은 경위가 어떤가에 따라 주인의 태도는 달라졌을 것이다. 이 이야기는 18,35-19,10에서 예리코의 눈먼 이와 자캐오 이야기에 드러난 예수님의 모습을 생각하며 읽을 때 제대로 이해할 수 있다. 미나 이야기는 앞에 나온 그 두 이야기에 덧붙여진 비유이다. 예수님은 '자비롭고' '용서하시는' 분이시다. '잃은 이'를 찾아서 구원하려고 왔다고 하셨기 때문이다. 그리고 그 이야기는 실제로 하느님 나라에는 선행을 하지 않는 이에게 처벌이 있으며 선행을 못했을 뿐더러, 주인을 악하다고 폄하하는 종은 자기 주인에게서 더 이상 신뢰를 받지 못할 뿐만 아니라 내쳐진다는 것을 알려준다. "저자에게서 그 한 미나를 빼앗아 열 미나를 가진 이에게 주어라"(24절). 사람들이 그는 이미 열 미나나 가지고 있다고 말하나 주인은 "누구든지 가진 자는 더 받고, 가진 것이 없는 자는 가진 것마저 빼앗길 것이다"라고 답한다(26절).

27절

먼저 주인으로서 종들의 수고와 업적을 처리한 후에, 이제 임금으로서 그는 반대자를 처리한다. "그리고 내가 저희들의 임금이 되는 것을 바라지 않은 그 원수들을 이리 끌어다가, 내 앞에서 처형하여라." 이제 예루살렘에서 장차 예수님에 대한 반대가 절정에 다다르게 될 터인데 예수님은 좀 더 먼 미래를 말씀하신다. 예수님은 죽음을 통과

하여 당신의 영광 속에 들어가실 것이다(24,26). 그리고 그분은 돌아오시어 심판하실 것이라고 예고하신다.

제4부

수난과 죽음

1. 예루살렘 도성 19,28-21,38

1) 예루살렘으로 오르는 길 19,28-44

예수님께서 예루살렘 여정을 마치셨다. 예루살렘에 도착하기 전 마지막 도시인 예리코 입구에서부터 '다윗의 자손'이라는 호칭이 나타나고, 잃은 이들을 찾아 구원하러 오신 예수님의 활동은 무르익어갔다. 예리코에서 예수님은 왕권을 받아 오려고 멀리 떠나는 귀족의 비유를 들려주시며 당신의 떠남과 돌아옴을 암시하시고, 기다림의 그 긴 시간 동안 주님이 주신 은전(선물, 은혜)으로 해야 할 일, 곧 선행을 해야 한다는 것을 가르치시며, 당신이 돌아오시면 심판이 있을 것이라고 알려주셨다. 그리고 이제 예루살렘 도성으로 오르신다.

(1) 임금님은 복되시어라 19,28-40

28절

"예수님께서는 이 말씀을 하시고 앞장서서 예루살렘으로 오르는 길을 걸어가셨다." 예수님의 예루살렘 입성 기사는 모든 공관복음서에 공통적으로 나오지만, 루카는 고유한 맥락에 이 기사를 배치하고 28절을 첨가하여 편집하였다. 마르코와 마태오에서는 예리코의 눈먼 이 이야기 다음에 바로 예루살렘 입성이 이어진다. 루카는 그 사이에 자캐오 이야기와 미나의 비유 이야기를 배치하여, '다윗의 자손과 왕권'이라는 주제가 의미 있게 미리 이야기되도록 하고 "예수님께서는 이 말씀을 하시고"라는 표현으로 예루살렘 입성을 앞 이야기들과 밀접하게 연결하였다. "앞장서서 예루살렘으로 오르는 길을 걸어가셨다." 루카에만 있는 이 고유한 구문에 '앞에 서서 갔다'(에포레우에토 엠프로스텐 ἐπορεύετο ἔμπροσθεν)와 '예루살렘으로 올라갔다'(아나바이논 에이스 예로솔뤼마 ἀναβαίνων εἰς Ἱεροσόλυμα)는 표현이 어우러져 있다. 지형상 요르단 저지대에 위치한 예리코에서 예루살렘 쪽으로 오르막길을 오르고 있음을 묘사하면서, 동시에 하느님의 구원 계획을 향하여 예수님께서 앞에 서서 힘차게 나아가시는 모습을 드러냈다.

29-31절

"올리브산이라고 불리는 곳 근처 벳파게와 베타니아에 가까이 이르셨을 때." 올리브산에 오르면 이제 내려가 키드론 골짜기를 건너면 예루살렘 도성이다. '올리브산'이라는 지명을 통해 이제 다 온 셈이라고 밝힌다. 그러나 아직은 더 가야 할 거리가 남아 있다. 예리코 쪽에서 올라와 예루살렘에서 2.8-3km 지점인 벳파게와 베타니아 가까이에 다다르고 계시다. 벳파게에서 구도성(성전산)까지 현대 도로로 걸으면 2.8km로 40분 정도 걸리는 거리(구글 어스 위성 지도 참조)이니 이제 고개만 넘어 내려가면 된다.

그곳에서 예수님은 제자 둘을 보내며 말씀하셨다. "맞은쪽 동네로 가거라. 그곳에 들어가면 아직 아무도 탄 적이 없는 어린 나귀 한 마리가 매여 있는 것을 보게 될 것이다. 그것을 풀어 끌고 오너라." 맞은쪽 동네가 어디를 지칭하는지 본문에 나타나 있지 않은데, 오랜 전승을 통해 벳파게일 것이라고 추정한다. 제자 두 명은 증인 역할을 위해 보내는 듯하며, 가서 '아직 아무도 탄 적이 없는 어린 나귀'를 끌어와야 한다. 창세 49장에서 야곱이 열두 아들을 축복하는 장면에서 유다에 해당하는 내용을 반영한다고 본다. "유다에게 조공을 바치고 민족들이 그에게 순종할 때까지 왕홀이 유다에게서, 지휘봉이 그의 다리 사이에서 떠나지 않으리라. 그는 제 어린 나귀를 포도 줄기에, 새끼 나귀를 좋은 포도나무에 매고 포도주로 제 옷을, 포도의 붉은 즙으로 제 겉옷을 빤다"(창세 49,10-11).

다윗의 자손, 왕권, 심판과 관련된 이야기에 이어서, 예수님은 앞장서서 예루살렘으로 오르시더니 왕권을 암시하는 '어린 나귀' 이야기를 하신다. 게다가 가서 찾아 구해 오라는 것이 아니고, 그 동네에 가면 그런 나귀가 보일 테니 끌어오라고 하신다. 그런데 만일 누가 "왜 푸는 거요?" 하고 물으면 "주님께서 필요하시답니다" 하고 대답하라고 알려주신다. 예수님은 많은 사실을 보고 계시다. 어린 나귀의 존재, 그 나귀가 있는 장소, 그 나귀는 사람이 한 번도 타지 않았다는 사실을 아신다. 그리고 주인이 그렇게 대답하면 순순히 내어줄 것이라는 것까지 아신다. 이것을 두고 예수님을 따르는 그 주인과 미리 약속하고 준비한 것이라는 추측을 하기도 하지만 분명한 사실은 알 수 없다. 만일 사전에 준비하셨다면 제자들에게 그렇게 말씀하셨을 것도 같다. 만일 지금 에피소드가 임금으로서(38절)의 예수님 면모가 드러나는 맥락에 있음을 감안한다면, 고대에 군사 · 정치적 목적으로 식량이나 운송 수단의 징발이 행해졌던 상황을 그렸을 수도 있다. 그런가 하면 '주님께서 필요하시답니다'에서 '주님'도 GNT 5°에서는 대문자 호 퀴리오스(Ὁ κύριος)로 표기하여 명시적으로 메시아이신 예수님을 가리켰다.

32-36절

"분부를 받은 이들이 가서 보니 예수님께서 말씀하신 그대로였다"(32절). 그리스어를 직역하면 '파견받은 이들이(호이 아페스탈메노이 οἱ ἀπεσταλμένοι) 가서, 그들에게 말씀하신 그대로를 발견하였다.' 그래서 그들이 어린 나귀를 푸는데, 그 주인들이 이렇게 말한다. '왜 어린 나귀를 푸는거요?'(티 뤼에테 톤 폴론 τί λύετε τὸν πῶλον;). 원문에 '주인들'이라고 복수로 나타난다. 남주인과 여주인이라고 하기도 하나, 그 집 사람들을 가리키는 것으로 본다. 예수님께서 말씀하신 대로 그들이 물으니 알려주신 대로 대답한다. "주님께서 필요하시답니다"(Ὁ κύριος αὐτοῦ χρείαν ἔχει). 그들이 순순히 내어주니 "그 어린 나귀를 예수님께 끌고 와 그 위에 자기들의 겉옷을 걸치고, 예수님을 거기에 올라타시게 하였다"(35절). 아직 사람을 태우지 않았던 나귀이기에 안장이 없어서 겉옷을 걸쳐 앉기 편하게 한 것이다. 나귀를 끌고 온 이들이 자기들이 할 수 있는 예를 갖추어 예수님을 모신다. '그분이 나아가실 때 그들이 자기들의 겉옷을 길에 깔았다'(36절). 다른 이들도 자기들의 겉옷을 길에 깔아 밟고 가게 하시며 같은 마음으로 예수님께 예를 드린다. 겉옷을 까는 행위 '휘포스트론뉘오'(ὑποστρωννύω)를 미완료 시제로 써서, 사람들이 길에 겉옷 하나를 깔고 끝난 것이 아니라 겉옷이 깔리는 행위가 지속된 것으로 묘사되었다. 이런 표현은 사람들이 이 행렬을 임금의 행차로 받아들였음을 드러낸다(2열왕 9,13: "그러자 그들은 재빨리 저마다 제 겉옷을 벗어 예후의 발밑 층계에 깔고는 나팔을 불며, '예후께서 임금님이 되셨다!' 하고 외쳤다").

37절

"예수님께서 어느덧 올리브산 내리막길에 가까이 이르시자, 제자들의 무리가 다 자기들이 본 모든 기적 때문에 기뻐하며 큰 소리로 하느님을 찬미하기 시작하였다." 사람들이 어린 나귀를 타고 예루살렘으로 들어가시는 예수님을 임금님으로 맞이하는 장면은 37-38절에서 고조된다. 새롭고 결정적인 단계의 시작을 알리듯 루카는 정확하게 현재 장소를 언급한다. 특히 아주 상세하게 올리브산에서 예루살렘 구역으로 들어오는 지형을 묘사하고 있다. 어린 나귀를 타고 들어

오시는 모습도 범상치 않지만, 지금 도달한 장소도 특별하다. '올리브산 내리막길'에 가까이 이르셨다는 것은 이제 예루살렘 성전과 시내가 내려다보이는 정상에 다다랐음을 가리킨다. 내리막길에 들어서면 곧 성문이다.

그때 그 지점에서 환호성이 터진 것이다. "제자들의 무리가 다 자기들이 본 모든 기적 때문에 기뻐하며 큰 소리로 하느님을 찬미하기 시작하였다." 복음사가의 말(37ㄴ절)과 제자들의 무리가 직접 말한 것(38절)을 종합하면, 그들이 그동안 본 하느님의 위대한 일과 하느님의 이름으로 오신 그리스도의 축복을 두고 하느님을 찬미한다. 하느님과 그리스도의 상호 작용이 표현되어 있다. 하느님은 예수님 활동의 기원이기에 찬미를 받으신다. 당신 아드님의 말과 행동이 힘을 지니도록 허락하신 분은 그분이시다. 예수님은 행하셨던 모든 기적(뒤나미스 δύναμις)으로 찬미를 받으신다. 여기서 나오는 찬미는 그들이 가르침을 듣고 하느님의 큰일을 본 데서 터져 나온 것이다.

38절

제자들은 다음과 같이 외쳤다. "'주님의 이름으로 오시는 분 임금님은 복되시어라' 하늘에 평화 지극히 높은 곳에 영광!" 루카는 여기서 시편 118,26을 인용한다. 시편의 이 부분은 큰 순례 절기들에 성전에서 예배를 드리러 예루살렘에 온 순례자들을 환영하며 읊던 환영사인데, 이 구절에 메시아적 의미를 부여하며 '임금님'을 첨가하여 예수님께 적용하였다. "'주님의 이름으로 오시는 분 임금님은 복되시어라' 하늘에 평화 지극히 높은 곳에 영광!" 루카는 성탄과는 다른 영광송을 통하여 이 해석을 확인한다. 처음 예수님의 사명이 시작될 때, 그분은 말씀과 행동으로 이루시게 될 좋은 일을(사도 10,38 참조) 통하여 이 땅에 평화를 주러 오셨고, 천사들은 하늘의 영광과 땅의 평화를 노래하였다(2,14). 사명을 마치실 무렵 예수님은 수난과 부활로 사람들을 아버지 하느님께로 이끌어 보편적인 평화를 세우신다(에페 2,14-18 참조). 이제 제자들은 하늘의 평화와 가장 높은 곳에서의 영광을 노래한다. 그분은 영광을 받으시고, 아버지도 그분 안에서 영광을 받으신다.

39-40절

마르코나 마태오와 달리 루카는 이 찬미가와 환영이 예수님의 말씀과 행적을 보고 들은 제자들의 증언에서 나온 것으로 제시하였다. 이러한 37절과 맥을 같이하며 39절에서는 군중 속에 있던 바리사이들이 제자들의 증언에 이의를 제기한다. 예수님께 "스승님, 제자들을 꾸짖으십시오" 하고 말한다. 이것으로 갈릴래아에서는 물론 예루살렘으로 오는 동안에 동행하며 긴밀하게 가르쳤는데도 바리사이들은 결국 깨달음에 이르지 못했고, 예수님을 알아뵙는 데에 실패했음을 드러낸다. 그들은 예수님을 여전히 '스승님'이라고 부르나, 예수님을 믿고 구원을 받지 못한다. 오히려 예수님을 믿고 구원받은 이들이 그분께 영광을 드리는 것을 반대하는 우를 범한다.

예수님께서는 바리사이들의 이의 제기를 간략하게 일축하신다. '너희들에게 말한다'(레고 휘민 Λέγω ὑμῖν). '만일 이들이 침묵하면 돌들이 소리 지를 것이다'(에안 후토이 시오페수신 호이 리토이 크락쑤신 ἐὰν οὗτοι σιωπήσουσιν, οἱ λίθοι κράξουσιν). 침묵과 죽음의 상징일 수 있는 돌들이 오히려 소리를 지를 것이라는 말씀을 통하여, 제자들이 외치는 메시아적 찬송이 합당할 뿐만 아니라 반드시 있어야만 하는 영광송임을 확인해주신다.

(2) **예수님께서 도성을 보고 우시다** 19,41-44

41절

장면은 계속 이어진다. 37절에서 올리브산 내리막길을 내려오기 시작했다고 알려주었는데, 41절은 '가까워지니, 도성을 보시고 우셨다'고 전한다. 원문에 예루살렘이라는 말이 없지만, 올리브산 내리막길에 들어섰다면 이미 도성 근처이다. 여기서는 예루살렘보다는 성벽으로 둘러싸인 도시, 도성에 가까와졌다는 표현이 훨씬 더 적합하다. 도성이 가까워져, 도성의 남쪽 성벽을 비롯해 도성 전체 경관이 눈에 들어오는 지점이었을 것이다.

올리브산은 예루살렘 동쪽에 있는 해발 815m의 산이다. 예루살렘은 해발 780m이다. 그러니 올리브산에서 서쪽으로 내려가며 도성 전체가 눈에 들어온다. 올리브산과 도성 사이에는 제법 깊은 키드론 골짜기가 있어 올리브산에서 도성을 조망하기가 아주 용이하다. 그래서 41절은 '가까와지니, 도성을 보시고'(카이 호스 엥기센 이돈 텐 폴린 Καὶ ὡς ἤγγισεν ἰδὼν τὴν πόλιν)라고 표현하였다. 예수님은 성전이 중심에 자리한 도성이 눈에 들어오자 우신다.

예수님께서 우시며 하신 말씀은 42-44절인데 현재와 미래 상황을 말씀하신다. 42절에 메시아로서 입성하시는 예수님을 맞이하게 될 도성의 현재가 표현된다. 43절에는 머지않아 도성에 닥칠 외부 사건이 묘사되고, 44절은 그래서 도성이 어떻게 될 것인지 예고하신다.

42절

"오늘 너도 평화를 가져다주는 것이 무엇인지 알았더라면……! 그러나 지금 네 눈에는 그것이 감추어져 있다." 오늘은, 제자들의 온 무리가 '주님의 이름으로 오시는 분 임금님은 복되시어라, 하늘에 평화 지극히 높은 곳에 영광!' 하고 외치며 예수님을 알아뵙고, 믿고 맞이하는 날이다. 그리고 이들처럼 '너도'(카이 수 καὶ σὺ) 예수님께서 임금님으로 들어가심을 알았더라면 하고 말씀하신다. 메시아이신 예수님에 관한 일이 '평화에 관한 일'이다. 예수님이 도성에 오심은 평화를 주시는 하느님의 방문이다. 그런데 네 눈에는 그것이 감추어져 있다. 그래서 평화를 가져오시는 분을 죽일 것이니, 도성에는 평화는커녕 멸망의 날이 온다. 예언자를 배척하고 멸망으로 갈 것이다. 예수님은, 오랫동안 평화의 상징이고 하느님의 성전이 있던 도성의 멸망을 보고 우신 것이다.

43-44절

"그때가 너에게 닥쳐올 것이다. 그러면 너의 원수들이 네 둘레에 공격 축대를 쌓은 다음, 너를 에워싸고 사방에서 조여들 것이다"(43절). 사실 70년에 로마 티투스의 군대가 예루살렘 도성을 포위하고 공격용 토성을 쌓아 공격하고 예루살렘을 함락했다. "그리하여 너와 네 안에 있는 자녀들을 땅바닥에 내동댕이치고, 네 안에 돌 하나도 다른 돌 위에 남아 있지 않게 만들어버릴 것이다. 하느님께서 너를 찾아오신 때를 네가 알지 못하였기 때문이다"(44절). 자녀들이 죽임을 당하니 미래에 대한 희망이 없어지고, 그들의 도성 벽을 쌓아올린 거대한 돌들이 다 무너져 방벽이 사라진다는 것이다.

예루살렘 도성이 철저하게 파괴되어 멸망하는 이유는 '너를 방문하신 때를 알지 못하였기 때문이다'(안트 혼 욱 에그노스 톤 카이론 테스 에피스코페스 수 ἀνθ' ὧν οὐκ ἔγνως τὸν καιρὸν τῆς ἐπισκοπῆς σου). 그리스어 에피스코페(ἐπισκοπή)는 하느님의 행위로 이루어진 은혜로운 방문의 뜻으로 본다(GLNT 3 "ἐπισκοπή", p.379; 지혜 3,7 참조: "그분께서 그들을 찾아오실 때에 그들은 빛을 내고 그루터기들만 남은 밭의 불꽃처럼 퍼져 나갈 것이다"). 42절의 '알았더라면'(에그노스 ἔγνως)과 44절의 '알지 못하였기'(욱 에그노스 οὐκ ἔγνως)가 앞뒤에서 이 구절들을 감싸며 이 방문이 얼마나 중요한지를 모르고 있는 예루살렘의 분위기를 알려준다.

도성은 이날에 평화를 가져다주는 게 무엇인지도 모르고, 하느님 방문의 날도 몰랐기 때문에 결국 멸망하게 된다. 예수님은 이제 곧 도성 안으로 들어가신다. 이제까지 예루살렘을 향한 여정을 의미 있게 마치셨고 이 도성 안에서 겪으실 수난과 죽음을 명시적으로 예고하셨던 사실에 비추어볼 때, 여기서 예수님께서 눈물을 흘리며 하시는 비탄의 말씀이 지닌 의미가 분명하게 드러난다. 예루살렘은 끝까지 예수님의 존재 의미와 예루살렘 방문의 의미를 모를 것이고 결과적으로 하느님 방문의 때(카이로스)를 놓치고 말 것이다. 멸망 예고가 핵심이 아니다. 예수님은 도성이 파괴되고 점령될 것이기에 슬퍼하신 것이 아니라, 성도인 예루살렘이 끝내 구세주를 알아보지 못하고 거부하며 결국 살해할 것이라는 사실 때문에 우신 것이다.

2) 예루살렘 성전에서 가르치심 19,45-21,38

이제 예루살렘에 계신 예수님이 소개된다. 예루살렘에서 예수님의 유일한 목적지는 성전인 듯 그분은 밤을 제외하고는 줄곧 성전에만 계신다. 19,45-21,38에서 수난 전까지의 다양한 가르침이 성전 중심으로 이어진다.

(1) 성전 정화와 가르침 19,45-21,4

45절

"예수님께서 성전에 들어가시어 물건을 파는 이들을 쫓아내기 시작하시며"(45절). 루카 복음사가는 45절에서 예수님의 행위가 계속해서 이어지는 식으로 소개한다. 다윗의 자손이자 메시아로서 도성에 들어오시면서 예수님은 예루살렘이 메시아를 모르고 구원받을 믿음이 없음을 아시기에 가슴이 아파서 눈물을 흘리셨는데, 도성에 들어오시자 당신의 원래 목적지가 그곳이었음을 드러내시듯 '성전'으로 가신다.

그리스어는 명시적인 주어 없이 '그리고'로 연결하여 45절을 44절에서 이어지는 문장으로 이해하게 한다. 카이 에이셀톤 에이스 토 히에론 에르싸토 엑발레인 투스 폴룬타스(Καὶ εἰσελθὼν εἰς τὸ ἱερὸν ἤρξατο ἐκβάλλειν τοὺς πωλοῦντας), 곧 '그리고 성전에 들어가시어 물건을 파는 이들을 쫓아내기 시작하시며'이다. '주님의 이름으로 오신 분'으로 임금님으로 예루살렘에 입성하신 후에는, 그리스어 원문에는 예수님의 움직임을 기술할 때 이야기의 흐름상 그분을 지칭하는 경우를 제외하고는 주어로 '예수님'(예수스 Ἰησοῦς)을 사용하지 않는다. 마치 예루살렘에서 의미 있는 행동을 하시는 분은 당연히 예수님이라는 듯, 주인공은 오직 그분밖에 없다는 듯 그 이름을 거론하지 않는다. 그리고 그분은 '주님의 이름으로 오신 분'이며 그런 분으로 행동하시기에 3인칭 단수 동사로 거의 모든 것을 표현한다.

46절

"'나의 집은 기도의 집이 될 것이다'라고 기록되어 있다. 그런데 너희는 이곳을 '강도들의 소굴'로 만들어버렸다." 이 맥락에서 '나의 집'(호 오이코스 무 ὁ οἶκός μου)은 기도의 집이 될 것이라는 말씀은 성경의 하느님 말씀을 직접 인용하는 것이면서도(이사 56,7: "나의 집은 모든 민족들을 위한 기도의 집이라 불리리라") 그분의 행동과 더불어 예수님 자신을 암시한다. 이어지는 '너희는'과 대구를 이루고, 20,2에서 성전에서 상인들을 쫓아내는 권한에 대한 질문도 '나의 집'에 대한 예수님의 권한을 암시한다. 예루살렘에 입성하신 뒤로 예수님은 구원자로서의 자의식을 분명히 지닌 메시아로 모든 행동을 하고 계심을 볼 수 있다. 루카 복음사가는 마태오처럼, 성전 정화를 예루살렘 입성 후 첫 사건으로 기록한다. 여기서 말라 3,1ㄴ을 떠올려볼 수 있다. "너희가 찾던 주님, 그가 홀연히 자기 성전으로 오리라." 즈카르야의 노래 중에 루카 1,76에서도 말라 3,1ㄱ을 떠올렸다.

하느님의 집, 메시아의 집, 기도의 집을 '강도들의 소굴'로 만들어 버렸다. '강도들의 소굴'은 진실하게 회개하지 않으면서도 '성전이다 성전이다' 하면서 무조건 성전 건물에 보호를 의탁하는 이들을 나무라는 예레미야 예언의 일부이다(예레 7,11 참조. "너희에게는 내 이름으로 불리는 이 집이 강도들의 소굴로 보이느냐?"). 그래서 예수님은 회개하지 않고 예물과 제물을 바치며, 재물의 가치로 사고파는 행위들을 하는 이들을 쫓아내기 시작하신 것이다. 마르코복음에 비해 루카복음에서 예수님의 행동은 아주 간략하다. 이미 성전이 로마에 의해 소실된 시기이기 때문일 것이다. 그럼에도 불구하고 예수님은 분명히 성전 중심으로 활동하셨음을 드러낸다.

47절

이 구절은 예수님의 활동을 한마디로 요약하고, 그에 대응하는 예루살렘의 상황도 요약해서 들려준다. "예수님께서는 날마다 성전에서 가르치셨다"에 '있다' 동사의 미완료형 엔(ἦν)에 '가르치다'의 현재분사 디다스콘(διδάσκων)을 써서 예루살렘 도성에 오신 뒤로 매일 매일 성전에서 가르치고 계심을 알린다. 그분은 날마다 성전에 있으면서 가르치고 아버지의 일에 몰두한다(2,49 참조: "왜 저를 찾으셨습니까? 저는 제 아버지의 집에 있어야 하는 줄을 모르셨습니까?").

그런가 하면 예루살렘과 성전에서 실세인 "수석 사제들과 율법학자들과 백성의 지도자들은 예수님을 없앨 방법을 찾았다"라고 전한다. 수석 사제들은 루카복음에 11회 등장하는데, 첫 번째 수난 예고(9,22)에서 언급되고 여기에 처음 나타났다. 수석 사제들은 성전을 운영 · 관리하는 책임자들인데, 그들은 예수님을 없앨 방법을 찾고 있는 무리의 명단에 들어 있다. 이전에 종종 바리사이들과 함께 등장했던(5,21.30; 6,7; 11,53; 15,2) 율법학자들도 수난 예고에서 언급되었는데 역시 명단에 들어 있다. 그리고 '백성의 지도자들'(호이 프로토이 투 라우 οἱ πρῶτοι τοῦ λαοῦ)은 이곳과 사도 4,8에만 등장한다. 루카의 다른 곳과 공관복음서에서는 대부분 '백성의 원로들'(프레스부테로이 투 라우 πρεσβύτεροι τοῦ λαοῦ)이라고 표현한다.

루카복음에서 예수님 수난의 징조는 도성에 들어가 성전에서 가르치시자 바로 나타난다. 사실 45-46절의 행동과 말씀으로 시작된 그분의 경고는 주로 성전 관리와 운영을 책임진 이들을 향해 있다. 그들이 성전의 본질을 흐리고 훼손하고 있다는 고발에 더하여 백성이 그분의 말씀을 경청하고 있었기에, 성전의 고위층들인 수석 사제들과 율법학자들과 백성의 지도자들은 적의를 품고 '그를 없앨 방도를 찾았다'(에제툰 아우톤 아폴레사이 ἐζήτουν αὐτὸν ἀπολέσαι). 아폴레사이는 '파괴하다, 죽이다'의 뜻인 아폴뤼미(ἀπόλλυμι)는 동사의 원과거 부정형이다.

48절

"그러나 어떻게 해야 하는지 그 방도를 찾지 못하였다. 온 백성이 그 분의 말씀을 듣느라고 곁을 떠나지 않았기 때문이다." 그들은 예수님을 체포하고 싶었으나 백성이 계속 옆에 있어서 할 수가 없었다. 백성의 모습은 수석 사제들과 율법학자들과 백성의 지도자들의 태도와는 아주 대조적이다. 예수님은 잃은 이들을 찾아 구원하시려고 오셨고 백성은 그 곁에 모여들어 떠나지 않는다. 예수님은 살리려고 잃은 사람을 찾으시는데 이들은 예수님을 없앨 방법을 찾고 있다. 한쪽에는 예수님을 배척하며 죽이려고 방법을 찾는 백성의 지도자들이 있고, 한쪽에는 예수님을 주님의 이름으로 오신 분으로 맞이하고 가르침을 들으며 곁을 떠나지 않는 백성이 있다.

① 예수님의 권한(20,1-8)

1절

"예수님께서 어느 날 성전에서 백성을 가르치시며 복음을 전하고 계시는데." 예수님께서 성전에서 가르치고 복음을 전하신다. 첫 구절은 루카 고유의 관심사와 문체를 잘 드러낸다. 예수님의 삶에서 새로운 국면이 시작될 때 루카가 사용하는 '~에 일이 생겼다, 일어났다' 정도의 의미를 가지는 카이 에게네토 엔(Καὶ ἐγένετο ἐν)과 함께 '가르치고'(디다스코 διδάσκω), '복음을 전하는'(에왕겔리조 εὐαγγελίζω) 두 행위다 현재 분사형으로 쓰였다. 현재 시제를 통해 성전에서 예수님이 일상적으로 하신 일을 묘사한다. 예수님은 갈릴래아에서 하셨듯이 예루살렘에서도 계속 가르치신다. 사실 성전은 스승이 가르침을 주어야만 하는 것에 암시적인 의미를 부여한다. 여기에 "수석 사제들과 율법학자들이 원로들과 함께 다가와 말했다." 이들은 이제 함께 다닌다. 개별적으로는 예수님을 상대할 수가 없음을 알고 늘 공모共謀하며 몰려다닌다.

2절

"당신이 무슨 권한으로 이런 일을 하는지, 또 당신에게 그러한 권한을 준 이가 누구인지 말해보시오." 질문은 마치 두 개인 듯하지만 사실은 예수님의 권한에 대한 질문 하나다. '권한'을 의미하는 '엑수시아'(ἐξουσία)는 '선택의 자유, 행동권', 혹은 '능력, 힘', '권위' 등의 뜻을 지니는데, 이들은 예수님이 종교적 · 예언적 권한을 행사한다고 생각하며 적법성을 묻는다.

3-6절

예수님께서 대답하신다. "나도 너희에게 한 가지 물을 터이니 대답해보아라. 요한의 세례가 하늘에서 온 것이냐, 아니면 사람에게서 온 것이냐?"(4절). 되묻는 형식으로 하신 예수님의 대답이 질문의 의도를 드러낸다. 예수님의 권한이 하늘에서 온 것인지를 밝히라는 것이다.

수석 사제들과 율법학자들과 원로들이 의논하는 말 안에 대답이 들어 있다. "'하늘에서 왔다' 하면, '어찌하여 그를 믿지 않았느냐?' 하고 말할 것이오. 그렇다고 '사람에게서 왔다' 하면, 온 백성이 요한을 예언자로 확신하고 있으니 그들이 돌을 던져 우리를 죽일 것이오"(5-6절). 이미 백성이 하느님의 사람으로 확신하고 있는 세례자 요한의 사례를 두고, 진퇴양난에 빠진 세 그룹의 당혹감이 느껴진다. 그들은 세례자 요한의 설교에 회개로 응답하지 않았기 때문에 그의 일이 하늘로부터 온 것이라고 말할 수 없었고, 동시에 대다수 백성이 예언자로 인정하는 세례자 요한을 공적으로 반대할 수도 없었다.

7-8절

"그래서 그들은 어디에서 왔는지 모른다고 대답하였다"(7절). 그래서 그들은 '모른다'고 답변을 회피함으로써 정치적 선택을 한다. 예수님은 그들이 대답하는 만큼 당신도 대답하겠다는 뜻으로 되물으신 것이기에, "나도 무슨 권한으로 이런 일을 하는지 너희에게 말하지 않겠다"(8절) 하고 말씀하셨다. 사실 예수님께서 하신 질문은 그들이 한 질문과 같은 것이었다. 그래서 예수님은 대답을 거부하셨다. 그들이 예수님의 답변을 들을 준비가 되어 있지 않았기 때문이다. 실제로는 그간의 예수님의 행적과 가르침이 어디에서 비롯했는지 이미 밝혀졌다. 표징을 보여주었는데도 계속 표징을 청하는 이들에게 들려주신 말씀과 동일한 맥락이다. "이 세대가 표징을 요구하지만 요나 예언자의 표징밖에는 어떠한 표징도 받지 못할 것이다"(11,29).

② 포도밭 주인과 악한 소작인들(20,9-19)

9절

"예수님께서 백성에게 이 비유를 말씀하기 시작하셨다." 그리스어 원문으로는 여전히 예수님이라는 명시적 주어 없이 문장이 이어진다. '이 비유를 백성에게 말씀하기 시작하셨다.'

"어떤 사람이 포도밭을 일구어 소작인들에게 내주고 오랫동안 멀리 떠나 있었다." 이 상황은 당대 사람들이 납득할 만한 일이다. 구약성경을 통해 '포도밭'이 이스라엘을 표상한다는 것도 익히 알고 있는 사실이다. 많은 구절 중에서 이사 5,1-7이 널리 알려져 있는데, 거기에는 포도밭에 관한 비유와 포도밭인 이스라엘에 관한 예언이 들어 있다. 이사야 예언자는 이 포도밭을 열심히 돌보며 가꾸시는 분이 하느님임을 알려준다. 루카의 비유에서는 포도밭을 일군 주인은 하느님을, 소작인들은 이스라엘 백성을 가리키고, 좀 더 구체적으로 "율법학자들과 수석 사제들은 예수님께서 자기들을 두고 이 비유를 말씀하신 것을 알아차리고"(19절)라는 구절에 드러나듯이 이스라엘 백성의 지도자들을 가리킨다.

10절

"포도 철이 되자 그는 소작인들에게 종 하나를 보내어, 포도밭 소출에서 얼마를 내놓으라고 하였다." 포도밭의 열매는 모세의 율법에 따른 도덕적 행위들을 가리킨다. 예수님의 청중은 비유를 들으며 포도밭 소출이 하느님이 기대하시는 선행이라는 것을 익히 알아듣는다. 포도밭 주인이 소작인들에게 도조를 요구하는 것은 당연한 권리다. '포도 철이 되자'라는 구절에서 그리스어로 특별한 시간 개념을 드러내는 카이로스(καιρός)를 사용하여 '카이 카이로'(καὶ καιρῷ), '적절한 때', 곧 '포도 철'을 표현하였다. 그러니 당연히 소출을 요구할 수 있는 적절한 시간에 종을 보낸 것이다. "그런데 소작인들은 그를 매질하고서는 빈손으로 돌려보냈다." 소작인들은 '매질과 빈손'이라는 행동을 통하여 도조를 내지 않겠다는 거부 의사를 아주 거칠게 표현한 것이다. 이것이야말로 불법이고 불의다.

11-12절

"주인이 또 다른 종을 보냈지만, 그들은 그 종도 매질하고 모욕하고 나서 빈손으로 돌려보냈다." 소작인들은 먼저 종에게 한 짓에 강도 짓을 더하여 그 종을 더 거칠게 다룬다. 매질할 뿐 아니라 '모욕하고 나서' 빈손으로 돌려보낸다. "그리고 또 세 번째 종을 보냈더니, 그들은 그 종도 상처를 입히고 내쫓아버렸다"(12절). 소작인들의 행태는 더욱 심해져간다. 그 종을 상해하여 상처를 입히고 내쫓아버렸다.

13절

이 절에는 포도밭 주인의 독백이 나온다. "그래서 포도밭 주인은, '어떻게 할까? 사랑하는 내 아들을 보내야겠다. 내 아들이야 존중해주겠지' 하고 말하였다." 아마도 주인이 직접 갈 시간이 없는 듯하다. 그래서 그는 자신의 권위를 대신할 사람인 아들을 보내면 소작인들이 제대로 응대하리라 생각한다. 주인의 생각을 상세하게 묘사한다. '사랑하는 내 아들을 보내리라'(펨쏘 톤 휘온 무 톤 아가페톤 πέμψω τὸν υἱόν μου τὸν ἀγαπητόν). '아마 그는 존중할 것이다'(이소스 투톤 엔트라페손타이 ἴσως τοῦτον ἐντραπήσονται).

14-15ㄱ절

"그러나 소작인들은 그 아들을 보자, '저자가 상속자다. 저자를 죽여버리자. 그러면 이 상속 재산이 우리 차지가 될 것이다' 하고 서로 의논하면서"(14절). 소작인들은 그가 포도밭 주인의 아들임을 알아보고, '저자가 상속자다'라고까지 말한다. 그러나 소작인들은 작당하여 오히려 다른 생각을 품는다. 상속자를 살해하여 없애면 포도밭이 자기들 것이 되리라고 생각한다. 그들이 이런 생각을 한 배경에는 팔레스티나 땅의 오랜 관습이 자리한다. 지주가 오랫동안 부재했음이 틀림없고, 아들이 없어서 상속자가 없다는 것이 확실한 경우에 소작인들이 먼저 소유권을 주장할 수 있는 관습이 있었던 것이다. 그래서 그들은 상속자를 없애기로 하고 "그를 포도밭 밖으로 던져 죽여버렸다”(15ㄱ절). 그가 상속자라면 그는 외아들이다. 비유에서 ‘사랑하는 내 외아들’이란 표현을 통해 실제로는 그가 누구인지 밝히고 있다.

15ㄴ-18절

비유는 이제 결말로 치닫는다. 포도밭 주인이 건재하다. “그러니 포도밭 주인은 그들을 어떻게 하겠느냐? 그는 돌아와 그 소작인들을 없애버리고 포도밭을 다른 이들에게 줄 것이다.” 예수님은 말씀하신다. 반역한 포도밭 소작인들을 응징하기 위해 주인은 돌아올 것이고, 그들을 없애버릴 것이다. 그러자 “사람들이 이 말씀을 듣고 ‘그런 일은 있을 수 없습니다’ 하고 말하였다”(16절ㄴ).

예수님은 군중들을 똑바로 응시하신다. 너희는 어떻게 “그런 일은 있을 수 없습니다!” 하고 말할 수 있느냐? 그러나 이제, 포도밭 소작인들에 관한 비난은 별개로 하고, 연관된 다른 주제로 옮겨가신다. “집 짓는 이들이 내버린 돌 그 돌이 모퉁이의 머릿돌이 되었네”라는 시편 저자의 거룩한 말씀들을 군중이 분명히 알고 있다고 하신다. 이 이미지와 함께 예수님은 당신이 예루살렘 지도자들의 손에 죽을 것이라는 예언을 하신다. 이는 이러한 새로운 이미지 안에 앞으로 이어질 당신의 죽음, 죽은 이들로부터의 부활이라는 사건을 말씀하시기 위해서이다. 그분은 조만간 당신을 받아들이지 않을 백성을 언급하시겠지만, 지금으로서는 포도밭 주인의 아들 이야기를 완성하는 데 초점을 맞추신다. 사실 예수님은 당신 자신을 시편 118,22의 예언에서 주어진 이미지에 적용하시고, 그럼으로써 구약이 예수님의 죽음과 부활을 희미하게나마 예견한다는 것을 보여주신다.

19절

"율법학자들과 수석 사제들은 예수님께서 자기들을 두고 이 비유를 말씀하신 것을 알아차리고, 당장 예수님께 손을 대려고 하였으나 백성이 두려웠다." 이 비유는 이스라엘의 지도자인 율법학자들과 수석 사제들이 백성을 올바로 이끌지 않았다고 말한다. 그들은 행동과 말로 백성이 포도밭 주인에게 바칠 소출을 거부하도록 하였다. 지도력이 없는 그들 때문에 백성이 불순종으로 이끌린 것이다. 구약에서 예언자들의 말을 듣기를 거부했던 사람들이 여기서는 소작인들로 상징화되고, 이제 벌을 받아 마땅하다는 것이다.

포도밭 소작인 비유는 루카복음서 전체에서 거의 끝에 위치한다. 특히 9장부터는 예수님이 예루살렘에 당도하시면 돌아가실(그리고 살아나실) 것이라는 예고를 여러 번 하셨다. 적대적인 환경과 마지막 논쟁을 위한 준비가 갖추어져 가고 있다. 문학적으로 목숨을 걸고 사투를 벌이는 긴장들 속에 있다. 예수님은 당신이 이해하는 하느님 아버지의 뜻을 멈추지 않고 선포하리라는 것을 증명하실 것이며, 당국자들은 그분이 틀렸고 백성을 호도하고 있기 때문에 죽어야 한다고 계속 주장할 것이다(신명 13,1-5 참조). 이 비유는 바로 이러한 험난한 분위기 속에서 이야기되고 있다. 사실 예수님은 적들의 목적이 무엇인지를 이 비유로 드러낸다. 그러고 나서 당신 자신의 목표를 가르쳐주실 것이다.

③ 하느님의 것은 하느님께 돌려드려라(20,20-26)

20절

첫 구절에서 이어지는 이야기의 맥락이 정확히 드러나며 그 뜻을 알 수 있는 정보도 얻을 수 있다. 황제에게 세금을 내는 문제에 관한 이야기는 바로 앞 이야기와 연결된다. "율법학자들과 수석 사제들은 예수님께서 자기들을 두고 이 비유를 말씀하신 것을 알아차리고, 당장 예수님께 손을 대려고 하였으나 백성이 두려웠다"(19절). "그리하여 그들은 기회를 엿보다가, 선량한 사람처럼 꾸민 앞잡이들을 보내어 예수님의 말씀을 빌미로 그분을 붙잡게 하였다. 예수님을 직권과 사법권을 가진 총독에게 넘기려는 것이었다." 여기서 그들이란 물론 율법학자들과 수석 사제들이다. 그들은 당시 총독 관할하에 있는 유다 속주의 조건을 활용하여 예수님을 정치 · 행정적인 함정에 넣으려는 목적으로 접근한다.

21-22절

선량한 사람처럼 꾸민 앞잡이가 와서 교묘하게 다듬은 말로 대화를 시작한다. "스승님, 저희는 스승님께서 올바르게 말씀하시고 가르치시며 사람을 그 신분에 따라 가리지 않으시고, 하느님의 길을 참되게 가르치신다는 것을 압니다. 그런데 저희가 황제에게 조세를 내는 것이 합당합니까, 합당하지 않습니까?" 정치적인 문제를 야기하고 즉각적으로 불이익을 당할 수 있는 질문에 대답하라고 한다. 당신은 스승이고, 올바르게 말하고 가르치며, 사람을 그 신분에 따라 가리지 않고, 하느님의 길을 참되게 가르친다는 것을 안다. 그러니 그에 따라 답하라, 곧 올바르게 말하고 가르치라는 것이다.

23절

"예수님께서는 그들의 교활한 속셈을 꿰뚫어 보시고 그들에게 말씀하셨다." 루카가 21절 도입에서 말한 대로, 그들이 다가와 질문하였고, 예수님은 그 질문에서 그들의 속셈을 알아채신다. 그들의 질문은 옭아매기 위하여 파놓은 함정인 '교활한 속임수, 간계'(파누르기아 πανουργία)이다.

24-26절

"'데나리온 한 닢을 나에게 보여라. 누구의 초상과 글자가 새겨져 있느냐?' 그들이 '황제의 것입니다' 하고 대답하였다"(24절). 예수님은 "그러면 황제의 것은 황제에게 돌려주고, 하느님의 것은 하느님께 돌려드려라"(25절) 하고 대답하신다. 당시 유다 주민들에게 유통되는 고대 리라 세켈이 있었다. 예수님께서 로마 은화인 데나리온을 보이라고 하는 것은 로마인들이 세금을 로마 통화로 지불하도록 요구한다는 것을 알고 있었기 때문이다. 예수님은 정치적 간계를 쓰는 율법학자들과 수석 사제들의 함정을 거뜬히 넘으신다. 그래서 "그들은 예수님께서 하신 말씀을 빌미로 백성 앞에서 그분을 붙잡지 못하였을 뿐만 아니라, 그분의 답변에 경탄하며 입을 다물었다"(26절).

루카 20,21-26	마르 12,14-17
21절 "스승님, 저희는 스승님께서 올바르게 말씀하시고 가르치시며 사람을 그 신분에 따라 가리지 않으시고, 하느님의 길을 참되게 가르치신다는 것을 압니다."	14절 "스승님, 저희는 스승님께서 진실하시고 아무도 꺼리지 않으시는 분이라는 것을 압니다. 과연 스승님은 사람을 그 신분에 따라 판단하지 않으시고, 하느님의 길을 참되게 가르치십니다."
23절 예수님께서는 그들의 교활한 속셈을 꿰뚫어 보시고 그들에게 말씀하셨다. "데나리온 한 닢을 나에게 보여라. 누구의 초상과 글자가 새겨져 있느냐?"	15절 예수님께서는 그들의 위선을 아시고 그들에게 말씀하셨다. "너희는 어찌하여 나를 시험하느냐? 데나리온 한 닢을 가져다 보여다오."
26절 그들은 예수님께서 하신 말씀을 빌미로 백성 앞에서 그분을 붙잡지 못하였을 뿐만 아니라, 그분의 답변에 경탄하며 입을 다물었다.	17절 그들은 예수님께 매우 감탄하였다.

④ 산 이들의 하느님이시다(20,27-40)

27절

"부활이 없다고 주장하는 사두가이 몇 사람이 예수님께 다가와 물었다." 예수님과 논쟁을 하는 새 그룹이 등장한다. 사두가이들이 부활에 대해 예수님과 논쟁을 하고자 예화 하나를 들고 왔다. 사두가이(Σαδδουκαῖος)들은 그들 이름에 들어 있는 차독(צָדוֹק 그리스어로 사독 Σαδδουκ)이 가리키는 대로 차독과의 특별한 유대 관계를 주장한다. 차독은 다윗 임금 통치 시절 활동했던 주요 사제 중 한 사람의 이름이다(2사무 8,17 이하). 셀레우코스 왕조와 마카베오 항쟁, 하스모네아 왕조와 헤로데 임금에 이르기까지 정치적 변화 속에서도 보수적 성향의 사제 귀족은 예루살렘에 계속 존재했다. 그들은, 하느님은 세상사에 많이 개입하지 않으시기에, 인간의 행동에 큰 비중을 두고 인간이 책임 있게 행동해야 한다고 생각하였다. 이들은 구전 전승은 믿지 않았고 오직 하느님께서 모세에게 맡기신 율법만을 인정했다. 또한 천사와 영의 존재를 거부하고 죽은 이의 부활을 믿지 않았다.

28-33절

먼저 그들은 모세의 율법 조항 중 하나를 지적한다. "스승님, 모세는 '어떤 사람의 형제가 자식 없이' 아내를 남기고 '죽으면, 그 사람이 죽은 이의 아내를 맞아들여 형제의 후사를 일으켜주어야 한다'고 저희를 위하여 기록해놓았습니다"(28절). 그리고는 일곱 형제가 있는 집에 맏이와 결혼한 여인의 예를 든다. 예화 속의 여인은 지독히도 불운하게 일곱 형제에게 아내로 들어가게 되나, 일곱 형제는 다 자식 없이 죽는다. 마침내 여인도 죽었다(29-32절). 이 상황에 질문이 주어진다. "그러면 부활 때에 그 여자는 그들 가운데 누구의 아내가 되겠습니까? 일곱이 다 그 여자를 아내로 맞아들였으니 말입니다"(33절). 사두가이들의 질문은 간접적 논증을 통해, 부활이 없다는 주장을 하고 있다.

34-36절

예수님의 답변에는 두 가지 내용이 담겨 있다. 우선 이 세상과 저세상 풍습이 다르다고 하신다. "이 세상 사람들은 장가도 들고 시집도 간다. 그러나 저세상에 참여하고 또 죽은 이들의 부활에 참여할 자격이 있다고 판단받는 이들은 더 이상 장가드는 일도 시집가는 일도 없을 것이다." '저세상에 참여할 자격이 있는 이들'이라는 조건 뒤에 하나 더 붙여 '죽은 이들의 부활에 참여할 자격이 있다고 판단받은 이들'을 말씀하신다. 부활의 삶에 참여하는 것은 무조건이 아니라 그럴 자격이 있다고 인정받아야 가능한 일이라고 하신다. 부활 후의 삶의 양태는 그다음 문제다. '가치 있다고 생각하다'에는 카탁크시오(καταξιόω)의 수동형 분사 카탁크시오텐테스(καταξιωθέντες)가 쓰여, 부활의 삶에 합당하다고 판단받는 것은 일부 사람에게 부여되는 특권처럼 나타나 있다. 그리고 그들은 더 이상 장가드는 일도 시집가는 일도 없을 것이다.

“천사들과 같아져서 더 이상 죽는 일도 없다. 그들은 또한 부활에 동참하여 하느님의 자녀가 된다”(36절). 이 문장은 그리스어로 볼 필요가 있다. 먼저 주문장을 보면, 우데 가르 아포타네인 에티 두난타이(οὐδὲ γὰρ ἀποθανεῖν ἔτι δύνανται), ‘~ 할 수 있다’라는 뜻의 ‘두난타이’에 부정사 ‘우데’와, ‘죽다’ 동사의 부정형 ‘아포타네인’이 함께 쓰여 ‘그들은 다시 죽을 수 없다’라는 말이 된다. 이어서 이유를 나타내는 접속사 ‘가르’(γάρ)로 종속 문장이 따라온다. ‘천사와 같기 때문이고, 부활의 자녀이면서 하느님의 자녀이기 때문이다’(이상겔로이 가르 에이신 카이 휘오이 에이신 테우 테스 아나스타세오스 휘오이 온테스 ἰσάγγελοι γάρ εἰσιν καὶ υἱοί εἰσιν θεοῦ τῆς ἀναστάσεως υἱοὶ ὄντες). 전체로 보면 ‘더 이상 죽는 일도 없다. 왜냐하면 그들은 천사와 같고, 부활의 자녀이면서 하느님의 자녀이기 때문이다’라고 할 수 있겠다.

37-38절

예수님께서는 사두가이들이 중요하게 여기는 오경의 구절로 부활의 또 다른 증거를 제시하신다. “그리고 죽은 이들이 되살아난다는 사실은, 모세도 떨기나무 대목에서 ‘주님은 아브라함의 하느님, 이사악의 하느님, 야곱의 하느님’이라는 말로 이미 밝혀주었다.” 만일 성조들이 죽어서 무덤에 묻힌 채 사라졌다면 하느님은 당신 자신을 계속 그들의 이름을 붙여 그들의 하느님이라고 선언하지 않으셨을 것이다. '이미 밝혀주었다'에 사용된 동사 메누오(μηνύω)는 '알리다, 드러내다'라는 뜻이니, 모세가 분명히 부활을 이미 알린 것이다. "그분은 죽은 이들의 하느님이 아니라 산 이들의 하느님이시다. 사실 하느님께는 모든 사람이 살아 있는 것이다."

루카 20,27-40	마르 12,18-27
34-35절 예수님께서 그들에게 이르셨다. "이 세상 사람들은 장가도 들고 시집도 간다. 그러나 저세상에 참여하고 또 죽은 이들의 부활에 참여할 자격이 있다고 판단받는 이들은 더 이상 장가드는 일도 시집가는 일도 없을 것이다."	24-25절 예수님께서 그들에게 이르셨다. "너희가 성경도 모르고 하느님의 능력도 모르니까 그렇게 잘못 생각하는 것이 아니냐? 사람들이 죽은 이들 가운데에서 다시 살아날 때에는, 장가드는 일도 시집가는 일도 없이
36절 "천사들과 같아져서 더 이상 죽는 일도 없다. 그들은 또한 부활에 동참하여 하느님의 자녀가 된다."	하늘에 있는 천사들과 같아진다."
38절 "그분은 죽은 이들의 하느님이 아니라 산 이들의 하느님이시다. 사실 하느님께는 모든 사람이 살아 있는 것이다."	27절 "그분께서는 죽은 이들의 하느님이 아니라 산 이들의 하느님이시다. 너희는 크게 잘못 생각하는 것이다."

39-40절

주변에 있던 율법학자들이 예수님의 답변에 동조한다. 이 율법학자들은 부활 사상을 믿는 바리사이에 속하는 율법학자들이다. "스승님, 잘 말씀하셨습니다." 사람들은 감히 그분께 더 이상 묻지 못하였다.

⑤ 주님이신 예수 그리스도(20,41-44)

예수님은 날마다 성전에서 가르치셨는데(19,47 참조), 그 가르치신 내용들이 이어진다. 부활 논쟁에 이어 이번에는 예수님의 왕권과 관련한 주제가 나타난다. 41절에서 "예수님께서 또 그들에게 말씀하셨다"라고 하는데, 그들은 39절에 등장한 사람들과 율법학자들이다.

41-44절

예수님께서 또 그들에게 말씀하셨다. "어찌하여 사람들이 메시아가 다윗의 자손이라고 말하느냐?" 하느님께서 다윗 자손이 당신 백성을 다스리게 한다는 내용은 구약에 많이 나타나지만, 메시아로서 다윗의 자손에 대한 언급은 오직 위경인 솔로몬의 시편 17,21에만 있다. '다윗의 자손'은 초기 라삐 시대에 유다인 사이에서 메시아 칭호로 등장한다. 현재 본문에서는 다윗의 자손이 호칭으로 사용되지 않으나 사람들 사이에 떠도는 표현이 있던 것으로 여겨진다. 특히 율법학자들이 관계된 것으로 볼 수 있다. 예수님은 오히려 이에 이의를 제기하신다. 메시아는 다윗의 자손이라는 단순한 범주로 포괄될 수 있는 것보다 훨씬 더 큰 분이시다.

"다윗 자신이 시편에서 말한다. '주님께서 내 주님께 말씀하셨다. ′내 오른쪽에 앉아라, 내가 너의 원수들을 네 발판으로 삼을 때까지′"'(42-43절). 예수님은 시편 110,1을 전부 인용하셨는데, 이 문장에서 첫 번째로 나온 주님은 하느님을, 두 번째 주님은 메시아를 가리킨다. 예수님은 이 42-43절을 근거로 44절에서 다시 질문을 하신다. "이렇게 다윗이 메시아를 주님이라고 부르는데, 어떻게 메시아가 다윗의 자손이 되느냐?" 예수님은 다윗 임금이 다른 사람을 자신의 임금이신 주님이라고 부른 일을 상기시키어 메시아가 다윗의 자손일 수 없다고 말씀하신다. 이 말씀에는 메시아적 통치는 과거 다윗이 행한 역할로 제시된 범주를 넘어서리라는 의미가 담겨 있다. 메시아가 다윗의 후손이라는 개념은 하느님께서 메시아 시대에 이루실 일과 메시아의 역할을 이해하는 데 사람들의 사고 범위를 제한한다. 루카는 예수님께서 죽음과 부활을 통하여 하느님 오른편의 영광으로 나아가신다는 관점에서 이 본문을 본 것이다. 시편 110,1은 사도 2,25-36에 나오는 논증에서 부활과 승천에 관련하여 중요한 역할을 한다(사도 2,25-36 참조).

⑥ 율법학자들에 대한 경계(20,45-47)

날마다 성전에서 이루어진 예수님의 가르침(19,47 참조)이 이어진다. 이 부분은 예수님께서 율법학자들에 대한 경계를 촉구하신 가르침이다. “예수님께서는 모든 백성이 듣고 있는 가운데 제자들에게 이르셨다”(45절). 이 구절은 46-47절이 특별히 제자들에게 주어진 가르침이라는 것을 드러낸다. 백성 앞에서 무엇인가를 가르치거나 선포하는 이들이 경계해야 할 내용인 것이다.

46-47절

“율법학자들을 경계하여라.” 프로섹코(προσέχω)는 기본적으로 ‘주의하다, 가다듬어 조심하다’라는 뜻인데, 여기에 현재 명령형으로 사용되었다. 조심해서 피해야 할 율법학자들의 행동이 여섯 가지로 나열되었다. 그들이 좋아하는 긴 겉옷을 입고 나다니기, 장터에서 인사받기, 회당의 높은 자리, 잔치의 윗자리이다. 또 그들이 하는 행동으로는 과부들의 가산 등쳐 먹기, 남에게 보이려고 길게 기도하기이다. 마지막에 예수님은 ‘이들은 더 엄한 단죄를 받을 것이다’(οὗτοι λήμψονται περισσότερον κρίμα)라고 하신다. 여기서 ‘이들은’(후토이 οὗτοι) 47절 앞 문장의 ‘집어삼키는 이들’(호이 카테스티우신 οἱ κατεσθίουσιν), ‘길게 기도하는 이들’(마크라 프로세우콘타이 μακρὰ προσεύχονται)을 직접적으로 받는다. 과부들에 대한 법적 보호를 보장해주어야 할 율법학자들이 오히려 과부들에게 피해를 주니, 예수님은 그들을 엄중하게 단죄하신다. 그리고 남에게 보이려고 길게 하는 기도는 율법학자들의 악한 행실을 포장하는 데 사용되어 사람들을 현혹하기에 예수님은 그 또한 단죄하신다.

⑦ 과부의 예물(21,1-4)

1절

예수님은 여전히 성전에 계시는데, 현재 위치는 성전 구역에서 여인들의 뜰이다. 이방인들도 오가는 구역에 헌금통을 놓았을 리는 없고, 이스라엘 남자들뿐 아니라 여인들도 들어갈 수 있는 구역이 그곳이기 때문이다. 그 구역 어딘가에서 예수님은 사람들이 헌금함에 예물을 넣는 것을 보고 계시다. 그러다가 겉모습만 봐도 부자임을 알아차릴 수 있는 이들이 예물을 넣는 것을 보셨다. "헌금함에 예물을 넣는 부자들을 보고 계셨다."

2절

"그러다가 어떤 빈곤한 과부가 렙톤 두 닢을 거기에 넣는 것"을 보셨다. 헌금함에 예물을 넣는 여인이 과부라는 사실은 옷을 보고 알았을 것이다. 유딧이 '허리에 자루옷을 두르고 과부 옷을' 입었다고 하는 것을 보면(유딧 8,5), 예수님 시대에도 고유한 과부 복식服飾이 있었던 것 같다. 과부 옷이라 할지라도 빈부의 차이는 드러날 수 있으니 예수님은 그녀가 가난한 과부임을 알아보셨다. '빈곤한'에 사용된 형용사는 페니크로스(πενιχρός)이다. 2절에 사용된 페니크로스와 3절에 사용된 프토코스(πτωχός)는 모두 '가난한'이란 형용사이나, 둘 사이에는 약간의 차이가 있다. 프토코스가 아무것도 가진 것이 없는 가난을 표현한다면, 페니크로스는 생계비를 벌기 위해 일을 해야만 하는 가난을 가리킨다. 이 과부는 2절에 그리스어로 케라 페니크라(χήρα πενιχρὰ)라 표현되어 있다. 루카 시대에 페니크로스는 일할 필요성보다는 빈곤을 더 많이 떠올리게 하였는데, 루카는 이 단어를 사용하여 이 과부가 생존하기 위해 어려움을 겪고 있음을 신중하게 표현한 것으로 보인다. 이러한 과부가 렙톤 두 닢을 헌금하였다. 렙톤 두 닢은 '렙타 두오'(λεπτὰ δύο)인데 '렙토스'(λεπτός)는 얇고 작은 동전을 가리킨다. 렙토스의 가치는 당시 남자 시급의 4분의 1에 해당한다. 아주 작은 금액일지라도 이 여인의 처지에서는 큰 금액임을 드러낸다.

3-4절

예수님은 "내가 참으로 너희에게 말한다" 하시며 엄숙하게 "저 가난한 과부가 다른 모든 사람보다 더 많이 넣었다"라고 선언하신다. 그 이유는 "저들은 모두 풍족한 데에서 얼마씩을 예물로 넣었지만, 저 과부는 궁핍한 가운데에서 가지고 있던 생활비를 다 넣었기 때문이다." '풍족한 데에서'(에크 투 페리세우온토스 ἐκ τοῦ περισσεύοντος) '예물을 바치고'와 '궁핍한 가운데에서'(에크 투 후스테레마토스 ἐκ τοῦ ὑστερήματος) '가진 것 모두를 바치고'가 대조된다. '궁핍한'이라 번역된 후스테레마(ὑστέρημα)는 '필요, 부족'이란 뜻이다. 이 단어는 그것이 자신에게 필요할 뿐더러 오히려 그것으로도 부족한 상태를 드러내기에 가진 것을 모두 넣었다고 표현할 수 있다. 요긴하게 사용될

생활비를 넣었다는 뜻이다. 예수님은 단순히 돈의 액수로 헌금의 가치를 판단하신 것이 아니라, 봉헌하는 이에게 그 돈이 얼마큼의 가치를 지니는지 또 재산의 얼마큼을 차지하는지를 보고 판단하셨다. 여기서 예수님이 과부를 칭찬하시는 것 같지만 사실은 애통해하시는 것이다. 그녀는 지도자들로부터 가진 것을 바치라고 배웠다. 예수님은 과부의 행동을 유발한 가치 체계를 비판하고 애통해하시는 것이다. 율법학자들은 과부들의 재산을 등쳐 먹는다고 하신 말씀이 가리키는 바이기도 하다.

성전의 헌금함에 생계비를 넣는 빈곤한 과부의 모습은 성전에 들어가신 예수님이 한 첫 행동과 말씀(19,45-46)을 떠오르게 한다. "나의 집은 기도의 집이 될 것이다'라고 기록되어 있다. 그런데 너희는 이곳을 '강도들의 소굴'로 만들어버렸다"(19,46). 예수님께서 성전에 들어가시기 직전의 에피소드는 예루살렘 도성을 보고 우시며 멸망을 예고하신 일이다(19,41-44). 빈곤한 과부의 헌금 에피소드를 마지막으로 성전 파괴 관련 기사가 다시 등장하면서(21,5-6) 재난과 관련한 이야기들이 이어 소개되는 다음 대목이 시작된다.

(2) **예루살렘 멸망 예고** 21,5-24

이제 예수님의 가르침은 예루살렘에서 일어날 일에 대한 예고로 가득 찬다. 표징이라는 말을 여러 번 사용하시어(7.11.25절) 믿는 이들이 겪게 될 일과 도성의 운명을 알려주시며 심판 상황을 예고하신다.

① 성전 파괴 예고(21,5-6)

5절

성전의 웅장한 경관을 두고 몇몇 사람이, 여기 성전이 '아름다운 돌과 자원 예물로 꾸며졌다고' 말한다. '장식하다, 꾸미다'라는 뜻인 코스메오(κοσμέω)가 완료형 수동태로 쓰였다. 성전이 꾸며졌다는 말과 예물이란 단어가 이 문장에서 두드러진다. 성전의 본질보다 외관과 장식에 관한 언급이 나오는 까닭은 현재 이 성전에서 사람들에게 보이는 것이 아름다운 돌들과 봉헌된 자원 예물이기 때문이다. 이 성전을 짓는 데 돈이 얼마나 들었고 그 경비를 어떻게 충당했는지에 대한 생각이 자원 예물이란 말로 표현되었다. 곧 그들의 부와 공헌이 이뤄낸 성전이라는 사실이 부각된다. 사람들이 이렇게 성전을 자기들 손으로 이뤄낸 업적으로 왜곡하고 그래서 자신들의 종교 생활이 훌륭하다고 여기는 것이다.

6절

예수님께서 예고하신다. "너희가 보고 있는 저것들이, 돌 하나도 다른 돌 위에 남아 있지 않고 다 허물어질 때가 올 것이다." 이 문장에 쓰인 단어가 성소와 지성소를 가리키는 '나오스'가 아니라 '히에론'

(ἱερόν)이어서 성전 구역 전체를 가리킨다. 그러므로 그들이 '아름다운 돌' 운운한 것은 대단한 규모로 다듬어진 돌들로 이루어진 성벽을 두고 하는 이야기다. 사람들이 그토록 자랑스러워하는 성전이, 어마어마하게 견고해 보이는 성벽이 무너질 것이라고 예고하신다. '돌 하나도 다른 돌 위에 남아 있지 않고' 다 허물어질 때가 올 것이다. 사람의 손과 돈으로 만들어진 그것이 다 파괴될 것이라고 예고하신 것이다.

② **재난과 표징들**(21,7-11)

7절

예수님을 스승이라고 부르는 그들이 질문한다. "스승님, 그러면 그런 일이 언제 일어나겠습니까? 또 그 일이 벌어지려고 할 때에 어떤 표징이 나타나겠습니까?" 질문 내용은 두 가지이다. 그 일은 언제 일어날 것이며, 시작을 알 수 있는 표징은 무엇인가이다. 이 질문에 대한 예수님의 답은 8절에서 시작하여 36절까지 이어진다.

8-9절

"너희는 속는 일이 없도록 조심하여라. 많은 사람이 내 이름으로 와서, '내가 그리스도다', 또 '때가 가까웠다' 하고 말할 것이다. 그들 뒤를 따라가지 마라"(8절). 누군가 사람이 와서, 아니 하나가 아니라 많은 사람이 와서 "내가 그리스도다"라고 한다는 문장은 그리스어로

'에고 에이미'('Εγώ εἰμι)이다. 앞의 '내 이름으로'가 그리스도를 가리키는 것이라면, 자신이 그리스도라는 뜻으로 '나다'라고 할 것이라는 의미다. 또는 '호 카이로스 엔기켄'(ὁ καιρὸς ἤγγικεν), 즉 '때가 왔다'고 할 것이란다. 많은 사람이 그렇게 하는 일이 벌어질 텐데, 그들의 뒤를 따라가지 말라고 하신다. 첫 부분에서 속지 말라고 하신 말씀은 뒤 문장 전체를 가리킨다. 예수님 외에 그 누구도 그리스도로 등장할 수 없다. 그 누구도, 그 어떤 그리스도인도 하느님께서 정하신 때를 알 수 없으며 스스로 만들어낼 수 없다.

"그리고 너희는 전쟁과 반란이 일어났다는 소문을 듣더라도 무서워하지 마라. 그러한 일이 반드시 먼저 벌어지겠지만 그것이 바로 끝은 아니다"(9절). '~필요가 있는, 해야만 하는'이라는 뜻의 데이(δεῖ)를 사용하여 전쟁과 반란은 필연적으로 일어날 일이라고 알려주신다. 그러나 그것이 끝은 아니라고 하신다. 데이(δεῖ)구문을 통하여 하느님께서 이 전쟁과 반란의 끝만이 아니라 그 시작과 중간도 지배하신다는 사실을 말한다.

10-11절

"민족과 민족이 맞서 일어나고 나라와 나라가 맞서 일어나며, 큰 지진이 발생하고 곳곳에 기근과 전염병이 생길 것이다. 그리고 하늘에서는 무서운 일들과 큰 표징들이 일어날 것이다." 이 두 구절은 점층법으로 표현되어 있는데 먼저 민족과 민족, 나라와 나라가 맞서는 인간적 재난이 일어나고, 이어서 지진, 기근, 전염병이 일어나 땅, 자연, 사람에게로 재앙이 퍼져 나간다. 그리고 무서운 일이 일어나고 하늘에서 큰 표징들이 일어날 것이다.

③ 예수님 이름 때문에 받을 미움과 위협(21,12-19)

12절

"그러나 이 모든 일에 앞서, 사람들이 너희에게 손을 대어 박해할 것이다." 누구에게든 예외없이 닥칠 묵시론적인 재앙을 선고했는데, 그 이전에 '에프 휘마스'(ἐφ' ὑμᾶς), 너희에게 손을 대어 박해할 것이란다. '손을 대다'라는 관용어구는 20,19("당장 예수님께 손을 대려고 하였으나 백성이 두려웠다")에서 예수님께 적용했던 것으로 제자들이 당할 일을 예수님이 당할 일과 연결한다. 또한 '내 이름 때문에'라는 말과 더불어 '너희에게'는 여지없이 '제자들'을 가리키고 있음을 드러낸다. "너희를 회당과 감옥에 넘기고, 내 이름 때문에 너희를 임금들과 총독들 앞으로 끌고 갈 것이다."

13-15절

"이러한 일이 너희에게는 증언할 기회가 될 것이다." 박해는 예수님의 이름과 완전히 하나일 때 받게 되는 것이고, 박해의 첫 결과는 증언이다. 감옥에 넘겨지고, 법적 관할자인 임금들과 총독 앞에 끌려

나갈 것인데, "너희는 명심하여, 변론할 말을 미리부터 준비하지 마라"(14절)고 하신다. 왜냐하면 그 자리와 그 시간은 변론을 위한 것이 아니라 증언을 위한 것이기 때문이다. 주님께서 "어떠한 적대자도 맞서거나 반박할 수 없는 언변과 지혜를 내가 너희에게 주겠다" 하고 말씀하신다(15절). 동사가 함축적인 주어를 가리키지 않고, 명시적으로 에고(ἐγὼ)를 사용하여 '내가' 너희에게 주리라는 것을 강조하였다. 이에 상응하는 '너희에게'(휘민 ὑμῖν)도 무척 강조된다(13.15절). 성령을 통해 활동하시는 부활하신 예수님께서는 변호사처럼, 협력자인 파라클레토스처럼 그들에게 언변과 지혜를 주실 것이다. 그러면 그 어떤 적대자도 맞서거나 반박할 수 없을 것이다.

16-17절

"부모와 형제와 친척과 친구들까지도 너희를 넘겨 더러는 죽이기까지 할 것이다"(16절). 절정에 달하는 비극은 혈육과 친구들에게서 온다. 이미 12,52-53에서 예고한 대로, 여기서 제자들은 그들의 헌신으로 인해 가족들과 친구들의 무리로부터 미움과 위협을 받을 것이다. '넘길 것이다, 죽음으로 몰아갈 것이다'라고 표현되는 친지 친구들의 행위는 극히 폭력적이다.

"그리고 너희는 내 이름 때문에 모든 사람에게 미움을 받을 것이다"(17절). 가장 가까운 사람인 혈육과 친구들에게조차 위협을 받는다면 결국 모든 사람에게 미움을 받게 되는 것이다. 이유는 여전히 "예수님 이름 때문에"이다.

18-19절

위에서 언급한 모든 미움과 박해와 위협이 일어난다 하여도 하느님의 극적인 보호를 기대할 수 있다. 하느님께서 도움을 약속하며 보증해주신다. "그러나 너희는 머리카락 하나도 잃지 않을 것이다." 세상은 예수님의 이름, 그리스도에 대한 믿음을 포기하는 것이 목숨을 구하는 길이라고 말하지만, 예수님은 정반대로 말씀하셨다. "나 때문에 자기 목숨을 잃는 그 사람은 목숨을 구할 것이다"(9,24). 그리스도 신앙을 지키는 이는 머리카락 하나도 잃지 않을 것이다.

"너희는 인내로써 생명을 얻어라"(19절). 반대자들을 모두 통과하고 절대 중단되지 않은 채 하느님께 도달하려면 인내, 결단력, 의지가 필요하다. 씨 뿌리는 사람의 비유도 "인내로써 열매를 맺는 사람들" 이야기를 하였다(8,15).

④ 예루살렘 멸망 예고(21,20-24)

"예루살렘이 적군에게 포위된 것을 보거든, 그곳이 황폐해질 때가 가까이 왔음을 알아라." 제자들에게 그 전에 미리 일어날 일을 이야기하느라(12-19절) 중단되었던 재앙 예고가 다시 이어진다. 20절은 11절에 이어지는 내용으로 이해할 수 있는데, 8-11절에서 점층법으로 온 우주를 대상으로 이야기한 내용이 이제 구체적으로 예루살렘에 일어날 일로 초점이 맞춰진다. '예루살렘이 적군에게 포위되는 것'이 멸망의 때가 왔다는 표지다. 여기는 종교적 언어보다는 군사적 언어가 사용되며 총체적 파괴가 예고되었다. "사람들은 칼날에 쓰러지고 포로가 되어 모든 민족들에게 끌려갈 것이다. 그리고 예루살렘은 다른 민족들의 시대가 다 찰 때까지 그들에게 짓밟힐 것이다"(24절). 루카의 본문에는 예루살렘이 겪은 운명의 역사적 특성이 잘 드러나 있다. 21절과 24절에서 예루살렘을 정확하게 언급한다. "그때에 유다에 있는 이들은 산으로 달아나고, 예루살렘에 있는 이들은 거기에서 빠져나가라. 시골에 있는 이들은 예루살렘으로 들어가지 마라"(21절). "그리고 예루살렘은 다른 민족들의 시대가 다 찰 때까지 그들에게 짓밟힐 것이다"(24절).

"그때가 바로 성경에 기록된 모든 말씀이 이루어지는 징벌의 날이기 때문이다"(22절). 22절과 함께 23-24절에서 볼 수 있는 것은 네 가지다. 먼저 시간이 무척 강조된다. 22절의 '그때가'(헤메라이 아우타이 ἡμέραι … αὗταί), 23절의 '그 무렵에'(엔 에케이나이스 타이스 헤메라이스 ἐν ἐκείναις ταῖς ἡμέραις), 24절의 '민족들의 시대'(카이로이 에트논 καιροὶ ἐθνῶν)가 그렇다. 다음으로는 필연적인 운명에 대한 언급으로 20절 '그곳이 황폐해질 때가', 23절 '이 백성에게 닥칠 일'같이, 그런 운명을 겪을 수밖에 없다고 강조한다. 그다음으로 22절의 '징벌'은 성경에 기록된 오랜 말씀에서 발견되는 하느님의 뜻에 상응한다고 밝힌다. 마지막으로 예루살렘에 일어난 역사적 사건이 하느님 계획의 일부이고 마지막 날과 궁극적인 '속량'(28절)으로 이끄는 과정임을 확인한다.

(3) 사람의 아들의 오심 21,25-38

① 심판(21,25-28)

25-26절

"그리고 해와 달과 별들에는 표징들이 나타나고, 땅에서는 바다와 거센 파도 소리에 자지러진 민족들이 공포에 휩싸일 것이다"(25절). 시간의 흐름 속에서 역사적 공간에서 일어나는 일을 말씀하신 후에 이제 묵시적 영역의 일들을 예고하신다. '하늘과 땅'은 아주 중요한 격변을 통해 종말이 가까웠다는 신호를 보낼 것이고 "사람들은 세상에 닥쳐오는 것들에 대한 두려운 예감으로 까무러칠 것이다. 하늘의 세력들이 흔들릴 것이기 때문이다"(26절). 11절에서 이미 하늘의 표징을 말했는데, 세부적인 진행은 보류하고 역사적 과정들을 다 이야기하고 나서 이제 다시 그다음 과정을 진행시킨다.

27-28절

모든 사람이 두려운 예감에 사로잡혀 있을 때 사람의 아들이 나타날 것이다. 예루살렘에 행해진 심판은 이제 이방인까지 포함한 모든 사람에게 행해질 것이다. "그때에 '사람의 아들이' 권능과 큰 영광을 떨치며 '구름을 타고 오는 것을' 사람들이 볼 것이다"(27절). 이것은 그리스도인 공동체가 세심한 주의를 기울여서 기뻐할 준비를 하라는 일종의 초대이다. 사람의 아들은 하느님의 재판정에서 자신에게 유리한 판결이 내려지게 하고, 하느님께로부터 통치권과 영광과 나라를 받는다(다니 7,13-14). 이에 대해 천사는 다음과 같이 해석한다. "나라와 통치권과 온 천하 나라들의 위력이 지극히 높으신 분의 거룩한 백성에게 주어지리라. 그들의 나라는 영원한 나라가 되고 모든 통치자가 그들을 섬기고 복종하리라"(다니 7,27). "이러한 일들이 일어나기 시작하거든 허리를 펴고 머리를 들어라. 너희의 속량이 가까웠기 때문이다"(28절). 사람의 아들의 오심은 구원의 도래와 동의어이다.

② 징조(21,29-33)

이어지는 29-33절은 28절을 설명하는 기능을 하는데, 29-30절은 비유이다. 28절에 "이러한 일들이 일어나기 시작하거든"이 있고, 다시 31절에 "이와 같이 너희도 이러한 일들이 일어나는 것을 보거든"이라는 구절이 나타난다. 32절에서 "이 세대가 지나기 전에 모든 일이 일어날 것이다"하고 마무리한다.

29-33절

예수님께서는 이어서 비유 하나를 말씀하셨다. 무화과나무와 다른 모든 나무를 보라고 하신다. 나무를 보고 계절을 알기 위해서이다.

"잎이 돋자마자, 너희는 그것을 보고 여름이 이미 가까이 온 줄을 저절로 알게 된다." 팔레스티나 땅에서 흔히 볼 수 있는 무화과나무는 겨울에 잎들이 떨어지고 늦봄에 잎이 나기 시작하므로 이 말씀에 아주 제격이다. 징후를 보고 일어날 일을 알게 되는 상황을 말씀하신 것이다. "이와 같이 너희도 이러한 일들이 일어나는 것을 보거든, 하느님의 나라가 가까이 온 줄 알아라"(31절). '이러한 일들'은 25-26절을 가리키는 것이니, 여기서 말하는 하느님 나라는 사람의 아들의 오심으로 완성되는 종말의 하느님 나라이다. '이러한 일들'에 이어 하느님 나라가 오는 것은 자연의 이치만큼이나 분명하고 당연한 귀결이라고 말한다. 그리고 그것은 예수님 말씀의 권위도 드러낸다. "하늘과 땅은 사라질지라도 내 말은 결코 사라지지 않을 것이다"(33절).

③ 사람의 아들 앞에 서는 힘(21,34-36)

예수님께서 도덕적 가르침을 주시는 부분인데, 이 구절들은 공관복음에는 병행이 없는 루카의 고유한 부분이다. 재앙과 종말을 예고하시면서, 제자들이 대비하여 '사람의 아들의 날이 덫처럼 갑자기 덮치지 않게'(34절), '일어날 이 모든 일에서 벗어나 사람의 아들 앞에 설 수 있는 힘을 지니도록'(36절) 하라는 권고로 마무리하신다.

34절은 권고, 35절은 종말의 보편성, 36절은 다시 권고로 이어진다. 누구에게나 예외 없이 닥칠 일이니, 제자들은 대비해야 하는데 핵심 동사는 두 개다. '스스로 조심하여라'와 '늘 깨어 있어라'이다. 34

절에서는 스스로 조심하여 피해야 할 것을 일러주신다. 36절에서는 늘 깨어 기도하여 힘을 기르라고 하신다. 일어날 모든 일에서 벗어나고 주님 앞에 설 수 있는 힘을 기르라 하신다.

a	34절	너희는 스스로 조심하여
		방탕과 만취와 일상의 근심으로 너희 마음이 물러지는 일이 없게 하여라. 그리고 그날이 너희를 덫처럼 갑자기 덮치지 않게 하여라.
b	35절	그날은 온 땅 위에 사는 모든 사람에게 들이닥칠 것이다.
a′	36절	너희는 앞으로 일어날 이 모든 일에서 벗어나 사람의 아들 앞에 설 수 있는 힘을 지니도록
		늘 깨어 기도하여라.

④ 예수님의 예루살렘 일상(21,37-38)

예수님께서 예루살렘에 입성하시어 성전에 들어오신 후, 루카가 19,45에서부터 여기 21,36까지 전하는 예수님은 줄곧 성전에 머물러 계신다. "예수님께서는 날마다 성전에서 가르치셨다. 수석 사제들과 율법학자들과 백성의 지도자들은 예수님을 없앨 방법을 찾았다. 그러나 어떻게 해야 하는지 그 방도를 찾지 못하였다. 온 백성이 그분의 말씀을 듣느라고 곁을 떠나지 않았기 때문이다." 이렇게 19,47-48에서 요약하여 전해주었고, 이제 다시 예루살렘에서 그분의 일상이 어떠했는지를 21,37-38에서 알려준다. 예수님의 일정에 따라 사람들이 어떻게 움직였는지도 알려준다. "예수님께서 낮에는 성전에서 가르치시고, 밤에는 올리브산이라고 불리는 곳으로 나가 묵곤 하셨다. 온 백성은 그분의 말씀을 들으려고 성전에 계신 그분께 이른 아침부터 모여들었다"(37-38절). 이렇게 19,45-21,38 대목은 성전에서 활동하시는 예수님의 모습을 시작과 마무리에서 보여준다.

2. 예수님의 수난과 죽음 22,1-23,56

파스카 축제가 다가온다. 수석 사제들과 율법학자들은 예수님을 제거할 방법을 찾고 있고, 루카는 예수님께서 제자들과 함께 파스카 음식을 드시려고 했음을 강조한다. 또한 수난 중에 예수님께서 보여주신 용기와 순종과 받아들임과 용서가 드러난다. 루카는 독자들이 예수님의 수난과 죽음을 메시아를 위한 하느님 계획의 완성으로 이해하도록 초대한다. 파스카와 예수님 수난의 연결은 역사적인 일인데, 예수님은 자신의 죽음을 예견하며 제자들에게 그 죽음의 의미를 해석해주신다. 아주 깊은 차원에서 예수님은 수난의 길을 주도하신다.

1) 파스카 때의 음모 22,1-13

(1) 유다 지도자들의 음모 22,1-2

1절

“파스카라고 하는 무교절(축제, 헤 헤오르테 톤 아주몬 ἡ ἑορτὴ τῶν

ἀζύμων)이 다가왔다.” 22,7과 비슷한 표현이나 좀 더 많은 날이 포함된다. 원래 파스카와 무교절은 구분되는 두 개의 축제였다. 파스카는 니산달 14일 하루이고, 즉시 7일간 지내는 무교절이 이어졌다. 이 구절에 사용된 ‘다가왔다’(엥기젠 Ἤγγιζεν)는 18,35-19,46 단락에서 자주 사용한 ‘가까워지다’(엥기조 ἐγγίζω)와 어근이 같아 루카 맥락의 익숙한 분위기를 만든다.

2절

“수석 사제들과 율법학자들은 백성이 두려워, 예수님을 어떻게 제거해야 할지 그 방법을 찾고 있었다.” 수석 사제들과 율법학자들은 예수님을 제거하고 싶어 방법을 ‘찾고 있었지만’(에제툰 ἐζήτουν: 미완료 3인칭 복수), 백성이 ‘두려웠다’(에포분토 ἐφοβοῦντο: 미완료 수동태 3인칭 복수). 모두 미완료형 동사를 사용하여, 그들이 예수님을 지속적으로 찾고 있으며 백성을 두려워하는 상태가 계속된다는 것을 나타낸다.

(2) 유다 이스카리옷의 배반 22,3-6

3-4절

“그런데 사탄이 열두 제자 가운데 하나로 이스카리옷이라고 하는 유다에게 들어갔다.” 사탄의 유혹에 넘어간 인물 유다가 등장한다. 그는 스스로 수석 사제들과 성전 경비 대장들에게 ‘간다’. 복음사가는 그의 행동을 아페르코마이(ἀπέρχομαι) 동사로 표현하였다. 이 동사는 본디 어딘가 기준점에서 출발해서 가는 것을 뜻한다. 유다는 예수님을 떠나서 그들에게 간 것이다. 단순히 '가다'(포레우오 πορεύω: 마태 26,14 참조) 동사를 사용하지 않으면서, 아페르코마이를 통하여 유다가 의지적으로 향한 곳은 성전 관리 책임자들이고 성전 경비 책임자들이라는 사실을 분명히 한다. 그리고 "그들에게 예수님을 넘길 방도를 함께 의논하였다." 유다는 예수님을 어떻게 제거할지 고심하고 있는 자들과 '함께 이야기한다'(쉴라레오 συλλαλέω). 예수님을 어떻게 '넘길 것인지'(파라디도미 παραδίδωμι)를 함께 이야기했다고 하며 유다의 역할을 강조한다. 넘겨주면 그들은 예수님을 마음대로 할 수가 있다. 외부의 음모와 내부의 배신이 만나 악이 잠시 득세하게 된다.

5-6절

"그들은 기뻐하며 그에게 돈을 주기로 합의를 보았다"(5절). 수석 사제들과 성전 경비대장들은 고심하고 있던 차에, 예수님의 측근이 제 발로 찾아와 넘겨준다고 하니 기뻐하는데, 글자 그대로는 원과거 수동태 동사가 쓰여 '기뻐졌다'(ἐχάρησαν)는 것으로 유다가 그들에게 기쁨을 준 것을 드러낸다. 그리고 그들은 그에게 돈을 주기로 합의를 본다. 6절에서 루카는 '카이 엑소몰로게센'(καί ἐξωμολόγησεν)이라고 하여 주어를 쓰지 않았지만 3인칭 단수 동사를 사용하여 유다가 그에 동의했다는 것을 표현했다. 그가 예수님을 떠나서 적대자들에게 가는 것, 그들과 함께 의논하고, 그들의 합의에 동의한다는 표현들은 루카 고유의 것으로 배반과 음모가 뒤섞인 일련의 절차를 상세히 알린다. 루카는 군중보다 이들에게 책임이 있음을 계속 암시한다.

6절의 그리스어 원문에는 인칭대명사 3개가 들어가 있다. '그는 그것에 동의하고, 군중이 없을 때에 그를 그들에게 넘길 적당한 기회를 노렸다.' 처음에 나오는 '그'는 동사를 통해 드러난 암시적 주어로 유다를 가리키고, 목적어 '그를'(αὐτὸν)은 예수님이며, 여격인 '그들에게'(αὐτοῖς)는 수석 사제들과 성전 경비대장들이다. 이 음모 속에서 예수님은 그저 대상이다. 유다는 3절 이후 배반할 마음을 먹은 뒤로 익명으로 움직이고, '그들에게'는 문장 제일 뒤에 놓여 강조된다. 유다는 예수님을 넘길 적절한 기회가 '군중이 없을 때'라고 생각하는데, 적대자들과 같은 생각이다(22,2 참조). 유다는 물론 백성의 지도자들은, 군중이 예수님의 말씀에 몰두하는 동시에 예수님이 존경과 찬미를 받아 마땅한 분이라는 사실을 인정하며 받아들이고 있다는 것을 분명히 안다. 그렇기 때문에 그들은 몰래 숨어서 예수님을 체포하려고 한다.

(3) 파스카 식사 준비 22,7-13

7절

유다는 예수님 곁에 군중이 없는 때를 기다렸다. 그렇게 시간이 흘러 '파스카 양을 잡아야 하는 무교절 날'(헤 헤메라 톤 아주몬 ἡ ἡμέρα τῶν ἀζύμων)이 왔다. 루카는 1절에서 그 축제가 다가온다고 하더니, 7절에서는 축제의 날이 왔음을 알린다. 루카가 파스카와 무교절을 혼용하고 있으나, 파스카 양을 잡는 날은 무교절 첫날이 아니라 파스카 밤 전날 오후였다. 그러니 지금은 파스카 축제 전날이어야 한다. 루카는 23,54에 "그날은 준비일이었는데 안식일이 시작될 무렵이었다"라고 전한다. 그렇다면 7절에서 말하는 이 날은 축제 전날이 맞다. 그러니까 루카가 전달하고 싶었던 것은 그날이 '파스카 양을 잡아야 하는 날'이었다는 것이다. 다음날 니산달 14일 저녁에 파스카 밤이 시작되고 15일에 무교절이 시작된다.

알.가.유.소. 13 〉〉 파스카와 무교절

원래 파스카와 무교절 축제일은 구별되는 연중 축제였다. 파스카는 니산달 14일 하루 동안 지냈고, 즉시 무교절 축제가 이어지는데 일주일간 지냈다. 파스카 식사로 표시되는 파스카는 파라오의 노예살이에서 해방된 밤, 특히 주님께서 이집트의 맏아들과 맏배는 죽음으로 치시고 이스라엘의 맏아들과 맏배는 '거르고 지나가셨던' 그 밤을 기억하며 기념하는 날이다. 무교절도 이집트 탈출을 기억하는데, 이집트에서 급하게 나오느라 누룩 없이 구운 빵을 먹어야 했던 일을 기억한다. 두 축제 다 주님께서 당신 백성을 위하여 행하신 구원 업적을 기억했고 아직도 기억한다. 파스카 축제에 잇대어 무교절 축제를 지내다 보니 자주 혼동되었고, 마치 하나의 축제인 것처럼 지정되었다. 그런데 루카도 두 축제를 하나인 듯 다룬다. 이미 복음서 자체가 예수님께서 십자가에서 돌아가신 다음 날을 파스카라 언급하지 않고 안식일이라 하는 것에서 드러나고(루카 23,54-56) 암시되듯이, 초대 그리스도인들은 파스카 축제를 지내지 않고 예수님 부활 축제를 지냈다. 그렇게 50여 년이 지난 시대에, 루카는 셈족의 문화 환경에서 성장한 비유다인으로 안티오키아에 거주했을 것이니 파스카 축제에 관한 세부 정보를 얻는 데 부족했을 수 있다.

그리고 파스카 양의 도살은 무교절 첫날이 아니라 파스카 밤 전날 오후에 이루어졌다. 예수님 시대에 파스카 양은 니산달 13일 오후에 성전 앞 뜰에서 도살되기도 하고, 도성 전체에서 가족 단위나 혹은 그보다 더 넓은 단위의 사람들이 저녁 식사용 양을 먹었다.

8-13절

"그러자 예수님께서 베드로와 요한을 보내시며 이르셨다." 8절은 아주 섬세하게 마태오나 마르코와 다르게 표현했다. 우선 파스카 음식 준비에 대해서, 루카에서는 예수님께서 먼저 말씀을 하시는 반면에 마태오와 마르코에서는 제자들이 먼저 예수님께 문의를 하는데, 그것도 상을 차릴 장소에 대한 질문이다. 루카는 예수님께서 "가서 우리가 먹을 파스카 음식을 차려라" 하고 분부하시는 것으로 표현하며 예수님께서 제자들과 함께하시는 파스카 음식에 초점을 맞추고 있다. '파스카 음식을 먹는다'는 표현이 8-18절 사이에 여러 번 반복된다. '파스카 음식'(τὸ πάσχα)과 '먹다'(에스티오 ἐσθίω) 동사의 결합형으로 3회(8.11.15절), 파스카만 1회(13절), 혹은 '먹다'와 '그 음식'이 1회(16절)로 5회나 반복하여 나옴으로써 예수님의 지대한 관심을 드러낸다. 그리고 예수님께서 제자들과 함께 그 음식을 드신다는 사실을 3회(8.11.15절)나 표현하여 그들과 함께 음식을 드시는 것에 중대한 의미를 부여하고 있음을 드러냈다.

또한 유의해서 볼 일은 예수님께서 그 음식을 준비하기 위해 베드로와 요한 두 사람을 보냈다는 것이다. 이 두 사도는 사도행전에서 오순절 이후에 제자들이 부활하신 예수님을 선포하는 데에 주도적 역할을 한 제자들이다. 루카는 '파스카 음식을 먹다'라는 표현을 반복적으로 사용하고, 제자단의 두 중심인물이 그 음식을 준비했다고 알림으로써 예수님께서 제자들과 함께 이 파스카 음식을 드시는 일에 중대한 의미를 부여하셨음을 부각했다.

9절 "어디에 차리면 좋겠습니까?"에서 13절 "그리하여 그들은 파스카 음식을 차렸다"까지의 내용은 마르코와 거의 동일하다. 단 11절에는 루카의 고유한 표현이 두드러지게 나타난다. "그 집주인에게 '스승님께서 '내가 제자들과 함께 파스카 음식을 먹을 방이 어디 있느냐?' 하고 물으십니다' 하여라"에서, '내가 제자들과 함께 파스카 음식을 먹는다'가 강조되었다. 또한 12절에서 "그 사람이 이미 자리를 깔아놓은 큰 이층 방을 보여줄 것이다"라는 부분은 마르 14,15의 "이미 자리를 깔아 준비된 큰 이층 방을 보여 줄 것이다"에서 '준비된'을 생략하였다. 이는 '준비된'(헤토이모스 ἕτοιμος)과 같은 어근을 가진 '준비하다'(ἑτοιμάζω 헤토이마조) 동사를 사용하여 "거기에다 차려라"(ἑτοιμάσατε)라는 예수님의 지시대로 제자들이 '파스카 음식'을 준비하였다(ἡτοίμασαν)는 사실을 강조한 것으로 보인다.

2) 파스카 식사와 가르침, 예수님의 체포 22,14-53

(1) 파스카 축제 성취 22,14-20

14-15절

"시간이 되자 예수님께서 사도들과 함께 자리에 앉으셨다"(14절). 루카는 '시간'(호라 ὥρα)이 되었다는 표현으로 예수님께서 사도들과 함께 자리를 잡으셨다는 사실을 간략하면서도 명료하게 전한다. 그리고는 '내가 고난을 겪기 전에 너희와 함께 이 파스카 음식을 먹기를 간절히 바랐다'(15절)라고 하신다. 예수님의 이 말씀으로 이 대목 전체의 의도와 목적이 밝혀진다. 그리고 바로 성찬례에 관한 말씀이 이어진다.

이 구성은 루카가 수난과 죽음 관련 기사를, 전반적으로 마르코 자료를 사용했다 하더라도, 상당히 다르게 편집하여 고유의 메시지를 담았음을 드러낸다. 마르코는 파스카 음식상을 준비한 후 저녁에 예수님과 제자들이 가서 식사를 하고, 그 식사 중에 배반 예고가 있다. 이어서 성찬례 제정을 서술한 후, 바로 올리브산으로 가시는 순서로 이야기를 엮었다. 그런데 루카는 준비한 이 자리에 시간이 되니 정식으로 예수님과 사도들이 좌정한다는 이야기를 먼저 하고, 반복적으로 언급하여 주의를 끈 '예수님이 제자들과 함께 드시는 파스카 음식'과 연결하여 성찬례가 제정되는 이야기를 전한다. 그리고 배반 예고에 이어 제자들에 대한 가르침과 보상, 염려와 배려를 표현하시며 그들을 준비시키시고, 올리브산으로 가시는 순서로 구성한다.

예수님은 '내가 고난을 겪기 전에' 제자들과 함께 파스카 음식을 먹기를 간절히 바랐다고 말씀하신다. 루카에서 예수님은 이 말씀으로 당신의 수난을 파스카 음식과 연결시킨다. 이런 의미에서 7절 '파스카 양을 잡아야 하는 날이 왔다'는 표현도 같은 맥락에 놓인다. 예수님은 매일 성전에서 가르치시며 적대자들이 당신을 제거하기 위해 공격의 기회를 엿보고 있다는 것을 아신다. 그런 가운데 당신이 감내할 수난과 죽음의 시간이 파스카 시기이기를 그리고 그때 제자들과 함께 드시는 파스카 음식이 고별 만찬이기를 간절히 바라셨다는 것이다. 예수님의 죽음은 파스카와 밀접하게 연결된다. 루카는 예수님께서 제자들과 함께하는 마지막 식사를 강조함으로써 수난과 죽음과 관련하여 예수님과 제자들 사이의 특별한 관계를 드러낸다. 이 대목에서 배반에 대해 언급하기는 하나 그저 간략하게 전한다. 루카는 파스카 양을 잡는 날이 오기 전에 먼저(22,1-6) 배반과 음모의 결탁이 이루어진 것으로 구성하였다. 그래서 파스카 음식을 준비하고 드시는 날부터는(22,7 이하) 모든 것이 예수님께서 이루시는 것에 온전히 집중되게 하였다. 22,8-24에서 마태오나 요한과 달리, 루카는 마르코와 함께 유다의 이름을 한 번도 언급하지 않으며 등장시키지도 않는다. 이유는 예식의 첫 부분에서부터 주님과 그분이 선택하신 이들 간의 긍정적인 관계와 미래의 일에 집중하기 때문이다.

16-18절

"내가 너희에게 말한다. 파스카 축제가 하느님의 나라에서 다 이루어질 때까지 이 파스카 음식을 다시는 먹지 않겠다"(16절). "나는 이제부터 하느님의 나라가 올 때까지 포도나무 열매로 빚은 것을 결코 마시지 않겠다"(18절). 예수님은 파스카 음식을 '먹지 않겠다', 포도주를 '마시지 않겠다'고 강하게 선언하신다. 이 말은 단순히 미래에 하지 않으리라는 약속이 아니다. 두 문장이 다 부정의 의미를 지닌 조사 '우'(οὐ)와 '메'(μὴ)를 이중으로 사용하고, 동사(파고 φάγω, 피오 πίω)의 원과거를 사용한 가정법 문장인데, 이는 대단히 강한 의지를 표현한 거의 맹세나 주문이라 할 수 있다. 이로써 예수님은 제자들과 당신 자신에게 자신의 죽음을 포함한 하느님의 계획을 온전히 따르리라는 사실을 확인하시고, 당신에게는 하느님 나라를 세우는 것 외에는 그 무엇도 중요하지 않음을 확신시킨다. 그리고 이 두 문장 사이에 17절이 있는데, 예수님은 이 순간에 당신의 행위를 제자들도 하게 하신다. "이것을 받아 나누어 마셔라"(Λάβετε τοῦτο καὶ διαμερίσατε εἰς ἑαυτούς). 문장 끝에 나온 '너희 사이에' 혹은 '너희끼리'(에이스 헤아우투스 εἰς ἑαυτούς)라는 표현에서 알 수 있듯이, 힘을 주고 기분을 끌어올리는 긍정적이고 상징적인 효과를 지닌 포도주를 나누어 마시면서, 제자들이 연대감을 느끼고 예수님의 부재에서 오는 암울함을 견디며 미래를 기다리게 하시는 것이다. 16-18절은 초기 그리스도인들이 지낸 성찬례가 예수님의 죽음의 기억일 뿐만 아니라 기쁨의 전조이기도 함을 증언한다.

"파스카 축제가 하느님의 나라에서 다 이루어질 때까지"와 "하느님의 나라가 올 때까지"에 대하여: 파스카 축제에서 가장 주된 음식은 양고기다(탈출 12,5; 루카 22,7). 여기에 누룩 없는 빵과 쓴 나물을 곁들여 먹는다. 16절에서 '파스카 축제가 하느님의 나라에서 다 이루어질 때까지 이 파스카 음식을 다시는 먹지 않겠다'라고 하셨는데, 18절에서는 포도주에 대하여 같은 말씀을 하신다. "나는 이제부터 하느님의 나라가 올 때까지 포도나무 열매로 빚은 것을 결코 마시지 않겠다." 다시 한번 '하느님 나라가 올 때까지'가 강조되었다.

파스카 축제는 이스라엘 백성을 이집트 노예살이에서 해방하신 하느님의 구원 행위를 기억하는 것이다. 예수님께서 새롭게 이루시는 파스카 축제는 어둠과 죽음의 그늘에 앉아 있는 이들을 비추시고 그들의 발을 평화의 길로 이끄시며, 가난한 이들에게 복음을 선포하고, 잃은 이들을 찾아 구원하시는 예수님의 구원 행위로 이루어진다. 그런데 '파스카 축제가 하느님의 나라에서 다 이루어질 때까지'라는 표현으로 오늘의 파스카는 아직 그 충만함에 완전히 이르지 못했다는 것을 드러낸다. 파스카에는 이집트 탈출 처음부터 하느님의 뜻이 있었고, 예수님도 그 축제를 존중하셨지만, 그럼에도 불구하고 파스카는 인간 세상의 의식이고 기다리는 실재를 가리키는 표지이며 완성된 성취를 기다리는 불완전한 축제이다. 하느님 나라에서 완성되어야 하는 것이다. 우리는 여기서 속죄의 날 의식은 매년 반복해야 하는 불완전한 의식이지만 대사제이신 예수님은 단 한 번의 죽음으로 종말론적인 완성을 이루셨다는 히브리서 표현의 신학적 배경을 읽을 수 있다. 파스카 축제를 하느님 나라에서 성취될 잔치로 이해하는 것은, 구원이 예수님의 죽음과 부활로 완성된다는 사실을 암시한다.

예수님이 오셔서 행하신 복음 선포와 구원 행위로 이미 하느님 나라는 시작되었다. 이제 하느님 나라에서 파스카 축제가 다 이루어진다는 말씀으로, 예수님의 수난과 죽음과 부활을 통하여 구원 계획이 온전히 실현되는 종말론적인 축제가 또한 하느님 나라라고 가르치신다. 예수님은 이렇게 파스카 축제를 하느님 나라와 연결하시어 새롭게 해석하셨다.

19-20절

19-20절에 성찬례 제정 이야기가 나온다. "예수님께서는 또 빵을 들고 감사를 드리신 다음…." 19절에 처음 나타난 동사 '감사하다'(에우카리스테오 εὐχαριστέω)와 빵, 그리고 '그것을 떼어 사도들에게 주시는' 행위를 통하여 성찬례를 제정하신다는 것을 분명히 드러낸다. "이는 너희를 위하여 내어주는 내 몸이다. 너희는 나를 기억하여 이를 행하여라." 20절에서 같은 방식으로 잔을 들고 말씀하신다. "이 잔은 너희를 위하여 흘리는 내 피로 맺는 새 계약이다." 이렇게 19-20절은 16-18절과 병행하여 예수님께서 이루실 구원의 의미를 드러낸다.

(2) 예수님과 사도들 22,21-38

① 배신자(22,21-23)

예수님의 구원 활동이 성취를 향하여 다가가고 있는데, 이런 예수님을 배반하며 완전히 다른 방향으로 가는 제자를 언급하신다. "그러나 보라, 나를 팔아넘길 자가 지금 나와 함께 이 식탁에 앉아 있다." 유다가 수석 사제들과 성전 경비대장을 찾아가 예수님을 넘길 방도를 의논하고 돈을 받기로 합의를 보았으니, 그는 분명 예수님을 팔아넘기는 자이다. 그리스어로는 '그러나 보라, 나를 넘겨줄 손이 나와 함께 이 식탁에 있다'라고 하신다. 이 식탁은 파스카 음식을 먹는 식탁이며 완성을 향해 가고 있는 구원의 식탁이다. 이 식탁에 예수님을 넘겨줄 손이 예수님의 손과 함께 올라와 있다.

플렌 이두 헤 케이르 투 파라디돈토스 메	메트 에무 에피 테스 트라페제스
πλὴν ἰδοὺ ἡ χεὶρ τοῦ παραδιδόντος με	μετ᾽ ἐμοῦ ἐπὶ τῆς τραπέζης·
그러나 보라 손이 넘길 자의 나를	나와 함께 위에 식탁

"사람의 아들은 정해진 대로 간다. 그러나 불행하여라, 사람의 아들을 팔아넘기는 그 사람!"(22절). 식탁 위에 함께 손이 올라와 있는 그 사람이 예수님과 아주 예리하게 대조를 이룬다. '사람의 아들'은 하느님 계획 안에 필연적으로 정해진 대로 갈 것이나 반면에 자신의 선택으로 자신의 길을 가며 '사람의 아들을 팔아넘기는 그 사람'은 불행하다. 그러자 사도들은 자기들 가운데 그러한 짓을 저지를 자가 도대체 누구일지 서로 묻기 시작하였다. 사도들은 동료 중 하나가 그런 짓을 저지르고 있음을 전혀 눈치채지 못했다는 뜻이다.

② 시련에 동참한 이들(22,24-30)

이어지는 이야기는 사도들이 자기들 가운데에서 예수님을 팔아넘길

자가 누구일까를 서로 묻다가 누구를 가장 높은 사람으로 볼 것이냐는 주제로 옮겨간다. 예수님은 사도들의 참된 자리를 가르치신다. 그리고 그들에게 "너희는 내가 여러 가지 시련을 겪는 동안에 나와 함께 있어 준 사람들이다"라고 일러주신다.

24절

"사도들 가운데에서 누구를 가장 높은 사람으로 볼 것이냐는 문제로 말다툼이 벌어졌다." 이 문제로 말다툼이 벌어졌다는 것은 그들 가운데에서 누가 가장 높은 사람인가에 대한 생각이 서로 다른데, 각기 자기 생각을 주장하며 의견을 관철하려 하는 상황을 가리킨다.

25-27절

제자들이 누가 가장 높은 사람인지를 두고 다툼을 하는데, 예수님께서 논점을 바꾸신다. 가장 높은 이는 무엇을 하는 사람인가를 생각하게 하신다. '임금, 권세를 부리는 자', 그리고 너희 중에서 누구인지는 모르겠으나 '가장 높은 사람'을 나란히 세우고 비교하신다. 세상의 임금들은 군림하며, '지배하기, 지배하는 자이기'(퀴리에우오 κυριεύω)를 바란다. 권세를 가진 자는 자신을 '은혜를 베푸는 이'(에우에르게테스 εὐεργέτης)라고 부르게 한다.

"그러나 너희는(휘메이스 ὑμεῖς) 그렇게 해서는 안 된다"(26절) 하고 아주 단호하게 금지하신다. '그렇게는 안 된다'(욱크 후토스 οὐχ οὕτως)

가 무엇인지는 너무도 자명하다. 퀴리에우오를 바라지 말고, 에우에르게테스라고 불리려 하지 말라는 것이다. '오히려 너희 중에 가장 높은 사람은 더 어린 사람처럼 되어야 하고, 지도자는 섬기는 사람처럼 되어야 한다.' '더 어린 사람'(호 네오테로스 ὁ νεώτερος)이라고 하여 어린 사람(네오스 νέος)의 비교급을 사용하셨고, '봉사하는 이'(호 디아코논 ὁ διακονῶν)에는 관사와 함께 현재분사형을 사용하셨다. 세상의 질서와는 완전히 다른 개념을 제시하신 것이다. 그리고는 당신 자신을 모범으로 제시하신다. "나는 섬기는 사람으로 너희 가운데에 있다"에서 '너희 가운데에 있다'(엔 메소 휘몬 에이미 ἐν μέσῳ ὑμῶν εἰμι)는 제자들로 하여금 스승이시고 주님이신 예수님께서 열두 제자들 가운데에서 어떤 모습으로 계시는지에 초점을 맞추어 보고 인식하도록 한다. '그들 사이에서'(엔 아우토이스 ἐν αὐτοῖς) 누가 더 높은 사람인지를 '생각할'(도케오 δοκέω) 것이 아니다. 더 어린 사람으로, 섬기는 사람으로 '있어야'(에이나이 εἶναι) 한다. 동료들 사이에서 자신의 가치를 생각하거나 평가하지 말고, 그들을 섬기는 사람으로 더 어린 사람으로 존재하라는 의미이다.

28-30절

그리고는 사도들이 당신에게 어떤 존재인지 밝히신다. "너희는 내가 여러 가지 시련을 겪는 동안에 나와 함께 있어 준 사람들이다." 예수님의 최고의 애정과 신뢰가 표현되어 있다. 그들이 높은 자리를 탐하는 유혹에 빠지지 않고 돌아오도록 예수님이 '섬기는 이'로서 겪으신 여러 가지 시련에 그들이 함께 머물러주었다고, 시련을 인내하였다고 선언하신다. 실패하고 넘어지기도 하였으나 그들을 통째로 받아주시고 인정해주신다. 그들이 다른 이들보다 뛰어나고 높아서가 아니고, 예수님과 함께했기에, 예수님이 여러 시련을 겪는 동안 함께했기에 그들에게 나라를 주고, 심판의 권한을 주신다고 하신다. "내 아버지께서 나에게 나라를 주신 것처럼 나도 너희에게 나라를 준다. 그리하여 너희는 내 나라에서 내 식탁에 앉아 먹고 마실 것이며, 옥좌에 앉아 이스라엘의 열두 지파를 심판할 것이다"(29-30절).

휘메이스 데 에스테 호이 디아메메네코테스 메트 에무 엔 토이스 페이라스모이스 무

ὑμεῖς δέ ἐστε οἱ διαμεμενηκότες μετ' ἐμοῦ ἐν τοῖς πειρασμοῖς μου·

너희는 이다 머물러준 사람들 나와 함께 동안에 시련 나의

③ 돌아온 이(22,31-34)

예수님께서 여러 시련을 겪는 동안 사도들이 그분과 함께하는 것이 간단하고 쉬운 일은 아니다. 예수님께서는 시몬에게 일어날 일을 알려주신다. "시몬아, 시몬아! 보라, 사탄이 너희를 밀처럼 체질하겠다고 나섰다." 사탄은 예수님의 측근을 노리고 있다. 한 사람 유다는 이

미 완전히 넘어갔다. 그중 시몬이 더욱 표적이 되는 모양이다. 모든 것을 아시는 예수님은 이 일을 예고하신다. 그러나 예수님은 유혹을 받는 시몬과 함께하신다. "그러나 나는 너의 믿음이 꺼지지 않도록 너를 위하여 기도하였다. 그러니 네가 돌아오거든 네 형제들의 힘을 북돋아주어라." 예수님의 말씀은 베드로가 예수님에게서 떠나가게 될 것을 전제한다. 그러나 예수님의 기도로 베드로는 믿음을 잃지 않고 돌아올 것이다. 그는 '돌아온 이'로서 형제들의 힘을 북돋아줄 것이다. 형제들이 예수님께 돌아오게 하고, 예수님과 함께 머무르게 할 것이다. 믿음을 잃지 않도록 하는 것이 중요하다. 베드로를 부르시는 스승 예수님의 애정 어린 말씀이고, 구원하시는 구세주의 확고한 자비이다. 33-34절에서 베드로는 자신이 약해진 사이에 무슨 행동을 할지 모르는 채로 "주님, 저는 주님과 함께라면 감옥에 갈 준비도 되어 있고 죽을 준비도 되어 있습니다"(33절) 하고 말하지만, 그가 틀림없이 깨닫고 돌아오도록 예수님은 결국 그가 빠질 유혹을 예고하신다. "베드로야, 내가 너에게 말한다. 오늘 닭이 울기 전에 너는 세 번이나 나를 모른다고 할 것이다"(34절).

④ 시련의 때 준비(22,35-38)

이제 파스카 음식을 드시는 식탁 자리를 파할 때가 다가온다. 예수님은 마지막으로 지금이 위기의 때임을 상기시키신다.

35절

예수님께서는 사도들에게 그들이 한 선교 여행 기억을 소환하시며 질문하신다. "내가 너희를 돈주머니도 여행 보따리도 신발도 없이 보냈을 때, 너희에게 부족한 것이 있었느냐?" 하고 물으셨다. 그들이 "아무것도 없었습니다" 하고 대답한다.

36절

이어지는 말씀의 첫마디는 "그러나 이제는"(알라 눈 ἀλλά νῦν)이다. 이 부사로 지금은 그 상황이 아니라는 것을 가리킨다. 예수님이 체포되고 수난을 받는 시기에서는 전과 다른 상황이 펼쳐진다. "그러나 이제는 돈주머니가 있는 사람은 그것을 챙기고 여행 보따리도 그렇게 하여라. 그리고 칼이 없는 이는 겉옷을 팔아서 칼을 사라." 지금은 선교 시기가 아니라, 구세주 주님이 시련을 겪으시고 사탄이 제자들을 밀처럼 체질하려고 벼르는 시기다. 사람들이 제자들을 아예 맞아들이지 않을 것이므로 그들은 스스로 생계를 유지하고 자신을 지켜야 한다. 시련 중인 예수님과 함께해야 하는 시련의 때다.

37-38절

그러나 이 일들은 예수님이 약해지시고 패배하신다는 표시가 아니다. 성경에 기록된 하느님의 계획이 이루어지는 일이다. "내가 너희에게 말한다. 성경에 기록된 것이 나에게서 이루어져야 한다. '그는 무법자들 가운데 하나로 헤아려졌다'는 말씀이다. 과연 나에 관하여 기록된 일이 이루어지려고 한다"(37절). 예수님이 이제 겪으실 모욕과 수난과 고통은 모두 성경에 기록된 것이 이루어지는 일이다. 과연 '무법자들 가운데 하나로 여겨졌다'는 사실을 확인할 수 있게 될 것이다. 그러자 사도들이 대답한다. "주님, 보십시오. 여기에 칼 두 자루가 있습니다." 그러자 그분께서 그들에게 "그것이면 넉넉하다" 하고 말씀하셨다(38절).

(3) 예수님의 기도와 체포 22,39-53

예수님께서는 일상을 이어가시듯 자연스럽게 행동하신다. "예수님께서 밖으로 나가시어 늘 하시던 대로 올리브산으로 가시니, 제자들도 그분을 따라갔다"(39절).

40절

"그곳에 이르러 예수님께서는 제자들에게, '유혹에 빠지지 않도록 기도하여라' 하고 말씀하셨다." 이 구절은 22,31-32의 말씀을 상기시킨다. 사탄이 제자들을 노리고 있어 예수님께서 그들을 위해 기도하시나 그들 역시 '유혹에 빠지지 않도록' 스스로 기도해야 한다. 그리고 나서 예수님께서는 좀 떨어진 곳으로 가셔서 기도하신다. 당신이 기도하시는 동안 기다리라는 것이 아니라 그들도 기도하라고 말씀하신다. 선발된 소수의 제자에게만 말씀하시지 않고, 제자 모두에게 유혹에 빠지지 않도록 기도하라고 하셨다.

41-42절

"그러고 나서 돌을 던지면 닿을 만한 곳에 혼자 가시어 무릎을 꿇고 기도하셨다." 예수님께서 기도하시는 장면을 루카가 여러 번 소개하였는데, 그분이 무릎을 꿇고 기도하시는 모습은 처음 소개한다. '떨어진 곳으로 가다'를 뜻하는 아포스파오(ἀποσπάω)는 함께 있되 혼자 기도할 수 있는 거리를 택하셨다는 의미이다. 돌을 던지면 닿을 만한 거리란 가시거리일 듯하다.

예수님도 당신이 가실 길과 운명을 놓고 기도하신다. 예수님의 기도는 하느님의 계획 안에서 이루어질 수난과 죽음을 앞에 두고 드리는 기도이다. "아버지, 아버지께서 원하시면 이 잔을 저에게서 거두어주십시오. 그러나 제 뜻이 아니라 아버지의 뜻이 이루어지게 하십시오." 죽음을 앞둔 예수님은 하느님 아버지께 믿음과 순종을 고백하신다.

43-44절

"그때에 천사가 하늘에서 나타나 그분의 기운을 북돋아드렸다. 예수님께서 고뇌에 싸여 더욱 간절히 기도하시니, 땀이 핏방울처럼 되어 땅에 떨어졌다."

45-46절

"그리고 기도를 마치고 일어나시어 제자들에게 와서 보시니, 그들은 슬픔에 지쳐 잠들어 있었다." 루카는 제자들에게 호의적이다. 예수님께서 기도하시는 동안 그들이 잠들었는데, '슬픔에 지쳐' 그랬다고 말해준다. 그러나 예수님께서는 여전히 그들에게 기도하도록 촉구하신다. "왜 자고 있느냐? 유혹에 빠지지 않도록 일어나 기도하여라."

47-48절

"예수님께서 아직 말씀하고 계실 때에 한 무리의 사람들이 나타났는데, 열두 제자 가운데 하나로 유다라고 하는 자가 앞장서서 왔다. 수석 사제들과 율법학자들과 백성의 지도자들은 예수님을 없앨 방도를 찾고 있었는데(19,47; 22,2), 예수님 곁에 늘 많은 백성이 있어서 기회를 잡지 못하고 있었다(19,48). 그런데 유다가 그들을 찾아가(22,4) 예수님 주변에 군중이 없을 때에 예수님을 그들에게 넘기기로 약속을 하더니(22,6), 사람들이 주변에 없는 파스카 준비일 밤에, 예수님께서 종종 기도하고 대화하시던 올리브산에 사람들 무리를 데리고 나타났다. 그가 예수님께 유다인식으로 인사를 하듯 입 맞추려고 다가오니 예수님께서 찾은 방도가 이것이냐는 듯 말씀하신다. "유다야, 너는 입맞춤으로 사람의 아들을 팔아넘기느냐?"

49-51절

유다가 이끌고 온 무리도 예수님을 알아보았겠지만, 예수님 둘레에 있던 제자들이 사태를 알아차린다. 칼도 두 자루 있었으니(22,38) 즉시 말한다. "주님, 저희가 칼로 쳐버릴까요?" 그리고는 그들 가운데 한 사람이 대사제의 종을 쳐서 그의 오른쪽 귀를 잘라버렸다. 그러자 예수님께서 "그만해두어라" 하시고, 그 사람의 귀에 손을 대어 고쳐주셨다. '그만해두어라'는 그리스어로 '에아테 헤오스 투투'(Ἐᾶτε ἕως τούτου)로 '여기까지만 해라'이니, '됐다. 여기까지만 하고 그만 하자'는 뜻이다. 그분은 체포되실 것이다. 그러나 능력이 없어서가 아니다. 예수님은 제자들을 물러나게 하시고 종의 귀를 고쳐주신다.

52-53절

그러고 나서 예수님께서는 당신을 잡으러 온 수석 사제들과 성전 경비대장들과 원로들에게 이르셨다. "너희는 강도라도 잡을 듯이 칼과 몽둥이를 들고 나왔단 말이냐? 내가 날마다 너희와 함께 성전에 있을 때에는 너희가 나에게 손을 뻗치지 않았다. 그러나 이제는 너희 때요 어둠이 권세를 떨칠 때다." 하느님이 허락하신 너희 때이고 어둠이 권세를 덮칠 때라고 하신다. 그러나 루카는 이 때에는 카이로스를 쓰지 않고 일반적인 시간 개념인 '호라'(ὥρα)를 사용하였다. '휘몬 헤 호라 카이 헤 엑수시아 투 스코투스'(ὑμῶν ἡ ὥρα καὶ ἡ ἐξουσία τοῦ σκότους). 예수님께서 어둠의 힘에 자신을 허락하신다.

3) 재판과 선고 22,54-23,25

예수님은 체포되어 제일 먼저 대사제의 집으로 끌려가신다. 그곳에서 최고 의회의 심문을 받으시고, 빌라도의 심문과 헤로데의 심문까지 받은 후, 이렇게 당대 로마 속주 유다의 최고 지도자들을 다 거치신 다음 다시 사법권자로서 직권을 지닌 총독 빌라도에게 보내져 최종 판결을 받으신다.

(1) 대사제의 집에서 베드로가 예수님을 부인 22,54-62

54절

그들은 예수님을 붙잡아 끌고 대사제의 집으로 데려갔다. 예수님이 체포되었다는 사실을 전한 후에 54-62절에서는 베드로가 주요 인물로 소개된다. 적대자들의 시간, 어둠이 권세를 떨치는, 예수님께서 함께 계시지 않은 그 시간에 제자의 모습이 어떠한지를 보여준다. "베드로는 멀찍이 떨어져 뒤따라갔다." 베드로가 예수님을 뒤따르고 있기는 하나 '멀리서, 거리를 두고'(마크로텐 μακρόθεν) 있다.

55-62절

대사제 관저에서 벌어지는 이야기다. 사람들이 안뜰 한가운데에 불을 피우고 함께 앉아 있었는데, 베드로도 그들 가운데 끼어 앉았다.

한 하녀를 비롯하여 어떤 사람, 또 다른 사람이 시간을 두고 세 번에 걸쳐 베드로를 알아보고 그에게서 예수님과의 연관성을 발견하고 질문하였다. "이이도 저 사람과 함께 있었어요"(56절). "당신도 그들과 한패요"(58절). "이이도 갈릴래아 사람이니까 저 사람과 함께 있었던 게 틀림없소"(59절). 이 문장들은 간결하지만 무척 분명하게 예수님과의 공동체성을 강조한다. 56절은 '함께'(σὺν)라는 전치사와 '이다' 동사의 미완료형으로 지속적인 상태를 드러내 '그와 함께 있었다'(οὗτος σὺν αὐτῷ ἦν)고 하고, 58절은 '~로부터'라고 하여 제자들과 같은 기원을 드러내는 전치사와 '이다' 동사의 미완료형이 조합되어 '당신은 그들 중 하나요'(σὺ ἐξ αὐτῶν εἶ)라고 한다. 그리고 59절은 동료라는 의미의 '함께'를 가리키는 전치사(μετά)와 '이다' 동사의 미완료형이 조합되어 '그와 함께 있었다'(οὗτος μετ' αὐτοῦ ἦν)라고 한다. 이들의 질문이 실은 베드로의 정체성을 규명하고 있다. 그런데 베드로가 부인한다. 57절에서는 "나는 그 사람을 모르네"(Οὐκ οἶδα αὐτόν), 58절에서는 "이 사람아, 나는 아닐세"(οὐκ εἰμί)라고 하고, 60절에서는 "나는 자네가 무슨 말을 하는지 모르겠네"(οὐκ οἶδα ὃ λέγεις)라고 한다. 처음에는 분명히 '그를 모른다'고 하였고, '자신이 그들 중 하나가 아니다'라며 얼버무리고, '모르는 일'이라고 잡아떼면서 그는 예수님으로부터 점점 멀어졌다.

"그가 이 말을 하는 순간에 닭이 울었다"(60ㄴ절). 그리고 "주님께서 몸을 돌려 베드로를 바라보셨다"(61ㄱ절). 베드로는 그가 예수님과

한 공동체임을 부인하며 멀리 떨어져 가고 있는데, 실은 주님께서 돌아보시면 보일 만큼 물리적으로 가까운 거리에 있었던 것이다. 주님이 그를 보셨는데 베드로도 그를 돌아보시는 주님을 보았다. "베드로는 주님께서 '오늘 닭이 울기 전에 너는 나를 세 번이나 모른다고 할 것이다' 하신 말씀이 생각나서, 밖으로 나가 슬피 울었다." 베드로는 예수님의 시선과 마주친 후 그분이 하셨던 말씀을 기억하고 밖으로 나가 슬피 운다. 대사제 관저에서 신문을 받으시는 예수님을 두고 밖으로 나왔지만 회개하며 슬피 울음으로써 예수님께 가까이 갈 것이다. 베드로는 예수님이 미리 해주신 말씀과 그분의 돌아보심과 기도에 힘입어 예수님께 다시 돌아올 것이다. "시몬아, 시몬아! 보라, 사탄이 너희를 밀처럼 체질하겠다고 나섰다. 그러나 나는 너의 믿음이 꺼지지 않도록 너를 위하여 기도하였다. 그러니 네가 돌아오거든 네 형제들의 힘을 북돋아주어라"(22,32).

(2) 조롱당하심 22,63-65

대사제 관저에서 예수님이 대사제에게 신문을 받는 내용은 나타나지 않는다. 그곳에서는 베드로의 일이 집중적으로 소개되었고, 이어서 예수님을 지키는 이들이 밤새 그분께 어떻게 하였는지를 상세히 묘사한다. "예수님을 지키던 사람들은 그분을 매질하며 조롱하였다. 또 예수님의 눈을 가리고 '알아맞혀 보아라. 너를 친 사람이 누구냐?'

하고 물었다. 그들은 이 밖에도 예수님을 모독하는 말을 많이 퍼부었다."

(3) 최고 의회에서 신문을 받으심 22,66-71

66절

날이 밝자 소식을 들은 백성의 원로단, 곧 수석 사제들과 율법학자들이 대사제 관저로 모여든다. 그들은 최고 의회를 소집하여 그 앞에 예수님을 세운다. "날이 밝자 백성의 원로단, 곧 수석 사제들과 율법학자들이 모여 예수님을 최고 의회로 끌고 가서" 신문을 시작한다. 루카복음에는 최고 의회 전체가 연결되어 나온다. 대사제 하나가 아니라 백성의 원로단, 곧 수석 사제들과 율법학자들이 다 나타난다. 또 루카의 이야기는 다른 공관복음서에 있는 성전 파괴, 거짓 증인들, 대사제 옷 등에 관한 사화들을 생략했다는 점에서 독특하다.

67-69절

최고 의회가 예수님께 한 질문은 두 가지다. 메시아란 칭호와 관련된 질문, 그리고 하느님의 아들이라는 칭호와 관련된 질문이다. 메시아 관련 질문은 정치적 의미로 던진 질문이다. "당신이 메시아라면 그렇다고 우리에게 말하시오." 예수님은 산헤드린의 권위에 저항하지 않으며 질문이 무의미하다고 하신다. "내가 그렇다고 말하여도 너희는 믿지 않을 것이고, 내가 물어보아도 너희는 대답하지 않을 것이다." 예수님께서 이렇게 답하신 이유는 그들이 이미 비슷한 질문을 한 적이 있고(20,2), 또 불리한 질문에는 대답하지 않는 모습을 보셨기 때문이다(14,4.6).

그리고 예수님은 덧붙이셨다. "이제부터 '사람의 아들은 전능하신 하느님의 오른쪽에 앉을' 것이다"(69절). 사람의 아들 칭호는 그리스도라는 베드로의 고백을 들으신 뒤 예수님께서 사람의 아들의 수난을 예고하실 때 언급되었고(9,22), 그리고 마지막 날에 일어날 일을 말씀하실 때 사람의 아들이 구름을 타고 오실 것이라고 하셨다(21,27). 독자들은 이미 들은 말씀인데 최고 의회 사람들은 듣고 놀란다. 놀란 이유는 메시아냐라는 질문에는 어떤 설명도 안하시던 예수님이(67ㄴ-68절) 답을 주셨기 때문이기도 하고, 그 문장에 예수님이 하느님의 아들이라고 나타내는 것이 없기 때문이기도 하다. 그러나 독자들은 예수님이 다니엘 예언자가 예언한 사람의 아들이라는 것을 알고 있다. 예수님은 악의적 질문에 직접 답하기를 거부하시고는 선언하신다. 예수님은 인간의 상태를 공유한 사람의 아들이(7,34) 땅에서 사람의 죄를 용서하는 권한 같은 신적 기원의 권위를 지녔다는 것(5,24)과 죽음으로 이끄는 길을 기꺼이 걷고자 하신다는 것(18,31-33)을 믿음으로 이해한 사람들에게 선포하신다. "이제부터 '사람의 아들은 전능하신 하느님의 오른쪽에 앉을' 것이다." 이 말씀은 시편 110,1을 인용했던 메시아 언급 부분(20,42)을 바탕으로 파스카 사건을 통해 당신은 높여지고 영광을 받을 것이며, 마지막 날에 심판하실 것임을 암시한다. 예수님은 수난과 죽음의 여정을 시작한 당신을 믿는 이들에게, 당신은 수난으로 끝나지 않고 마침내 부활하고 승천하여 하느님 오른쪽에 앉으실 것이라며 용기를 북돋우고 확신을 주신다.

70-71절

최고 의회 사람들은 이 말이 의미하는 바를 충분히 이해하였다. 그래서 다음 단계로 나아간다. 여기서 예수님이 자신을 사람의 아들이라고 밝히시지 않음에도 불구하고 그들은 이 말씀을 예수님께 적용하며 "그렇다면 당신이 하느님의 아들이라는 말이오?" 하고 묻는다. '그렇다면'이라고 하면서 논리적인 귀결에 이르러 나온 물음이다. 또한 예언적 권위와 능력을 지닌 예수님이 지금 메시아적 미래까지 알고 있음을 드러내니 그렇게 묻는 것이다. 예수님께서 대답하신다. "내가 그러하다고 너희가 말하고 있다." 그러자 그들이 말한다. "이제 우리에게 무슨 증언이 더 필요합니까? 제 입으로 말하는 것을 우리가 직접 들었으니 말입니다."

이들은 예수님을 로마 사법권, 곧 총독인 빌라도 앞에 세울 수 있는 근거, 죄목을 찾아내는 데 혈안이 되어 있다. 이제 무슨 증언이 더 필요하냐고, 직접 들은 증거가 있다고 말한다. 그들은 예수님이 하신 "이제부터 '사람의 아들은 전능하신 하느님의 오른쪽에 앉을' 것이다"라는 말씀에서 왕권에 대해 들었음을 확인하고 증언으로 삼는다.

(4) 빌라도에게 신문을 받으심 23,1-5

1-2절

그리하여 온 무리가 일어나 예수님을 빌라도 앞으로 끌고 가 고소하기 시작하였다. 예수님은 로마 법정에 서시게 되었다. 고소 내용은 반란죄로, 로마 총독의 통치에 반기를 들었다는 것이다. "우리는 이자가 우리 민족을 선동한다는 사실을 알아냈습니다. 황제에게 세금을 내지 못하게 막고 자신을 메시아 곧 임금이라고 말합니다." 그들 온 무리, 곧 최고 의회는 예수님이 자기네 민족에게 한 일을 알아냈다고 말한다. '선동하고 세금 못 내게 하고 임금이라고 자칭'한다는 것을 동사 세 개로 전한다. '선동하다'는 뜻의 디아스트레포(διαστρέφω)와 '방해하다, 금지하다'라는 뜻의 콜뤼오(κωλύω)를 현재분사 형태로 사용하여 지금 한창 하고 있는 것을 알아냈다고 말한다. 이어서 역시 현재분사형으로 '말하다'라는 뜻의 레고(λέγω)를 사용하여 자신을 '그리스도'(크리스토스 Χριστός)라 하고 '임금'(바실레우스 βασιλεύς)이라 한다고 고발한다. 로마 제국이 속주에 임명하지 않은 임금은 반역자라는 것을 암시하며, 자기네 민족인 예수님을 정치적으로 로마에 대항한 반역자로 고발하고 있다.

3절

빌라도가 예수님께 "당신이 유다인들의 임금이오?" 하고 묻자, 그분께서 "네가 그렇게 말하고 있다" 하고 대답하셨다. 우선 빌라도가 사용한 용어 '유다인들의 임금'은 정치적 색채를 띤다. '네가 그렇게 말하고 있다'가 무슨 뜻인지는 세 가지로 풀이해볼 수 있다. '당신은 그것을 말하고, 나는 당신 의견을 승인하지 않는다.' 혹은 '당신이 그것을 말하고, 나는 당신의 의견을 승인한다.' 혹은 '당신은 그것을 말하고, 나는 그것을 발음하기를 거부한다.' 어떤 경우이든 예수님이 명확히 대답하시지 않은 것이다. 함정이라는 것을 아시기에 대화에 참여하지 않으신 듯하다. 게다가 빌라도의 질문은 답하기가 애매하다. 한편으로는 예수님은 정치적인 임금이 아니니 '아니다'라고 말할 수도 있고, 다른 한편으로는 하느님께서 예수님을 주님과 메시아로 세우셨으니(사도 2,36) 옳다고 말할 수도 있다.

4-5절

빌라도가 수석 사제들과 군중에게 말하였다. "나는 이 사람에게서 아무 죄목도 찾지 못하겠소." 빌라도의 이 말은 23장 4절, 14절, 22절에서 계속 나오며 강조된다. 사법권자가 예수님은 무죄하다고 말하나, 그들은 그 의견을 거절하며 완강히 주장한다. "이자는 갈릴래아에서 시작하여 이곳에 이르기까지, 온 유다 곳곳에서 백성을 가르치며 선동하고 있습니다." 2절에서도 '선동하다, 잘못 이끌다'의 디아스트레포(διαστρέφω) 동사로 고발하더니 여기서는 '선동하다'라는 뜻의 아나세이오(ἀνασείω) 동사를 현재 시제로 사용하여 고발하고 있다. 이 구절을 통하여 한편으로는 예수님께서 갈릴래아에서 시작하여 이곳에 이르기까지, 온 유다 곳곳에서 백성을 가르치며 다니신 일이 최고 의회 온 무리에 의해 법정에서 확인된 셈이다.

(5) 헤로데에게 신문을 받으심 23,6-12

6-7절

빌라도 역시 최고 의회 무리들의 고발 사실에서 예수님이 갈릴래아 사람이라는 정보를 얻어 그 지방민에 관련된 송사라는 구실로 헤로데에게 보낸다. 예루살렘은 총독 관할이었지만 갈릴래아는 헤로데 안티파스의 관할에 속한 지역이었다. 게다가 그 무렵 헤로데도 예루살렘에 와 있었기에 예수님을 빌라도 총독 관저에서 헤로데에게로 보낼 수 있었다.

8-9절

"헤로데는 예수님을 보고 매우 기뻐하였다. 예수님의 소문을 듣고 오래전부터 그분을 보고 싶어 하였을 뿐만 아니라, 그분께서 일으키시는 어떤 표징이라도 보기를 기대하고 있었던 것이다"(8절). 빌라도는 단순하게 자기 업무상 예수님을 상대한 것으로 나오는 반면, 헤로데는 개인적인 호기심을 만족시킬 기회로 삼으며 가벼운 태도로 예수님을 만나고자 한다. '그 오래전부터'에 대해서는 이미 9,7-9에서 예수님 소문을 듣고 당황해하면서 예수님을 보고 싶어 했었다고 전한 바 있다. 이 구절에서 헤로데는 임금이라기보다 그저 놀라운 사람을 볼 기회를 반기고, 기적을 행하는 사람에게 호기심을 보이는 경박한 사람으로 보일 뿐이다. "그래서 헤로데가 이것저것 물었지만, 예수님께서는 아무 대답도 하지 않으셨다"(9절).

10-12절

그 품위 없는 자리에서도 최고 의회의 무리들은 안간힘을 쓴다. "수석 사제들과 율법학자들은 그 곁에 서서 예수님을 신랄하게 고소하였다"(10절). 예수님께서 아무 대답도 하지 않으시니 결국 헤로데는 호기심을 접고 형편없는 짓을 더한다. "자기 군사들과 함께 예수님을 업신여기고 조롱한 다음, 화려한 옷을 입혀 빌라도에게 돌려보냈다"(11절). 헤로데와 빌라도는 이렇게 공유한 사안을 두고 자신들의 이해득실과 아무 상관이 없다는 판단하에 서로에게 유다인과 관련된 사안을 양보하며 친밀한 사이가 되었다. "전에는 서로 원수로 지내던 헤로데와 빌라도가 바로 그날에 서로 친구가 되었다"(12절).

(6) 사형선고 받으심 23,13-25

13-16절

예수님은 헤로데에 의해 다시 빌라도에게 보내졌다. 빌라도는 '수석 사제들과 지도자들과 백성'을 불러 모으고 그들에게 말한다. "여러분은 이 사람이 백성을 선동한다고 나에게 끌고 왔는데, 보다시피 내가 여러분 앞에서 신문해보았지만, 이 사람에게서 여러분이 고소한 죄목을 하나도 찾지 못하였소"(14절). 그들이 고발한 내용을 요약하며 말한다. '잘못 이끈다'라는 뜻의 '아포스트레포'(ἀποστρέφω)를 사용하여 말하기를, 당신들은 이 사람이 백성을 '선동한다고' 나에게 데려왔지만, '내가 신문을 해보았는데'(ἐγὼ ἀνακρίνας) 고소한 죄목을 하나도 찾지 못한다고 한다. 비공개 신문도 아니고 '당신들 앞에서'(ἐνώπιον ὑμῶν) 공개적으로 해보았지만 '보다시피'(ἰδοὺ), '아무것'(οὐθὲν)도 찾지 못하였다고 한다.

빌라도는 헤로데의 신문 결과도 증거로 들며 그의 판결의 합법성을 제시한다. "헤로데가 이 사람을 우리에게 돌려보낸 것을 보면 그도 찾지 못한 것이오. 보다시피 이 사람은 사형을 받아 마땅한 짓을 하나도 저지르지 않았소"(15절) 하며 이 사람에 대한 그의 최종 판결은 매질이라고 한다. "그러니 이 사람에게 매질이나 하고 풀어주겠소"(16절).

18-19절

이 판결을 거부하며 모인 사람들 '수석 사제들과 지도자들과 백성'들이 '모두 함께'(팜플레테이 παμπληθεί) 소리를 지른다. "그자는 없애고 바라빠를 풀어주시오." 갑자기 갖다대는 사람 "바라빠는 예루살렘에서 일어난 반란과 살인으로 감옥에 갇혀 있던 자였다"(19절). 오히려 이 바라빠를 풀어주라고 외친다. 이 재판정에서 예수님은 줄곧 '이 사람'(후토스 οὗτος) 혹은 '그 사람'(αὐτός)으로 지칭되었는데, '그 사람'과 바라빠가 비교되고, 수석 사제들과 지도자들과 백성 모두는 바라빠를 선택하고 '그를'(투톤 τοῦτον) 없애라고 한다.

18절 유다의 권위	소리를 질렀다. … 풀어주시오. 우리에게 바라빠를
	ἀνέκραγον … ἀπόλυσον δὲ ἡμῖν τὸν Βαραββᾶν
20절 로마의 권위	προσεφώνησεν … θέλων ἀπολῦσαι τὸν Ἰησοῦν
	외치듯 말했다. … 풀어주고 싶어서 예수를

20절

"빌라도는 예수님을 풀어주고 싶어서 그들에게 다시 이야기하였지만," 그들은 "그자를 십자가에 못 박으시오! 십자가에 못 박으시오!" 하고 외쳤다. 예수님을 풀어주는 일이 빌라도가 바라는 일로 표현되어 있다. '바라다'라는 뜻인 텔로(θέλω) 동사를 사용하여 빌라도가 외치듯 말을 한다. '예수님을 풀어주기를 원하여'(텔론 아폴뤼사이 톤 예순 θέλων ἀπολῦσαι τὸν Ἰησοῦν). 그러니까 단순하게 '말하다' 동사가 아니라 '외치다'라는 뜻의 프로스포네오(προσφωνέω)를 사용하여 소리 지르는 유다인들과 맞서듯이 예수님을 풀어주겠다고 외치는 빌라도의 심경을 드러냈다. 로마의 권위와 유다의 권위가 의견을 달리하며 대립한 순간이다. 18절과 20절의 문장이, '소리지르다, 풀어주다'와 같은 단어를 사용하고 고유한 이름으로 끝내는 배열이 이 대립을 구조적으로도 잘 드러낸다.

21-23절

그러나 그들은 그를 십자가에 못 박으라고 또 외친다. "그자를 십자가에 못 박으시오! 십자가에 못 박으시오!"(21절). 빌라도가 이에 맞서 자기 의견을 피력하는데 이번이 세 번째다. 루카는 이 '세 번째'라는 것을 명시적으로 밝히며 예수님의 무죄를 분명히 함은 물론 로마 당국의 확고한 판결을 강조한다. "도대체 이 사람이 무슨 나쁜 짓을 하였다는 말이오? 나는 이 사람에게서 사형을 받아 마땅한 죄목을 하나도 찾지 못하였소. 그래서 이 사람에게 매질이나 하고 풀어주겠소"(22절). 먼저 그가 질문하는데, 그들이 그렇게나 소리 지르며 십자가형을 주장하는 데 대한 놀라움도 표현한다. 도대체 무슨 '나쁜 짓'(κακὸν ἐποίησεν)을 했다는 것인지를 묻는 수사적 질문이다. 그리고 자신의 판결을 반복하여 말한다. "나는 이 사람에게서 사형을 받아 마땅한 죄목을 하나도 찾지 못하였소. 그래서 이 사람에게 매질이나 하고 풀어주겠소." '매질이나'에 사용된 동사는 16절에서와 같이 '교육하다, 훈육하다'라는 뜻의 파이데우오(παιδεύω)이다. 벌을 주어 훈육한다는 의미이니 '매질이나 하여 풀어준다'라고 표현되었다.

1	16절	무죄하니(15절) … 이 사람에게 매질이나 하고 풀어주겠소.
	18절	그자를 없애고 바라빠를 풀어주시오.
2	20절	예수를 풀어주고 싶어서 외치듯 말한다.
	21절	그자를 십자가에 못 박으시오. 십자가에 못 박으시오!
3	22절	죄목이 없으니 … 매질이나 하고 풀어주겠소.
	23절	그들이 큰 소리로 그를 십자가에 못 박으라고 요구하는데, 그 소리가 우세하였다.

그러나 모인 사람들의 요구는 강경하다. "그들이 큰 소리로 예수님을 십자가에 못 박으라고 다그치며 요구하는데, 그 소리가 점점 거세졌다"(23절). 이 구절들을 주의 깊게 읽으면 지금 진행되는 법적 논쟁이 내용보다는 주로 어느 쪽이 더 큰 소리를 내고, 더 강한 의지를 가지고 있느냐에 달린 것으로 보인다. 최고 의회 무리 쪽에 '큰 소리'(포나이스 메갈라이스 φωναῖς μεγάλαις)라는 단어도 등장하고, '요구하다'라는 아이테오(αἰτέω) 동사도 등장했다. 마침내 그들의 목소리가 카티스쿠온(κατίσχυον)하게 되었다. 이는 '지배적이다, 우세하다' 뜻의 카티스쿠오(κατισχύω)의 직설법 미완료형이다. 그들의 목소리가, 그들의 의견이 장내를 압도해버리고 그것이 지속되었던 상태를 묘사한다.

24–25절

“마침내 빌라도는 그들의 요구를 들어주기로 결정하였다”(24절). 권력을 지닌 빌라도가 최고 의회 무리들의 요구에 굴복하기로 결정한다. “그리하여 그는 반란과 살인으로 감옥에 갇혀 있던 자를 그들이 요구하는 대로 풀어주고, 예수님은 그들의 뜻대로 하라고 넘겨주었다”(25절). ‘예수님을 넘겨주었다’(톤 데 예순 파레도켄 τὸν δὲ Ἰησοῦν παρέδωκεν)에 이어지는 구문은 ‘그들의 뜻에’(토 텔레마티 아우톤 τῷ θελήματι αὐτῶν)이다. 그들의 ‘뜻’(텔레마 θέλημα)은 파스카 만찬 후 올리브산에서 기도하실 때 “아버지 뜻이 이루어지게 하십시오”(22,42) 하셨을 때 사용된 ‘뜻’(텔레마 θέλημα)과 같은 단어이다. 빌라도가 예수님을 그들의 뜻에 넘기며 예수님은 죽음으로 넘겨진 것이다. 예수님은 기도하실 때 아버지의 뜻에 순종하시며, 인간의 뜻에 넘겨지는 것을 수락하신 것이다.

4) 십자가의 죽음 23,26–56

(1) 고통의 길 23,26–32

26절

“그들은 예수님을 끌고 가다가, 시골에서 오고 있던 시몬이라는 어떤 키레네 사람을 붙잡아 십자가를 지우고 예수님을 뒤따르게 하였다." 25절 '그들의 뜻에 예수님을 넘겨주었다' 이후 루카는 26-43절의 십자가 처형 대목에서 주어를 거의 생략하며 이야기를 기록한다. 이야기 문맥에서 '다른 두 죄수'의 존재라든가(32절), '군사들'(36절), '죄명패'(38절), '백인대장'(47절), '빌라도에게 시신을 내달라'고 청하는 것(52절)을 보면 예수님이 여전히 로마 군대의 손에 있음을 추정할 수 있다. 그러니 25절에 표현된 '그들의 뜻에 넘겼다'는 것은 진정 '그들의 뜻'에 넘겨졌음을 가리키며, 예수님은 여전히 군대의 수중에 있고, 그들 최고 의회 무리의 뜻을 따르기로 결정한 빌라도의 명에 따라 로마 군사들이 예수님을 십자가형에 처하는 것이다. 그런데 26절부터 '그들'이 암시적인 주어로 등장하며, 당연히 최고 의회 무리가 형을 집행하고 있는 듯 보이게 한다. 실제로는 그들이 예수님을 십자가형에 처한 것이니 적절한 표현이라고 본다.

그들은 시골에서 오고 있던 시몬이라는 어떤 키레네 사람을 붙잡아 예수님의 뒤에서 운반하도록 그에게(그의 어깨에) 십자가를 지웠다. 루카는 '예수님의 뒤에서'(오피스텐 투 예수 ὄπισθεν τοῦ Ἰησοῦ)라는 구문(9,23; 14,27 참조)을 사용하여, 시몬이 십자가를 지고 예수님 뒤를 따른 것으로 묘사하여, 그가 예수님의 제자가 됨을 암시한다.

27절

예수님 뒤를 따르는 이들은 또 있다. "백성의 큰 무리도 예수님을 따라갔다. 그 가운데에는 예수님 때문에 가슴을 치며 통곡하는 여자들도 있었다." '따르다'(아코루테오 ἀκολουθέω) 동사는 "누구든지 내 뒤를 따라오려면, 자신을 버리고 날마다 제 십자가를 지고 나를 따라야 한다"(9,23)에서 사용한 동사와 동일하다. 또한 따라가는 백성에 사용된 그리스어 '라오스'(λαός)는 루카복음에서 긍정적으로, '하느님의 백성'을 표현하는 데 사용된 단어이다. '이 백성의 큰 무리', 그리고 '예수님 때문에 가슴을 치며 통곡하는 여자들'이 예수님을 따르고 있음을 루카는 묘사하고 있다.

28-31절

예수님께서는 그 여자들에게 돌아서서 이르셨다. "예루살렘의 딸들아, 나 때문에 울지 말고 너희와 너희 자녀들 때문에 울어라. 보라, '아이를 낳지 못하는 여자, 아이를 배어보지 못하고 젖을 먹여보지 못한 여자는 행복하여라!' 하고 말할 날이 올 것이다. 그때에 사람들은 '산들에게 ′우리 위로 무너져내려라′ 하고 언덕들에게 ′우리를 덮어다오′ 할' 것이다. 푸른 나무가 이러한 일을 당하거든 마른 나무야 어떻게 되겠느냐?"

이 여인들의 태도는 나중에 처형 장면을 목격하는 사람들(35절: "백성들은 서서 바라보고 있었다"), 예수님이 돌아가시는 모습을 본 사람들(48절: "구경하러 몰려들었던 군중도 모두 그 광경을 바라보고 가슴을 치며 돌아갔다")의 태도를 미리 반영한다. 여자들은 예수님의 수난과 그분이 곧 당하게 될 죽음을 슬퍼하면서 미리 애곡한다. 예수님께서 여인들에게 하신 말씀에서, 그분은 비록 판결을 받고 끌려가고 있지만 수동적이고 무기력한 죄인이 아니라, 여전히 당신의 길을 가고 계심을 알 수 있다. 예수님께서는 예루살렘의 운명을 말씀하시며 "너희와 너희 자녀들"을 위하여 울라고 하시는데 예루살렘 멸망 예언과(21,20-24), 예루살렘을 두고 우신 일(19,41-44)을 상기시킨다. 예수님이 파국으로 치닫는 것이 아니니 '나 때문에 울지 말고', 예루살렘이 멸망으로 치닫고 있으니 예루살렘에 있는 '너희와 너희 자녀들을 위하여' 울라 하신다. 도성의 백성들이 도성과 함께 같은 운명으로 떨어지지 않도록 경고하며 위로하신다.

"푸른 나무가 이러한 일을 당하거든 마른 나무야 어떻게 되겠느냐?"(31절). 이 구절은 지혜 경구에 속하는 말이고 29-30절에 언급된 묵시적 표현들과 다르다. 이 잠언은 비유적인 방식으로 푸른 나무와 마른 나무를 사용하였다. 이것은 29-30절에서 말하는 것과 함께 28절 "나 때문에 울지 말고 너희와 너희 자녀들 때문에 울어라"에서 말하는 나의 운명과 너희의 운명을 대조한다. 아직 젊고 살아 있는 예수님은 당신 자신을 푸른 나무로 비유하시고, 고대 도시로서 시들고 굳어 완고한 예루살렘은 마른 나무에 비유하셨다.

그런데 '이러한 일을 당하거든'과 '어떻게 되겠느냐'는 무슨 뜻인가? 학자들은 여러 가지 해석을 제시한다. 만일 로마인들이 무죄한 예수님을 이런 식으로 다루었다면 죄인들은 어떻게 다루겠는가, 혹은 만일 유다인들이 그들을 구하러 온 분을 이런 식으로 대했다면 그들의 차례에는 어떤 것을 받겠는가. 나무가 불 속에서 타 없어지는 것은 분명한 사실이고 마른 나무는 푸른 나무보다 훨씬 잘 타버린다. 그리고 하느님의 심판은 종종 태워버리고 파괴하며 벌주는 불에 비유되었다. 만일 의인이 그의 보상을 받는다면 악인도 틀림없이 그 징벌에서 도망칠 수 없을 것이다. 구약에서 비슷한 구절은 찾아볼 수가 없는데 라삐 문학에는 비슷한 말이 있다. "만일 불이 푸른 나무를 살라버린다면, 마른 나무는 어떻게 하겠는가?"이다.

32절

그들은 다른 두 죄수도 처형하려고 예수님과 함께 끌고 갔다.

(2) **십자가형과 사람들** 23,33-43

해골이라는 곳에는 많은 사람이 등장한다. 33절은 전체적인 광경을 소개한다. 34절에는 십자가 위의 예수님이 등장하고, 35절에는 한편에는 모든 것을 지켜보고 서 있는 백성들이, 그리고 다른 편에는 예수님을 십자가형에 처하도록 한 지도자들이, 36-38절에는 군사들이, 39-42절에는 예수님 양옆에서 처형된 죄수 둘이, 그리고 43절에 다시 예수님이 등장한다.

33절

'해골'이라 부르는 장소에 이르러 그들은 예수님과 함께 두 죄수도 십자가에 못 박았는데, 하나는 그분의 오른쪽에 다른 하나는 왼쪽에 못 박았다. 십자가형은 죄수를 고통스럽게 죽이는 처형 방식인데, 오래 고통받도록 하여 보는 사람에게 경고가 되도록 하는 것이다.

34절

그때에 예수님께서 말씀하셨다. "아버지, 저들을 용서해주십시오. 저들은 자기들이 무슨 일을 하는지 모릅니다." 사람의 뜻에 넘겨져 수난과 죽음의 길을 가시면서도 예수님은 시종일관 구원하는 길을 가신다. 하느님은 여전히 예수님께 아버지시며, 그 아버지께 그리스도를, 하느님의 아드님을 처형하는 이들을 용서해달라고 청하신다. 죄를 없애러 오신 분이 마지막까지 죄 사함을 청하고 가신다. 이 기도에서 알 수 있는 것은 예수님의 죽음은 예수님 자신뿐 아니라 아버지와 직접 연결된다는 사실이다. 그래서 그들은 예수님뿐 아니라 아버지께 용서를 받아야 한다. 34ㄴ절에서 "그들은 제비를 뽑아 그분의 겉옷을 나누어 가졌다" 한다. 여기 그들은 틀림없이 형을 집행한 군사들이어서 34ㄱ절에 '저들' 역시 십자가형을 수행하는 군사들임을 드러낸다.

35절

한편에는 모든 것을 지켜보고 있는 백성들이, 그리고 다른 편에는 지도자들이 등장하는 장면이다. "백성들은 서서 바라보고 있었다." 단순하고 간결한 문장이지만 백성들이 보고 있는 내용이 아마도 제일 많을 것이다. 백성들은 그 시간, 그곳에서 벌어지는 모든 일을 서서 다 바라보고 듣고 있다. 예수님을, 양옆의 죄수들을, 군사들을, 예수님을 십자가형에 처하게 한 지도자들을, 그리고 아마도 같은 백성인 다른 사람들을, 우는 여인들을 보고 있다.

"그러나 지도자들은 '이자가 다른 이들을 구원하였으니, 정말 하느님의 메시아, 선택된 이라면 자신도 구원해보라지' 하며 빈정거렸다." 이들은 십자가형으로 고통받고 있는 예수님을 향해 아직도 적대감을 발산하고 있다. 그들의 말은 '사람들을 구원하신' 예수님 활동의 핵심 내용을 확실하게 파악했음을 드러낸다. 그들은 '정말 하느님의 메시아, 선택된 이'라는 예수님의 신원을 계시한 내용도 들었다. 다만 그들은 믿지 못하고 있다. 그래서 '자신도 구원해보라'고 빈정대는 죄를 더하고 있다.

36-38절

군사들은 시리아 용병이든 누구든 사형을 집행하며 거친 인성을 드러낼 수밖에 없을 것이다. 사람에게 고통을 주며 생명을 제거하는 일을 하는데, 상대가 악인이고 죽어 마땅한 죄인이라고 믿어야 아마도 제정신을 잃지 않고 그 일을 할 수 있을 것이다. 그런 맥락에서 그들은 아무런 판단 없이 죄수인 예수님을 조롱하고 학대한다. "군사들도 예수님을 조롱하였다. 그들은 예수님께 다가가 신 포도주를 들이대며 말하였다. '네가 유다인들의 임금이라면 너 자신이나 구원해보아라.' 예수님의 머리 위에는 '이자는 유다인들의 임금이다'라는 죄명패가 붙어 있었다."

39-43절

예수님과 함께 매달린 죄수 하나도, 그 분위기에서 자기 처지의 고통을 합하여 예수님께 험한 말을 쏟는다. "당신은 메시아가 아니시오? 당신 자신과 우리를 구원해보시오"라고 말한다. 복음사가가 말하는 대로 이것은 모독이다. 메시아임을 믿고 구해달라는 청원이 아니다. 같은 형벌을 받으며 죽어가고 있는 중에도 옆의 다른 이에게 가해지는 적대적인 모욕에 합세하는 것이다.

그러나 다른 죄수는 다른 태도를 보인다. 처벌을 받고 험하게 죽어가는 순간에도, 보는 것이 있고 듣는 것이 있다. 그 순간에도 분별하고 선을 선택할 수 있다. 때로는 믿음까지도 선택할 수 있다. 이 사람이 그것을 한다. 그는 먼저 말한 그 다른 죄수인 "그를 꾸짖으며 말하였다. '같이 처형을 받는 주제에 너는 하느님이 두렵지도 않으냐? 우리야 당연히 우리가 저지른 짓에 합당한 벌을 받지만, 이분은 아무런 잘못도 하지 않으셨다.' 그러고 나서는 '예수님, 선생님의 나라에 들어가실 때 저를 기억해주십시오' 하였다." 그 사람은 즉시 주님의 응답을 받는다. "그러자 예수님께서 그에게 이르셨다. '내가 진실로 너에게 말한다. 너는 오늘 나와 함께 낙원에 있을 것이다'"(43절).

(3) 숨을 거두심과 사람들 23,44-49

44-46절

십자가형에 처해지고 시간이 흘렀다. 먼저 우주적 변화가 일어난다. 정오에 해가 어두워지고 어둠이 드리운다. '그때'는 세 시를 가리키는데, 성전 휘장이 찢어진 것과 예수님께서 숨을 거두신 것이 같은 순간이라고 본다. 이제 영적인 변화가 일어난다. 하느님과 백성의 만남이 이뤄지는 장소인 성전에 변화가 생긴다. 성전 휘장이 찢어진 것이 의미하는 바는 히브 10,19-20의 도움으로 추정해볼 수 있다. "그러므로 형제 여러분, 우리는 예수님의 피 덕분에 성소에 들어간다는 확신을 가지고 있습니다. 그분께서는 그 휘장을 관통하는 새롭고도 살아 있는 길을 우리에게 열어주셨습니다. 곧 당신의 몸을 통하여 그리해 주셨습니다." 그리고 예수님께서 큰소리로 외치셨다. "아버지, '제 영을 아버지 손에 맡깁니다.'" 이 말씀을 하시고 숨을 거두셨다.

47-49절

십자가 아래에는 여전히 많은 사람이 있다. 먼저 예수님께서 숨을 거두시는 모습을 지켜본 사람들의 반응이 소개된다. 먼저 소개할 사람은 아마도 이 모든 처형을 진두지휘했을 백인대장이다. "그 광경을 보고 있던 백인대장은 하느님을 찬양하며, '정녕 이 사람은 의로운 분이셨다' 하고 말하였다." 이방인인 백인대장이 죄인으로 처형되어 죽은 예수님을 두고 '진정으로'(온토스 Ὄντως) '이 사람은'(호 안트로포스 후토스 ὁ ἄνθρωπος οὗτος) '의로웠다'(디카타이오스 엔 δίκαιος ἦν)고 말하며 하느님을 찬양한다. 이야기에서 이름을 사용하지 않고, 형용사로 쓰인 지시 대명사 '이 사람'으로 죽어 마땅한 죄인을 지칭했는데, 그 '이 사람'을 받아서 로마인 백인대장이 '의로운 분'이었다고 말하면서(λέγων 현재분사) 하느님을 찬양한다(ἐδόξαζεν 직설법 미완료 시제).

그리고 예수님께서 처형당하러 가시던 때부터 예수님을 따라오던 '백성의 큰 무리'(23,27)로 처형장까지 와서 바라보고 있던(23,35) 그 사람들의 반응이 소개된다. "구경하러 몰려들었던 군중도 모두 그 광경을 바라보고 가슴을 치며 돌아갔다"(48절). 남녀가 섞여 있는 군중이 가슴을 치는 것은 28절에서 여인들이 가슴을 치며 통곡하던 행위를 반복하는 것이다. 가슴을 치는 행위는 죄책과 통회보다 애곡으로 보는 것이 더 적절하다. 현재 맥락에서는 이러한 일에 이르게 된 것에 대한 후회의 분위기도 읽힌다.

루카는 여기서 제자들이나 사도들을 언급하지 않고, 더 넓은 범위의 사람들을 수용하는 '판테스 호이 그노스토이'(πάντες οἱ γνωστοὶ)라는 표현으로 예수님을 아는 '모든 지인'을 가리킨다. 그리고 그분을

'동반한'(쉰아콜루투사이 συνακολουθοῦσαι: 쉰아코루테오 συνακολουθέω의 현재 분사형) 여인들을 언급하는데 갈릴래아에서부터 따라왔다고 하여, 루카의 큰 삽입 대목인 9,51부터 나오는 예루살렘 여정에도 함께 했음을 암시한다. 그들이 모두 지켜보고 있음을 의미 있게 알린다. '예수님의 모든 친지와 갈릴래아에서부터 그분을 함께 따라온 여자들은 멀찍이 서서 그 모든 일을 지켜보았다'(49절).

(4) 무덤에 모시는 사람들 23,50-56

50-51절

"요셉이라는 사람이 있었는데, 그는 의회 의원이며 착하고 의로운 이였다." 여기서 처음 소개되는 요셉은 바리사이로서 최고 의회 의원일 것이다. 그에 대한 평판은 '좋고 의로운 남자', 아네르 아가토스 카이 디카이오스(ἀνὴρ ἀγαθὸς καὶ δίκαιος)이다. 예수님의 모든 지인에 속한 이들 중 하나가 소개된다. 그동안 예수님을 따르는 사람들 중에 언급되지 않던 부류의 사람이다. 예수님을 따르는 이들 중에는 바리사이도 있었고, 최고 의회 의원도 있었다는 사실이 이제 드러난다. 그리고 "이 사람은 의회의 결정과 처사에 동의하지 않았다. 그는 유다인들의 고을 아리마태아 출신으로서 하느님의 나라를 기다리고 있었다"(51절).

52-53절

요셉은 그동안 드러내놓고 예수님을 지지하는 무리에는 끼지 않았던 듯하다. 그러던 그가 "빌라도에게 가서 예수님의 시신을 내달라고 청하였다." 자기를 드러낸 것이다. 예수님을 그렇게 십자가에서 돌아가신 채로 군사들 손에 방치할 수는 없었기에 결단을 내린 것이다. 로마 당국은 반역자들을 순교자로 떠받들며 모방할 우려가 있었기 때문에 그 시신을 가족과 친지들에게 잘 내주지 않았으나 요셉은 허락을 받아냈다. 그의 신분과 처지가 그것을 가능하게 했을 것이다. 요셉은 예수님을 정성껏 예를 갖추어 장사 지낸다. "시신을 내려 아마포로 감싼 다음, 바위를 깎아 만든 무덤에 모셨다. 그것은 아직 아무도 묻힌 적이 없는 무덤이었다."

54절

"그날은 준비일이었는데 안식일이 시작될 무렵이었다." 안식일이 시작될 무렵이라는 기록은 요셉이 장례를 서둘러서 지내야 했던 이유에 대한 설명이다. 루카는 유다교의 중요한 축제인 파스카라는 단어를, 예수님께서 마지막 파스카 음식을 제자들과 함께 드시기를 바라셨다던 그때(22,8-18) 이후 사용하지 않는다. 여기도 '안식일'이라고만 한다. 그날은 안식일 준비일인데 오후 세 시에 숨을 거두셨으니 '안식일이 시작될 무렵'이었다고 전한다. 이들은 장례를 마치고 얼른 집으로 가야만 한다.

55-56절

"갈릴래아에서부터 예수님과 함께 온 여자들도 뒤따라가 무덤을 보고 또 예수님의 시신을 어떻게 모시는지 지켜보고 나서, 돌아가 향료와 향유를 준비하였다. 그리고 안식일에는 계명에 따라 쉬었다." 멀찍이 서서 예수님께서 십자가에 못 박히시고 숨을 거두시기까지 그 모든 일을 지켜보고 있던 여인들은, 예수님의 장례를 치르는 것도 보고 있다. 55절에서 그 여인들은 다시 한번 "갈릴래아에서부터 예수님과 함께 온 여자들"이라 소개된다. 그들은 요셉 무리를 '뒤따라가 무덤을 본다.' '그리고 예수님의 시신을 어떻게 모시는지 지켜보고 나서' 돌아간다. 그리고는 "향료와 향유를 준비하였다"라고 한다. 예수님 시신을 아마포로 싸서 안치하는 것을 보고 향료와 향유를 준비해야겠다고 판단한 모양이다. 향료와 향유부터 준비했다는 사실에서 그들은 안식일이 끝나자마자 즉시 다시 오려는 생각으로 서둘러서 그것들을 준비해놓았음을 알 수 있다. 향료는 '아로마'(ἄρωμα)이고 향유는 '무론'(μύρον)으로 시신에 바를 생각인 것이다. '그리고 안식일에는 계명에 따라 쉬었다'는 말을 통해 그들이 무덤에 당장 다시 올 수 없는 때라는 것과 이제 그 안식일은 쉼의 날일 뿐이라는 것을 가리킨다. 향료와 향유를 준비한 때는 금요일 오후이고 해가 진 저녁부터는 안식일이 시작되고 다음날인 토요일은 유다인의 안식일이다.

제5부

부활

1. 예수님 부활과 승천 24,1-53

루카복음서에서는 예수님 부활과 승천 이야기가 모두 예루살렘을 중심으로 일어난다. 부활의 증언은 독자들이 제자들의 실제 체험과 신비로운 체험을 함께 경험하도록 안내하는 동시에, 일어난 모든 일은 메시아, 곧 그리스도에 관한 구약의 예언을 성취한다고 알려준다. 사도들은 예수님의 발현 이야기를 통해 부활의 목격 증인으로 새롭게 자리매김되어 예수님과 관련된 모든 일의 증인으로서, 예루살렘으로부터 시작하여 모든 민족에게 죄의 용서를 위한 회개를 선포하는 사명을 받는다. 그들은 이 일을 위해 '높은 데에서 오는 힘, 곧 성령'을 입을 때까지 예루살렘에 머문다.

1) 말씀하신 대로 되살아나셨다 24,1-12

1-3절

"주간 첫날 새벽 일찍이 그 여자들은 준비한 향료를 가지고 무덤으로 갔다. 그런데 그들이 보니 무덤에서 돌이 이미 굴려져 있었다. 그래서 안으로 들어가 보니 주 예수님의 시신이 없었다." 첫 세 구절을 통해 주님 부활의 소식을 전하는데, 제일 먼저 시간 정보를 주고, 이어서 여인들이 가서 확인한 것, 곧 돌이 굴려져 무덤이 열려 있었던 일과 무덤에 예수님 시신이 없다는 사실을 알려준다.

4-5ㄱ절

여자들은 빈 무덤 안에서 이 사실 때문에 당황하였다. 그런데 "눈부시게 차려입은 남자 둘이 그들에게 나타났다. 여자들이 두려워 얼굴을 땅으로 숙이자 두 남자가 그들에게 말하였다." 루카는 하느님의 사자들이 나타난 것을 이렇게 묘사하였다. 그들의 옷은 단순히 하얗거나 밝을 뿐만 아니라 눈부시다고 하여, 그들이 하느님 세상에 속해 있음을 의심할 수 없게 하고, 그들이 전하는 말 역시 그러하다는 것을 드러낸다. 여자들이 두려워서 얼굴을 숙이는 것은 그것을 알아차리고 인정했다는 의미이다.

5ㄴ-6ㄱ절

부활 사실을 확인하는 말씀이 제일 먼저 나오는데 이것은 루카의 고유한 구절이다. "어찌하여 살아 계신 분을 죽은 이들 가운데에서 찾고 있느냐?" 천사의 수사적 질문이 가리키는 것은, 여인들이 지금 죽은 이에 몰두해 있고 죽은 이를 찾고 있다는 사실이다. 그런데 죽은 이들 가운에서는 산 이를 찾을 수 없다. 지금 여인들은 예수님을 찾고 있으니 그분은 살아 계시다는 이야기다. 이렇게 예수님이 살아 계시다고 간접적으로 부활 소식을 전한다. 곧 이어서 직접 알려준다. "그분께서는 여기에 계시지 않는다. 되살아나셨다"(욱 에스틴 호데 알라 에게르테 οὐκ ἔστιν ὧδε, ἀλλὰ ἠγέρθη). '일어나다'(에게이로 ἐγείρω) 동사의 원과거 수동태인 '되살아나셨다'(에게르테 ἠγέρθη)를 사용하였다. '여기에 계시지 않는다. 되살아나셨다'라는 말은 공관복음서에 공통된 표현이다(마태 28,6; 마르 16,6). 천사들은 부활의 증거를 제시하지는 않는다. 다만 선포하고 그것을 알아듣도록 그녀들의 기억을 일깨워준다.

6ㄴ-8절

그리고는 곧바로 '기억하여라'(밈네스코마이 μιμνῄσκομαι) 하고 말한다. 예수님께서 갈릴래아에 계실 때 무엇이라고 말씀하셨는지 기억해보라고 한다. 1절에 나오는 '그 여자들이' 갈릴래아에서부터 그분을 함께 따라온 여자들임(23,49.55)을 확인시키는 구절이다. 갈릴래아에서 예수님이 수난과 죽음과 부활을 예고하신 것은, 베드로가 예수님을 "하느님의 그리스도이십니다"라고 고백한 직후이다(9,22). 여기서 독자는 수난 예고를 여자들도 들었다는 사실을 알게 된다. 여자들은 예수님의 말씀을 기억해냈다. 이 며칠 동안 일어난 모든 일, 엄청난 일들은 다 예수님께서 말씀하신 그대로 이루어졌다. 루카는 예루살렘 입성 이후부터 특히 더 구원 계획에 따라, 예수님의 말씀대로 일들이 이루어지고 있음을 부각하려 했다. 벳파게의 어린 나귀도 "분부를 받은 이들이 가서 보니 예수님께서 말씀하신 그대로였고"(19,32), 파스카 음식을 준비할 장소도 "제자들이 가서 보니 예수님께서 일러주신 그대로였다"(22,13).

9-11절

"그리고 무덤에서 돌아와" 여자들은 지체 없이 바로 사도들에게 알린다. 루카는 도시로 왔다는 말보다는 '무덤으로부터 돌아왔다'는 말을 선호한다. 그들이 준비해서 들고 간 향료와 향유는 죽은 이의 세계에 대한 관심이다. 그들은 무덤, 죽은 이들의 자리에서 돌아와야 했다. 그리고 "열한 제자와 그 밖의 모든 이에게 이 일을 다 알렸다"(9절). 열한 제자가 한꺼번에 이 소식을 듣고, 갈릴래아에서부터 온 사람들이나 함께 있던 다른 제자들에게 이 소식을 전했다고 한다. 마르코 · 마태오 · 루카복음에서 약간의 차이는 있으나 세 명 정도의 여자 이름이 나온다. 루카는 그들이 "마리아 막달레나, 요안나, 그리고 야고보의 어머니 마리아"라고 전하고 이에 더하여 "그들과 함께 있던 다른 여자들도 사도들에게 이 일을 이야기하였다"라고 하며 주간 첫날 새벽 일찍이 무덤으로 간 여자들이 다수임을 드러낸다. 이것은 이미 23,55-56에서 알려준 바와 일치한다. 루카는 예수님을 믿고 따른 많은 제자, 특히 갈릴래아에서부터 예수님과 함께 온 많은 여제자의 모습을 분명하게 보여준다. 그리고 그들이 함께 움직이고 있으며, 사도들에게 이 부활 소식을 전했다고 말한다.

루카는 고유하게 열한 제자 외에 다른 제자들이 존재했음을 알려주는 동시에 사도들에게 부활 소식이 전해졌다는 사실을 확인한다. 그러나 11절에서 복음사가의 말로 상황을 전해주면서 '이 말들이 헛소리처럼 여겨져서 그들은 믿지 않았다'고 전한다. 여기서 3인칭 대명사 '그들 앞에'(에노피온 아우톤 ἐνώπιον αὐτῶν)와 같은 표현이나, 주어를 생략한 3인칭 복수 동사 에피스툰(ἠπίστουν: '믿지 않다'라는 뜻을 지닌 ἀπιστέω의 미완료)을 사용하여 많은 이가 믿지 않았다는 사실을 전한다. 굳이 사도들이 믿지 못했음을 강조하지 않는 분위기다.

12절

'그러나 베드로는'(호 데 페트로스 Ὁ δὲ Πέτρος)이라고 하면서 베드로가 여자들이 전하는 말에 반응을 보여 행한 행동을 전한다. "그러나 베드로는 일어나 무덤으로 달려가서 몸을 굽혀 들여다보았다. 그곳에는 아마포만 놓여 있었다. 그는 일어난 일을 속으로 놀라워하며 돌아갔다"(12절). 그런데 24절 "우리 동료 몇 사람이 무덤에 가서 보니"라는 말에 의하면 여자들의 말을 듣고 움직인 사람은 여럿이다. 다만 이곳(12절)에서는 루카 22,32의 베드로에 대한 예수님의 특별 배려와 부탁 말씀의 의미와 맥을 같이하여, 그의 역할을 부각하기 위해 베드로만 언급한 것으로 보인다. 더구나 여기서 베드로는, 예수님과의 관계를 부인하고 그분과 시선이 마주친 후 자신의 배신을 예견하신 예수님의 말씀이 생각나 슬피 울었던 장면(22,61-62) 이후로 처음 등장한다.

예수님이 수난을 받으시고 죽으시고 묻히시기까지 베드로의 행적은 어디에도 보이지 않았다. 스승이시고 주님이신 예수님의 말씀대로 자신이 사탄의 유혹에 넘어가 예수님을 부인한 사실을 깨달은 베드로가 밖으로 나가 슬피 울고 나서, 앞으로 나서지 못한 채 예수님의 뒤를 따랐을 것으로 추정하나 확실한 것은 알 수 없다. 다만 그러한 과오를 범했으나, '그는 돌아와' 여기 모든 제자가 모여 있는 자리에 함께하며 자신의 자리에 굳건하게 있다. '그러니 네가 돌아오거든 네 형제들의 힘을 북돋아주어라'라는 예수님의 말씀도 그대로 이루어졌고(돌아왔음), 이루어질 것(형제들의 힘을 북돋아줄 것임)이다. 빈 무덤에서 떠나가며 베드로는 일어난 일에 대해 속으로 놀라워한다. 무덤이 비어 있다고 해서 예수님이 '부활하셨구나'라고 바로 인식하기는 어려웠음을 보여준다. 여자들은 천사들의 발현과 말을 듣기라도 하였으나, 베드로는 그들이 전하는 말을 들었을 뿐이다. 일단 무덤이 비어 있다는 사실을 확인하였고, 여자들이 전해준 말이 사실인지는 확인하지 못한 채 속으로 놀라워하였다. 이것은 이 일이 무슨 일인지 결론을 내리지 못한 상태를 드러낸다.

2) 성경에 기록된 모든 것이 이루어졌다 24,13-53

(1) 부활하신 예수님과 제자들 24,13-35

① 이야기하고 토론하다(24,13-16)

이런 일들 후에 제자들 가운데 두 사람이 엠마오로 간다. 나중에 예수님을 집으로 모셔 들이는 것을 보면, 엠마오는 그 두 사람의 집이 있는 그들의 고장이었던 듯하다. 엠마오는 예루살렘에서 대략 예순 스타디온(10.5㎞) 떨어진 곳으로 도보로 두 시간 반(구글 어스 위성 지도 도보 측정) 거리다. '바로 그날'이라 하니 아직 주간 첫날(24,1 참조)에 무덤에 갔던 여인들의 목격담을 들은 당일이고 예수님 관련 일이 일어난 지 '사흘째'인 날이다(21절). 여기서 핵심은 그들이 그렇게 엠마오를 향하여 가면서 "그동안 일어난 모든 일에 관하여 서로 이야기하였다"라는 것이다.

15절의 첫 구절인 '그렇게 이야기하고 토론하며 가고 있는 중에'(ἐν τῷ ὁμιλεῖν αὐτοὺς καὶ συζητεῖν)는 인칭대명사를 생략하고 동사 부정형을 사용한 전치사구를 써서 '이야기하고'(호밀레오 ὁμιλέω 부정형) '토론하는'(수제테오 συζητέω) 바로 그곳에 "예수님께서 가까이 가시어 그들과 함께 걸으셨다"라는 사실을 알려준다. 그러나 그들은 눈이 가리어 그분을 알아보지 못한다.

② 일어난 일 회상(24,17-21)

17-18절

그분이 그들에게 말을 건넨다. "걸어가면서 무슨 말을 서로 주고받느냐?"(17절ㄱ). 예수님은 그들이 주고받는 말의 내용에 관심을 보이신다. 그러자 "그들은 침통한 표정을 한 채 멈추어 섰다"(17절ㄴ). 이 구절의 그리스어 원문이 전해주는 내용이 있다. '카이 에스타테산 스쿠트로포이'(καὶ ἐστάθησαν σκυθρωποί)에서 '에스타테산'(ἐστάθησαν)은 '히스테미'(ἵστημι) 동사의 직설법 원과거 수동형이다. '히스테미'(ἵστημι)는 '움직임을 멈추고 정지된 상태로 있다'라는 의미의 자동사로 쓰였으므로, 단순하게 '정지하다, 멈추다'와는 다르다. 침통한 표정으로 옮기던 걸음을 멈추었다는 사실뿐만 아니라, 그들이 예수님의 수난과 죽음 사건 이후 마지막을 목격한 그 상태로 멈추어 서 있음도 시사한다. 그들은 이제 19-21절에서 밝힐 내용처럼 예수님에 대해 기대하던 바가 있는데, 예수님이 사형선고를 받고 십자가에 못 박혔으므로, 거기에서 나자렛 예수님에 관한 일은 끝났다고 생각하고 있다. 그분의 행적과 말씀으로 볼 때, 이러한 결말이 도저히 이해할 수도 없고, 도대체 어떻게 이렇게 되었는지 망연자실하여 침통해 할 뿐이다. 지금 그 상황에 멈추어 서 있는 상태이다.

그 두 사람 중 하나인 클레오파스가 예수님께 묻는다. "예루살렘에 머물렀으면서 이 며칠 동안 그곳에서 일어난 일을 혼자만 모른다는 말입니까?"(18절). 이 한 명의 이름을 통해 우리가 알 수 있는 사실은 두 가지이다. 먼저 이 두 제자가 사도 중 하나가 아니라는 사실이고, 또 하나는 무덤에 갔던 여인들이 돌아와 겪은 일을 알린 '열한 제자와 그 밖의 모든 이'에는 열한 제자와 갈릴래아에서부터 예수님과 함께 온 여자들 외에 다른 남자 제자들도 다수 있었다는 사실이다. 이것은 "우리 가운데 몇몇 여자가 우리를 깜짝 놀라게 하였습니다"(22절)라는 구절과 "우리 동료 몇 사람이"(24절), "열한 제자와 동료들이 모여"(33절) 등의 구절에서 확인할 수 있다. 예수님의 수난과 부활의 목격 증인 중에 사도들 외에 여자들과 다른 남자들이 다수 있었다는 사실은 마태오나 마르코와 달리 루카 고유의 기록이다. 그가 예수님께 반문한다. 온 예루살렘이 그 일로 떠들썩하고 모두가 그 일을 목격하고 이야기했건만, 어찌 "혼자만" 그 일을 모르냐는 반문을 통해 나자렛 예수님에 관한 모든 일이 온 예루살렘이 다 알게 일어난 일임을 밝히고 있다.

19-21절

13-19절까지 그리스어 원문에서 '나자렛 사람 예수님'이라는 명칭은 15절과 19절에 두 번 나온다. 그들은 말씀을 건네고 있는 분이 예수님인 줄 모른 채 그분에 대한 이야기를 시작한다. 나자렛 사람 예수님은 "하느님과 온 백성 앞에서, 행동과 말씀에 힘이 있는 예언자"이셨다고 말한다. 그들이 따라다니며 보고 들은 일들을 근거로 해서

전하는 종합적인 소개이다. 제자들의 입에서 나오는 그분에 대한 증언이라고 할 수 있다. 그분이 하신 '일'(에르곤 ἔργον)과 '말씀'(로고스 λόγος)은 사람뿐만 아니라 하느님 앞에서도 힘이 있었다. 곧 제자들에게 그분은 예언자셨던 것이다. 그런데 '우리', 곧 유다인 수석 사제들과 지도자들이 예수님을 넘겨서 사형선고를 내리고 그분을 십자가에 못 박았다고 말한다. 실제로 십자가에 못 박은 것은 로마 병사들이나, 루카는 '십자가에 못 박다'라는 '스타우로오'(σταυρόω)의 직설법 원과거 3인칭 복수 동사인 '에스타우로산'(ἐσταύρωσαν)이 '넘겼다'라는 동사 '파레도칸'(παρέδωκαν)에 이어지게 하여, '우리의 수석 사제들과 지도자들'이 그분을 십자가에 못 박은 이들이라고 말한다. 사도행전에서는 여기에 좀 더 설명을 붙이나 여전히 그들이 예수님을 십자가에 못 박아 죽였다는 사실에는 변화가 없다. "여러분은 무법자들의 손을 빌려 십자가에 못 박아 죽였습니다"(사도 2,23). 자신들은 그분이야말로 이스라엘을 해방하실 분이라고 기대해왔는데, 그렇게 죽임을 당했다는 것이다. 게다가 그 일이 일어난 지도 벌써 사흘째가 된다고 말한다(루카 24,21). '기대해왔다'(엘피조멘 ἠλπίζομεν)는 직설법 미완료 시제로, 그들의 기대와 바람이 한동안 지속되었음을 나타낸다. 그런데 그분의 죽음으로 그들이 그동안 목격한 모든 것과 걸었던 기대가 끝나버렸음을 말한다. 그렇게 그분이 죽은 지 사흘째가 된다고 말한다. 13절의 '바로 그날'과 함께 '사흘째'는 예수님께서 말씀하신 대로 모든 일이 이루어졌음을 드러낸다. '사흘' 혹은 '사흗날' 단어는 수난 예고를 전하는 공관복음서에 공통으로 나타난다(마태 16,21; 17,23; 27,40.63; 마르 8,31; 9,31; 10,34; 루카 9,22; 18,33). 반면에 복음서의 '부활 기사들' 안에 '사흘'이란 단어가 등장하는 곳은 루카의 기사들 밖에는 없으며, 세 번이나 반복적으로 나타난다(24,7.21.46).

③ 여자들의 증언(24,22-24)

22-23절

22절은 지금 말한 것과 대조되는 다른 상황이 전개됨을 알리는 접속사인 알라(ἀλλά)를 사용하여 "그런데 우리 가운데 몇몇 여자가 우리를 깜짝 놀라게 하였습니다"라고 한다. '엑시스테미'(ἐξίστημι)는 타동사로 쓰일 때 기본 의미는 '바꾸다, ~을 대신하다'로, '일이 거의 이해되지 않는 상태에 있게 하다'라는 뜻으로 '놀라게 하다, 혼란스럽게 하다'로 번역할 수 있다. 이것이 여기 그 여자들이 자신들을 '깜짝 놀라게 했다'(엑세스테산 ἐξέστησαν)라는 의미다. 그분의 무덤이 비어 있으며 시신이 없어졌는데, 천사들이 나타나서 그분이 살아 계시다고 하니 그 말을 듣고 자신들은 혼란스럽고 놀랐다는 것이다.

24절

그래서 자신들과 함께 있던 몇 사람이 무덤으로 가서 보니, 과연 여자들이 말한 그대로였는데, 그분은 보지 못했다(24절). 여자들의 말대로 시신은 없으나, 살아 계시다는 그분은 보지 못했다는 것이다. 이 제자들은 이제 시신이라는 말은 사용하지 않고 마지막 문장에서는 인칭대명사를 사용하여 '그를'(아우톤 αὐτὸν) 보지 못했다고 말한다. 이 말은 아직 살아 계신 그분을 본 사람이 없다는 뜻이다. 그래서 그들은 이런 여러 상황을 '이야기하고 토론하였던' 것이다.

④ 성경의 증언(24,25-27)

25-26 절

그가 그들에게 말하였다. '아, 예언자들이 말한 모든 것을 믿는 데에 마음이 느리고 어리석은 사람들! 그리스도는 고난을 겪고 그의 영광에 들어가야 하는 것이 아닙니까?' 그리스도가 고난을 겪고 영광으로 들어가는 것에 대해 예언자들이 이미 다 말했는데, 그것을 믿는 데에 어찌 이리 '마음이 굼뜨고'(브라데이스 테 카르디아 βραδεῖς τῇ καρδίᾳ) 어리석냐고 탄식을 한다. 예언자들이 말했고, 예수님께서도 말씀하셨던 일이 일어났는데, 그들이 믿지 못하고 당혹스러움만 보이기 때문이다. 루카는 그래서 수난 대목에서부터 예수님께서 말씀하신 대로 일들이 이루어졌다는 사실을 계속 이야기하며 독자들이 믿을 수 있도록 준비시킨다.

27절

"그리고 이어서 모세와 모든 예언자로부터 시작하여 성경 전체에 걸쳐 당신에 관한 기록들을 그들에게 설명해주셨다." 여기서 '성경 전체에'는 그리스어로 '엔 파사이스 타이스 그라파이스'(ἐν πάσαις ταῖς γραφαῖς)이다. 그라파이스의 원형인 '그라페'(γραφή)의 기본 뜻은 '쓰인 것'을 가리키지만 성경(Sacred Scripture, 혹은 Holy Scripture)을 가리킨다. 본디 유다인의 성경 타나크(*TANAKH*)가, 모세 오경과 예언서, 그리고 쓰인 글(성문서)로 구성된다. 그래서 "모세와 모든 예언자로부터 시작하여 성경 전체에 걸쳐"라고 말할 때, 여기서 가리키는 성경은 이 히브리어 성경인 타나크를 그리스어로 번역하여 사용했던 칠십인역 성경을 가리킨다. '당신에 관한 기록들이 성경 전체에 걸쳐 있다'는 것을 알려주시고 또한 설명해주신 것이다.

알.가.유.소.14 〉〉 타나크와 칠십인역

타나크(유다인 성경)

히브리어로 쓰인 유다인들의 성경은 토라(오경), 너비임(예언서), 커투빔(성문서)으로 구성되어 있는데, 이 세 단위를 가리키는 토라, 너비임, 커투빔의 히브리어 첫 글자의 자음을 따서 타나크(*TANAKH*)라고 한다. 너비임은 전기 예언서와 후기 예언서로 구성되는데, 전기 예언서는 우리가 구약에서 역사서라고 부르는 부분의 일부이고(여호수아기부터 열왕기 하권까지), 후기 예언서는 예언서 부분이다. 커투빔은 시서와 지혜서 부분과 역사서의 일부(역대기와 에즈라기, 느헤미야기), 예언서의 일부(다니엘서)이다.

그런데 기원전 1-3세기에 팔레스티나 땅에서는 아람어를 사용하고, 디아스포라 유다인들은 당시 국제어인 그리스어를 사용하니, 히브리어를 모르는 이들이 많았기 때문에 히브리어 성경을 그리스어로 번역하였다. 이때 어떤 히브리어 성경을 대본으로 삼아 번역했는지는 알 길이 없다. 예수님 시대에 디아스포라 유다인들과 나중에 초기 그리스도교에서 사용한 성경은 바로 이 그리스어본 칠십인역이다. 기원후 70년 예루살렘이 멸망하고 성전이 소실된 후, 유다이즘을 재정비하기 시작한 유다 학자들은 80년경에 야브네(얌니아) 회의에서 정경 목록을 정할 때 히브리어 성경에 없는 책들은 제외했다. 그래서 칠십인역에는 있으나 그들의 타나크에는 없는 책들이 있다. 또 칠십인역을 구약성경으로 인정하는 가톨릭 구약성경에는 있으나 타나크에는 없는 책들이 있다. 현재 사용하는 우리말 《성경》에서 번역 대본으로 삼은 히브리어 성경은 히브리어 사본 중에서 마소라 본문에서 기원하는 것이다.

루카가 말하는 성경(칠십인역)

네 복음서가 대부분 그러하지만 루카복음은 예수 그리스도를 기술하는 데 성경의 기록을 증언으로 많이 든다(루카 4,4.8.10.12.16.21; 7,27; 21,22; 22,37; 24,27.32.45.46). 그러면서 예수님 곧 구원과 메시아에 관해 모세와 모든 예언자로부터 시작하여 성경 전체에 걸쳐 기록되었고, 성경에 기록된 것은 모두 예수님에게서 이루어졌다고 알려준다.

예수님 시대에 디아스포라 유다인들이 '성경'이라고 말하던 칠십인역의 유래와 내용은 다음과 같다. 알렉산드로스 대왕의 후계자들 중 프톨레마이오스 왕조는 기원전 305년부터 기원전 30년까지 이집트를 다스렸고 수도는 알렉산드리아였다. 이집트인들이 파라오로 인정한 프톨레마이오스 1세 소테르에 이어 프톨레마이오스 2세 곧 필라델포스(Philadelphus)가 이집트를 통치한다. 요세푸스에 의하면, 이집트를 40년간 통치한 그가 히브리어 성경을 그리스어로 번역한 임금이며, 이집트로 잡혀 온 유다인 포로들을 해방시켜 준 이다(*The New Complete Works of Josephus*, Book 12, Ch2, pp.388-394). 프톨레마이오스 왕조의 초기 임금 4명이 뛰어난 지식인들이었기에, 많은 지식인을 알렉산드리아로 끌어모아 알렉산드리아의 문화적 전성기를 이루었다. 또한 알렉산드리아는 질이 좋은 파피루스의 원산지였다. 프톨레마이오스 1세는 아테네에서 유클리드와 당대 최고 물리학자인 스트라톤을 초빙하였고, 프톨레마이오스 3세는 지구의 원주를 계산한 지리학자 에라토스테네스를 초빙하였다. 해부학의 창시자 헤로필로스는 히포크라테스가 의술을 행했던 의학 센터에서 수련 후 알렉산드리아에 정착했다. 아르키메데스도 알렉산드리아에 머문 적이 있다고 한다.

프톨레마이오스 1세가 이들을 위해 무세이온(오늘날의 학회, 연구소를 뜻함)을 설립하였고, 알렉산드리아에 도서관을 세운 뒤 막대한 자본과 왕권으로 책을 사들였다. 고서적을 선호하였는데, 오래될수록 베끼는 과정을 덜 거쳐 오류가 적으리라는 판단을 하였기 때문이다. 새로 입수한 책은 예비적 취득 등록 절차를 거치는 동안 창고에 있었고, 두루마리 책의 한쪽 끝부분에는 저자의 이름과 민족적 배경을 적은 태그(꼬리표)를 붙였다. 그리스인은 동명이인이 많아 민족적 배경을 아는 것이 필수적이었다. 이 왕조의 도서관 방침은 고양된 서사시에서부터 요리책에 이르기까지 책이란 책은 모조리 모으는 것이었다. 아테네의 희곡 작품들, 호메로스의 작품들, 그리고 다른 언어로 쓰인 중요한 작품들의 그리스어 번역본도 모았다. 여기서 가장 유명한 것이 '칠십인역 그리스어 구약성경'이다. 이것이 번역된 주요 목적은 히브리어나 아람어를 모르는 유다인들에게 보급하기 위해서였는데, 번역 계획은 도서관에 그 책을 보관하고 싶어 했던 프톨레마이오스 2세에 의해 진행되었다. 대도서관(내부 도서관)에는 490,000개의 두루마리 책이, 자매 도서관(외부 도서관)에는 42,800개의 두루마리 책들이 있었다(라이오넬 카슨, 《고대 도서관의 역사》, 김양진 옮김, 르네상스, 2003, pp.83-92).

칠십인역 성경에 관한 기록으로는, 기원전 100년경의 유다 문학 자료인 '아리스테아스의 서한'이 있다. 서한에는 유다인의 율법서가 필사되어 도서관에 들어갈 만한 가치가 있다고 말하는 내용과 번역이 필요하다는 것, 그리고 유다인 대사제에게 편지를 보내 번역 사업 지원을 요청하라는 내용이 들어 있다. 이 서한은 요세푸스의 글과 그리스도교 저자들의 저서에 인용문 형태로 전해진다(로이 매클라우드 외, 《에코의 서재 알렉산드리아 도서관》, 이종인 옮김, 시공사, 2004, pp.98-105). 그래서 프톨레마이오스 2세는 유다의 대사제 엘아자르(Eleazar)에게 각 지파에서 율법에 정통한 원로 6명씩을 보내달라고 청하고, 대사제는 각 지파에서 원로 6명씩을 뽑아서 양피지 율법서와 함께 보냈다. 율법에 정통한 원로 칠십 명(또는 칠십이 명)은 특별히 마련된 필사실에서 율법을 다 필사하고 해석하는 일을 72일 만에 마쳤다. 사제들과 원로들의 최고 연장자와 유다 사회의 유력 인사들은 이 번역본은 훌륭하고 거룩하고 가장 정확하게 번역되었으니, 이제는 그 어떤 것도 내용을 바꾸지 말고 그대로 잘 보존하였으면 좋겠다고 청하였다(*The New Complete Works of Josephus*, pp.393-394; 김정훈, 《칠십인역 입문: 본문의 역사와 연구의 실제》, 바오로딸, 2009, pp.23-36).

⑤ 제자들의 증언(24,28-35)

28-29절

두 제자는 동행한 이가 예수님인 줄도 모른 채 근간에 일어난 일을 두고 열띤 대화를 하다 보니 그들의 목적지인 엠마오에 다다랐다. 예수님은 계속 길을 가시려는 듯한 태도를 보이신다. "그들이 찾아가던 마을에 가까이 이르렀을 때, 예수님께서는 더 멀리 가려고 하시는 듯하였다"(28절). 그러자 그들은 "저희와 함께 묵으십시오. 저녁때가 되어 가고 날도 이미 저물었습니다" 하며 그분을 붙들었다(29절). 그래서 예수님께서는 그들과 함께 묵으시려고 그 집에 들어가셨다.

30-32절

예수님은 초대를 받아들여 식탁에 앉으셨고, 또 길에서 설명을 해주시던 관계를 바탕으로 식사 때 가장이 하는 기도를 하고 빵도 떼어 나누어주게 되었다. "그들과 함께 식탁에 앉으셨을 때, 예수님께서는 빵을 들고 찬미를 드리신 다음 그것을 떼어 그들에게 나누어주셨다." 그러자 두 제자의 눈이 열려 예수님을 알아보았다. '빵을 떼어 나누는 것'은 마지막 만찬을 기점으로 제자들이 중요하게 기억하는 기념 행위가 되었고, 사도행전에 자주 등장하는 관용구가 될 만큼 제자들에게 각인된 예수님의 모습이었기 때문이다. 그러나 제자들이 그분을 알아보자마자 그분은 제자들 앞에서 사라지셨다.

제자들은 서로 확인하듯 말한다. "길에서 우리에게 말씀하실 때나 성경을 풀이해주실 때 속에서 우리 마음이 타오르지 않았던가!"(32절). 자기들 마음이 타올랐던 순간을 회상한다. 두 순간이다. '길에서 그분이 우리에게 말씀을 하셨을 때'와 '성경을 풀이해주셨을 때'이다. 먼저 '길에서 그분이 우리에게 말씀을 하셨을 때'(ὡς ἐλάλει ἡμῖν ἐν τῇ ὁδῷ)를 보면, '랄레오'(λαλέω) 동사를 사용하였다. 예수님께서 '말씀하셨다'에 흔히 사용되는 '레고'(λέγω) 동사는 일반적으로 '말하다', '표현하다'라는 뜻으로 구두로 또는 서면으로 표현하는 모든 경우를 가리킨다. 그런데 랄레오는 무엇보다도 소리내는 것, 단어를 발음하는 것을 가리킨다. 여기 32절에서 두 제자는 그분이 말씀하시는 소리를 들었을 때 마음이 타올랐다는 것이다. 말씀하신 내용에 강조점이 있지 않고, 사실 그분이 길에서 '말을 걸어주셨을 때' 그분이 '말씀하시는 소리를 들었을 때' 마음이 타올랐다는 것이다. 말씀하시는 소리로 그분의 존재를 느끼며 마음이 움직였던 것을 증언하고 있다. 그리고 다른 한 순간은 '성경을 풀이해주셨을 때'(ὡς διήνοιγεν ἡμῖν τὰς γραφάς)이다. 그분이 성경을 풀이해주시니 그 내용을 알아듣고 이해하며 마음이 타올랐다는 것이다.

33-35절

길을 가다가도 숙박하기 위해 숙소로 들어가야 할 시간에, 제자들은 예루살렘으로 돌아가려고 곧바로 일어나 나온다. 그들의 체험이 그

만큼 분명하고 강렬했으며, 동료들에게 얼른 알리려는 의지가 강했음을 나타낸다. 그들이 예루살렘으로 돌아가 보니 제자들이 모여 있었다. 루카는 여기서 '열한 제자와 동료들이 모여 있다'는 사실을 강조한다. 그들은 모여서 자기들의 체험을 말하고 있었다. "정녕 주님께서 되살아나시어 시몬에게 나타나셨다"(34절). 두 제자는 가서 그동안 다른 이들이 체험한 증언을 듣고 자기들의 체험도 들려준다. "그들도 길에서 겪은 일과 빵을 떼실 때에 그분을 알아보게 된 일을 이야기해주었다"(35절).

(2) 열한 제자와 동료들에게 발현하신 예수님 24,36-49

부활하신 주님에 대한 증언이 이어지고 있다. 몇몇 여자와 제자들이 개별적으로 부활하신 주님을 만났다고 증언한다. 그들은 그동안 일어난 일들과 성경에 기록된 내용이 일치한다는 사실을 깨닫기 시작한다. 성경에 기록된 대로 그리스도와 관련된 일들이 이루어지고 있었다. 이렇게 사람의 증언, 성경의 증언이 조화를 이룬다. 이 일들 후에 부활하신 주님께서는 사도단에, 곧 열한 제자와 다른 이들도 모두 함께 있는 자리에 발현하시고, 그들에게 사명을 주신다.

36-37절

부활하신 주님은 '그들 가운데 서신 모습으로' 나타났다. '일어나다,

나타나다'라는 뜻의 '히스테미'(ἵστημι) 동사를 원과거형으로 사용하여 '아우토스 에스테 엔 메소 아우톤'(αὐτὸς ἔστη ἐν μέσῳ αὐτῶν)이라 표현하였다. 여기서 '그들'은 열한 제자와 엠마오로 가던 제자 둘까지 합류한 제자들을 가리킨다(33절). 그러나 "그들은 너무나 무섭고 두려워 유령을 보는 줄로 생각하였다"(37절). 그들이 주님의 발현 이야기를 들었음에도 불구하고, 갑자기 돌아가신 예수님이 그들 가운데 서서 평화의 인사를 하시자 놀라고 무서워한다.

38-43절

예수님은 제자들이 당신을 유령으로 생각하고 무서워하는 것을 아시기에 당신을 살(사륵스 σάρξ)과 뼈(오스테온 ὀστέον)가 있는 몸이라고 하시며 '만져보라'고 하신다. 특별히 손과 발을 보여주며 만져보라 하시는 것은 못 자국을 확인하는 효과도 암시한다. 루카는 여기서 육신의 부활을 확인한다.

그들이 기뻐하면서도 '믿지 못하니'(아피스툰톤 ἀπιστούντων), 만져보게 하시고, 이어 직접 음식을 드시는 모습을 보여주신다.

44-49절

예수님은 제자들이 당신이 부활하였음을 확인하게 하신 후 말씀하신다. 먼저 예수님은 수난 이전에 제자들에게 가르치며 말씀하신 것을 기억하게 하신다. "내가 전에 너희와 함께 있을 때에 말한 것처럼."

그리고는 이 며칠간 예수님께 일어난 일에 대하여 도저히 이해할 수 가 없어서 막막해하고 침통해하던 그들에게 차근차근 그 의미를 설명해주신다. "나에 관하여 모세의 율법과 예언서와 시편에 기록된 모든 것이 다 이루어져야 한다." 그러니까 일어난 모든 일은 이미 성경에 다 기록되어 있었던 것으로서 성취되었다고 알려주신다. 그리고 그때에 예수님께서는 "그들의 마음을 여시어 성경을 깨닫게 해주셨다." 여기에서 마음의 그리스어는 '카르디아'가 아니라 누스(νοῦς)이다. 누스(νοῦς)는 이해하고 사고하는 능력으로서의 마음을 가리키는데 '이성'(1코린 14,14), '이해'(필리 4,7), '지각'(묵시 13,18) 등으로 번역되었다. 이어서 그리스도에 관한 모든 일 가운데 한층 구체적으로 가장 최근에 일어난 일을 짚어주신다. "성경에 기록된 대로, 그리스도는 고난을 겪고 사흘 만에 죽은 이들 가운데에서 다시 살아나야 한다."

그리고 제자들에게 다음 일이 시작되어야 함도 알려주신다. 그 일은 "예루살렘에서부터 시작하여, 죄의 용서를 위한 회개가 그의 이름으로 모든 민족들에게 선포되어야 한다"는 것이다. 선포가 시작되는 곳은 '예루살렘'이고, 내용은 '죄의 용서를 위한 회개'이며, 방법은 '그의 이름으로'이고, 대상은 '모든 민족'이다. 47절은 제자들이 해야 할 행동의 내용이다. 그런데 예수님은 "너희는 이 일의 증인이다" 하시며 '증인'이라는 단어를 사용하신다. 이 표현은 무엇보다도 그들 존재를 가리킨다. '증인'은 '목격자'로서 '말씀'의 '종'이 된 이들을 이야기하는 1,2을 상기시킨다. '기록된 모든 것이 다 이루어진' 24,48의 '이 일'은 1,1의 우리 가운데 '이루어진 일'과 일치한다.

또 갈릴래아에서부터 그분을 따라와 모든 것을 지켜본 사실(23,49.55; 8,1-3)도 기억하게 한다. 예수님께서 이들에게 사명을 주신 것이다. '그들은 증인으로서 예루살렘에서부터 시작하여, 죄의 용서를 위한 회개를 그의 이름으로 모든 민족들에게 선포해야 한다.'

그리고 마지막으로 사명을 수행할 그들에게 힘을 더해주시겠다고 약속하신다. "보라, 내 아버지께서 약속하신 분을 내가 너희에게 보내주겠다. 그러니 너희는 높은 데에서 오는 힘을 입을 때까지 예루살렘에 머물러 있어라"(49절). '높은 데에서 오는 힘'은 사도 1,8의 도움으로 알아들을 수 있다. "성령께서 너희에게 내리시면 너희는 힘을 받아, … 나의 증인이 될 것이다." 또한 예수님의 공생활 시초를 떠올릴 수도 있다. "예수님께서 성령의 힘을 지니고 갈릴래아로 돌아가시니"(루카 4,14). 그뿐 아니라 1-2장에서 세례자 요한, 즈카르야, 엘리사벳, 마리아, 시메온, 그들이 성령에 이끌릴 때, 성령으로 가득 찰 때 어떻게 했는지도 기억할 수 있다.

(3) 승천 24,50-53

50-51절

"예수님께서는 그들을 베타니아 근처까지 데리고 나가신 다음, 손을 드시어 그들에게 강복하셨다." 루카복음서와 사도행전이 언급하는 승천 장소는 일치한다. 복음서는 예루살렘의 동쪽, 도성에서 멀지 않은 베타니아 근처를 가리키고, 사도행전은 예루살렘에서 안식일에도 걸어갈 수 있을 만큼의 거리에 있는 올리브산을 가리킨다(사도 1,12). '손을 드시어 강복하셨다.' 손을 들어 축복하셨다는 것은 말 이상의 행동이다. 하느님의 자비와 보호를 약속하시며, 계속되는 충실한 관계를 보장하는 행동이다. "이렇게 강복하시며 그들을 떠나 하늘로 올라가셨다." 50절 끝과 51절 시작에 '에우로게오'(εὐλογέω)를 두 번 연속으로 사용하여, 예수님께서 승천하시기 전 그들을 축복하셨다는 사실을 강조한다.

52-53절

"그들은 예수님께 경배하고 나서 크게 기뻐하며 예루살렘으로 돌아갔다." 루카복음서에서 처음으로 예수님께 '경배하다'(프로스쿠네오 προσκυνέω)라는 표현을 사용하였다. 이전에 유혹 장면에서 악마가 예수님께 "당신이 내 앞에 경배하면 모두 당신 차지가 될 것이오" 하고 말하나, 예수님은 "주 너의 하느님께 경배하고 그분만을 섬겨라"라고 답하셨다(4,7-8). 루카가 이 장면을 통해 분명히 밝히듯이 경배는 오직 하느님께 드리는 것이다. 예수님은 하느님과 인간을 분리하는 장벽을 넘으셨다. 부활 후 그분은 신적 영예를 누릴 수 있다. 그렇기에 승천의 순간에 그들은 '그분께 경배하였다'(프로스퀴네산테스 아우톤 προσκυνήσαντες αὐτὸν). 이어 52절은 제자들이 예수님과의 이별을 슬펴하기보다 오히려 아주 기뻐했다고 전한다. 루카는 제자들의 큰 기쁨을 전하며 예수님께서 신적 영광을 받으신 사실을 강조한 것이다. '크게 기뻐하며 그들은 예루살렘으로 돌아갔다.' "그리고 줄곧 성전에서 하느님을 찬미하며 지냈다"(53절). 그들은 예수님께서 예루살렘 입성 후 그리하셨듯이 줄곧(디아 판토스 διὰ παντὸς) 성전에 머무는 것을 일상으로 하고 "하느님을 찬미하며 지냈다." 예수님은 승천하시면서 손을 들어 그들을 '축복하셨고'(에우로게센 εὐλόγησεν), 제자들은 성전에서 하느님을 '찬미하면서'(에우로군테스 εὐλογοῦντες) 지냈다. 에우로게센은 '찬미하다, 축복하다'라는 뜻을 지닌 '에우로게오'(εὐλογέω)의 원과거형이고, 에우로군테스는 현재분사형이다. 이렇게 루카가 전해주는 그리스도의 첫 증인인 제자들은 승천하시는 예수님께 경배하고 크게 기뻐하는 것으로 예수님과 함께했던 생활을 마무리한다. 또 그분께 받은 사명을 성전에서 경건하게 하느님을 찬미하는 모습으로 시작한다.

참고 도서

성경

· 성경, 천주교중앙협의회, 2005.

· *The Greek New Testament, Fifth Revised Edition*, ed. Barbara Aland, Kurt Aland, Johannes Karavidopoulos, Carlo M.Martini, and Bruce Metzger, Deutsche Bibelgesellschaft; American Bible Society; United Bible Societies, 2014, 2nd Corrected Printing 2015.

· *Synopsis of the Fiour Gospels. Greek-English Edition of the Synopsis Quattuor Evangelium. On the basis of the Greek Text of Nestle-Aland 27th Edition and Greek New Testament 4th Revised Edition. The English Text is the Second Edition of the Revised Standard Version*, Ed. Kurt Aland, 13th Edition 2007, German Bible Society.

사전

· *A Greek-English Lexicon of the New Testament and other Early Christian Literature* (3th edition), revised and ed. Frederick William Danker, based on Walter Bauer's, The University of Chicago Press: Chicago and London, 2000.

주석서

· 루크 티머시 존슨, 《루카복음서》, 조장윤 옮김, 대전가톨릭대학교출판부, 2017.

· 조셉 A. 피츠마이어, 《앵커바이블 누가복음 I》, 이두희·황의무 옮김, 기독교문서선교회, 2015.

· ________, 《앵커바이블 누가복음 II》, 우성훈 옮김, 기독교문서선교회, 2015.

· 존 놀랜드, 《누가복음 1:1-9,20》, 김경진 옮김, 솔로몬, 2003.

· ________, 《누가복음 9,21-18,34》, 김경진 옮김, 솔로몬, 2005.

· ________, 《누가복음 18,35-24,53》, 김경진 옮김, 솔로몬, 2005.

· Françis Bovon, *Vangelo di Luca vol I: Introduzione. Commento a 1,1–9,50* (ed. italiana di Oscar Ianovitz), Paideia Brecia, 2005. (or. *Das Evangelium nach Lukas 1. Lk 1,1–9,50* Neikirchener Verlag, Neukirchen-Vluyn 1989).
· ________, *Vangelo di Luca vol II: Commento a 9,51–19,27* (ed. italiana di Oscar Ianovitz), Paideia Brecia, 2007. (or. *Das Evangelium nach Lukas 2. Lk 9,51–14,35; 3. Lk 15,1–19,27* Neikirchener Verlag, Neukirchen-Vluyn 1996, 2001).
· ________, *Vangelo di Luca vol III: Commento a 19,28–24,53* (ed. italiana di Oscar Ianovitz), Paideia Brecia, 2013. (or. *Das Evangelium nach Lukas 4. Lk 19,28–24,53* Neikirchener Verlag, Neukirchen-Vluyn 2009).

그 외 도서

· 김정훈, 《칠십인역 입문: 본문의 역사와 연구의 실제》, 바오로딸, 2009.
· 라이오넬 카슨, 《고대 도서관의 역사》, 김양진·이희영 옮김, 이춘희 감수, 르네상스, 2003.
· 로이 매클라우드 외, 《에코의 서재 알렉산드리아 도서관》, 이종인 옮김, 시공사, 2004.
· 영원한도움 성서연구소, 《성경지도》, 성서와함께, 2010.
· 존 J. 킬갈렌, 《루카복음서의 20가지 비유》, 권영랑 옮김, 최안나 감수, 성서와함께, 2019.
· *The new Complete Works of Josephus, Revised and Expanded Edition*, Translation and Dissertations by Willam Whiston, Introduction and Commentaries by Paul L. Maier, Grand Rapids, 1999.
· *Tübingen Bibel Atlas, Based on the Tübingen Atlas of the Near and Middle East*, ed. Siegfried Mittmann & Götz Schmitt, Deutsche Bibelgesellschaft, Stuttgart, 2001.

루카복음서 해설 2

서울대교구 인가: 2021년 10월 20일
초판 1쇄 펴낸날: 2022년 2월 25일
2쇄 펴낸날: 2022년 10월 18일
지은이: 최안나
펴낸이: 백인실
펴낸곳: 성서와함께
06910 서울특별시 동작구 흑석로13길 7
Tel (02) 822-0125~7 / Fax (02) 822-0128
http://www.withbible.com / e-mail: order@withbible.com
등록번호 14-44 (1987년 11월 25일)

ISBN 978-89-7635-395-5 94230
978-89-7635-908-7(세트)